【제5판】

사회보장론

박진화

KNOWLEDGE COMMUNITY 공동체

Preface

대학에서 사회보장론 과목을 2010년부터 가르치기 시작하였다. 사회보장론은 제도 부분의 내용이 자주 바뀌기 때문에 사회보장제도가 개정되거나 새롭게 제정되는 내용들은 빠트리지 않고 늘 강의자료에 업데이트하여 정확한 내용을 학생들에게 전달하고자 노력했다. 초기에는 여러 교재를 선택해서 강의를 했으나 교재를 직접 만들어서 전달하고 싶다는 마음에 그동안 강의에 활용했던 자료들과 관련 논문들, 참고서, 그리고 관련 사이트 등을 검색한 자료들을 정리하여 마침내 2018년 7월에 사회보장론 초판을 출간하게 되었다.

이후 많은 내용들이 개정되어 개정된 내용과 초판의 부족한 부분들을 보충하기 위해 만 2년 만인 2020년 9월에 첫 번째 개정판(제2판)을 출판하게 되었으며, 2022년 1월에는 두 번째 개정판(제3판)을, 2024년 8월에는 세 번째 개정판(제4판)을, 그리고 1년 반 만에 또다시 네 번째 개정판(제5판)을 출판하게 되었다. 이번 개정판에서도 전반적으로 연도별 표들을 모두 최근 내용으로 업그레이드 하였고, 2024년도 하반기와 2025년도에 개정된 내용들까지 가능한 한 모두 담고자 하였다. 정확성을 기하기 위해 법제처 사이트에서 법률과 시행령 및 시행규칙 등을 확인하고, 보건복지부, 국민연금공단, 국민건강보험공단, 근로복지공단, 고용보험 사이트 등에서 관련 규정과 통계자료 등을 한 번 더 살펴본 후 가장 최근의 내용으로 수정하였다.

이 책의 내용은 크게 제1부와 제2부로 나누어져 총 13장으로 구성되었다. 제1부(제1~6장)는 사회보장의 총론에 대한 내용으로 사회보장의 개요, 사회보장의 전제조건과 원리 · 원칙, 사회보장의 형태와 기능, 사회보장의 역사, 사회보장급여의 네 가지 요소, 국제사회보장에 대한 내용을 기술하였다. 제2부(제7~13장)는 한국의 사회보장제도에 대한 내용으로 국민연금제도, 국민건강보험제도, 노인장기요양보험제도, 산업재해보상보험제도, 고용보험제도 등 5대 사회보험제도와, 공공부조제도인 국민기초생활보장제도(의료급여제도 포함)에 대해 기술하였으며, 마지막으로 기초연금 및 장애인연금제도에 대해 간단하게 다루었다.

이 책은 사회보장에 대한 전반적인 이론과 제도를 체계적으로 이해할 수 있도록 내용을 구성하여 기술하였으며, 핵심적인 내용을 중심으로 될 수 있으면 간결하게 쓰고자 노력하였다. 그리고 사회보장론을 가르치는 분들과 공부하는 학생들에게 좋은 교재로 활용될 수 있도록 마음을 담아 나름대로 정성을 다해 개정 작업을 하였다. 그럼에도 아직 미흡한 부분이 많이 있을 것으로 생각되며, 미흡하고 부족한 부분에 대해서는 앞으로도 개정을 통해 더욱 다듬어서 보완하고자 한다. 마지막으로 이 책이 출판될 수 있도록 도움을 주신 공동체 출판사 직원 여러분께 감사드린다.

2026년 1월

저자 박진화

Contents

Part 01

사회보장의 총론

Chapter 1

사회보장의 개요

1. 사회보장의 생성배경과 용어 등장

1) 생성배경

자본주의 사회에서는 개인과 그 가족이 능력껏 경제활동에 종사하여 이를 통해 얻어진 소득, 즉 경제적 자원을 가지고 생활하는 것이 일반적이었다. 그런데 산업혁명 이후 시장경제가 본격적으로 발전하면서 불평등과 빈곤의 심화, 산업재해, 실업, 퇴직 등 개인의 힘으로는 어쩔 수 없는 사회문제와 사회적 위험(social risk)이 발생되면서 기본적인 생계유지가 어려운 사람들이 상당수 생겨나게 되었다. 18~19세기의 자유방임주의(自由放任主義) 이념하에서는 이들에 대한 국가의 개입은 제한적이었다. 그러나 자유경쟁 시장이 가져오는 심각한 사회문제와 사회적 위험에 대해 국가와 사회가 공동으로 대처해야 한다는 인식이 확산되면서 20세기 이후 복지국가가 형성되기 시작했다. 이러한 복지국가의 이념을 실현하기 위한 핵심적인 제도로서 사회보장제도가 생성되었다.

사회보장제도는 시장경제에서 이루어진 소득분배에 대해 국가가 세금 또는 보험료를 징수하고 이를 다시 필요로 하는 사람들에게 나누어 주는 것이다. 즉,

시장경제의 일차적 분배에 대해 국가가 개입하여 강제적으로 재분배하는 역할을 한다. 그러므로 시장경제에 대해 국가의 개입을 반대하던 자유주의 이념이 지배하던 18~19세기에는 사회보장제도가 발달하기에는 여건이 충분하지 못하였다. 그러나 20세기 초에 발생한 대공황과 대량실업 등 자본주의의 체제적 불안정성이 증대되면서 자유시장에 대한 국가개입의 필요성을 역설하는 케인즈(John Maynard Keynes) 경제이론[1)]이 등장하기에 이르렀다. 제2차 세계대전 이후 사회보장제도가 크게 발전한 것은 이와 같은 케인즈 이론에 힘입은 바가 크다고 할 수 있다(김환준, 2011 : 32-33).

2) 용어 등장

사회보장이라는 용어가 맨 처음 사용된 것은 유럽에서 실시하고 있던 사회보험에서의 사회(social)와 미국의 대공황 시기에 등장한 긴급경제보장위원회(Emergency Economic Security Committee)의 보장(security)이라는 용어가 합쳐져 탄생한 것으로 알려져 있다. 공식적인 법률명으로는 1935년 제정된 미국의 사회보장법(Social Security Act)에서 처음으로 사용되었고, 이후 1938년 뉴질랜드에서도 사회보장법이 제정되면서 사회보장이라는 용어는 전 세계적으로 통용되기 시작하였다. 그리고 1942년 국제노동기구(ILO)의 보고서 '사회보장에의 접근(approach to social security)'과 영국의 베버리지(W. H. Beveridge)가 작성한 보고서 '사회보험과 관련 서비스(Social Insurance and Allied Services)', 그리고 1962년 프랑스의 라로크(Pierre Laroque)가 책정한 '사회보장계획(Le Plan Français de Sécurité Sociale)' 등에서 사용함으로써 사회보장이라는 용어가 일반화되는 계기가 되었다(이준영 외, 2016 : 18). 용어 사용의 확대와 함께 사회보장은 제2차 세계대전 이후 각국에서 구체적인 사회정책으로 제도화되기 시작하였다.

---

1) 영국의 경제학자인 케인즈의 경제이론은 자본주의의 구조는 그대로 유지하면서 자본주의에서 나타날 수 있는 독점과 부당경쟁, 노동에 불합리적인 모순들을 정부가 개입해 완화시키자는 것이었다(수정자본주의). 그리고 그는 시장원리에 의해 수요와 공급이 자동으로 조절된다는 아담 스미스(Adam Smith)의 경제이론을 반박했다. 그리고 저서 『고용 · 이자 및 화폐의 일반이론』(1936)에서 실업은 유효수요의 부족으로 발생한다고 보고, 실업자를 줄이기 위해서는 정부의 적극적인 공공지출을 통한 유효수요를 늘려야 한다고 주장하였다.

2. 사회보장의 개념

1) 어원적(語源的) 의미

오늘날 대다수의 국가에서 사회보장 프로그램을 제도화하고 있으나 사회보장에 대한 의미는 학자에 따라 다르게 정의되고 있고, 또한 시대와 국가에 따라서도 서로 다르게 인식되고 있다. 먼저 사회보장의 어원적 의미를 살펴보면, 사회보장을 뜻하는 영어 'social security'의 'security'는 라틴어의 'securitas'를 어원으로 하고 있다. 'securitas'는 명사로 무사, 태평, 안전의 뜻을 가지고 있다. 따라서 'social security'는 걱정과 근심이 없이 평온한 삶을 사회가 보장한다는 뜻으로 이해된다(박석돈, 2016 : 13). 여기서 걱정과 근심이란 광범위한 개념으로 노령, 질병, 실업, 재해, 사망 등과 같은 사회구성원들이 누구나 겪거나 그럴 가능성이 있는 사회적 위험들, 빈곤과 같은 경제적 어려움과 자립의 걸림돌, 그리고 복지, 보건의료, 교육, 고용, 주거, 문화, 환경 등의 분야에서 해결되어야 할 문제와 충족되지 않은 욕구들을 의미한다(김기원, 2016 : 18). 따라서 사회보장이란 사회구성원 모두가 이러한 걱정과 근심 없이 잘 살아갈 수 있도록 사회가 마련한 제도나 보호 조치를 의미한다고 할 수 있다.

2) 백과사전의 정의

사회보장에 대한 영국의 백과사전(Encyclopedia Britannica : 314)의 정의를 살펴보면, 사회보장은 "실업, 노령, 질병, 사망 등으로 인한 개인과 그 가족의 소득 상실로부터 개인과 가족을 보호하기 위한 공공 프로그램과 국민의 복지 증진을 위한 공공서비스, 그리고 경제적 원조 등을 통한 가족생활을 향상시키는 공적 프로그램을 말한다"고 정의하고 있다.

3) 영국의 베버리지 보고서의 정의

영국의 경제학자 베버리지(W. H. Beveridge)는 1942년에 발표한 '사회보험과 관련 서비스'라는 보고서를 통해 사회보장이란 "실업, 질병 또는 부상으로 인하여 수입이 중단되거나, 노령에 의한 퇴직이나 가장의 사망으로 인한 소득의 중단, 나아가 출생, 사망, 결혼 등에 관련되는 추가적 지출을 보충하기 위한 소득보장을 의미한다"고 정의하였다(Beveridge, 1942 : 9). 그는 빈곤과 결부시켜 사회보장은 '궁핍의 퇴치'라고 말하고, 이는 국민소득의 재분배로 실현할 수 있으며 이를 통한 일정 소득의 보장은 결국 국민생활의 최저수준(national minimum)을 보장하는 것이라 하였다.

4) 국제노동기구의 정의

국제노동기구(ILO : The International Labour Organization)는 노동자들의 보호를 국제적인 수준에서 보호하기 위한 연구를 수행하고 있으며, 국제적 노동기준뿐만 아니라 사회보장제도의 국제적 확산 및 발전에 중요한 역할을 담당해 왔다. 국제노동기구는 사회보장을 포괄적으로 정의하고 있다. 1942년에 발표된 '사회보장에의 접근'이라는 보고서에 의하면, 사회보장이란 "사회구성원이 부딪히는 일정한 위험에 대해서 사회가 적절한 조직을 통해 부여하는 보장"이라고 정의하면서 그 구성요소로는 ① 전체 국민을 대상으로 해야 하고, ② 최저생활이 보장되어야 하며, ③ 모든 위험과 사고가 보호되어야 할 뿐만 아니라, ④ 공공의 기관을 통해서 보호나 보장이 이루어져야 한다고 하였다.

그리고 1984년에 발간한 보고서(ILO, 1984 : 3-7)에서는 사회보장을 "질병, 출산, 재해, 실업, 장애, 노령, 사망에 따른 소득의 상실 또는 실제적 감소에 의해 야기되는 경제사회적 고통을 사회가 공공대책에 의해 보호하고, 의료보호와 아동수당 등을 제공하는 것을 의미한다"고 정의하고 있다. 또한 사회보장을 사회보험, 사회부조, 일반조세로 재정이 지원되는 급여, 가족급여, 적립기금, 사용자지급급여, 사회서비스 등으로 분류하여 기술하고 있다. 이처럼 국제노동기구는 사회보장을 사회보험, 사회부조, 사회수당, 사회서비스 등으로 그 범위를 체계적으로 분류하고 있다.

5) 국제사회보장협회의 정의

사회보장과 관련된 각국의 정부기관 및 민간단체의 모임인 국제사회보장협회(ISSA : International Social Security Association)[2)]의 정의를 살펴보면, 사회보장은 "법령이나 기타 강제적 제도에 근거해 도입된 프로그램으로서, 개인이 노령, 가장의 사망, 근로능력 상실, 장애, 실업, 아동 부양이라는 사회적 사건을 겪을 경우에 어느 정도의 소득보장을 제공하는 사회적 보호 프로그램"이라고 정의하고 있다(ISSA, 2008a).

6) 미국 사회보장청의 정의

미국의 사회보장청(SSA : Social Security Administration)이 발간한 『사회보장핸드북(Social Security Handbook)』에서는 사회보장이란 "개인과 가족의 물질적 요구를 충족해 주고, 저축을 소진할 수 있는 질병치료 비용으로부터 노인과 장애인을 보호하며, 가족을 유지하도록 하고, 아동에게 건강하고 안전하게 성장할 수 있는 기회를 제공하는 프로그램들"이라고 정의하고 있다(SSA, 2006a). 또한 미국의 사회보장 교과서에서는 사회보장을 "산업사회에서 발생하는 노령, 실업, 장애 등의 문제에 직면한 사람에게 경제적 보장을 제공하는 것으로서 근로하는 사람에게는 사회보험을, 고용되기에 부적절한 사람에게는 공공부조를 제공함으로써 국민에게 경제적 보장을 제공하는 데 목적을 둔 제도"라고 정의하고 있다(Whiteman, 2001 : 4).

7) 우리나라 사회보장기본법의 정의

(1) 사회보장에 관한 법률(1963년 제정)

우리나라는 1962년 제5차 개정헌법 제30조 제2항에서 처음으로 "모든 국민

2) 세계의 사회보장을 유지·발전시키기 위해 설립된 국제기구로서 1927년 벨기에 브뤼셀에서 상호부조, 질병금고국제회의라는 명칭으로 처음 조직되었으며, 1937년 국제사회보험회의로 개칭했다가 1947년 제8차 총회에서 국제사회보장협회로 명명했다.

은 인간다운 생활을 할 권리를 가지고, 국가는 사회보장의 증진에 노력하여야 한다"고 규정하여 국가적 의무로서 사회보장을 천명하였고, 이에 따라 1963년 11월 5일 전문 7개조로 구성된 「사회보장에 관한 법률」을 제정하였다. 동 법률 제2조에서는 사회보장을 "사회보험에 의한 제 급여와 무상으로 행하는 공적부조를 말한다"고 정의하였다. 따라서 사회보장의 범위에 사회보험과 공적부조만 포함되었다.

(2) 사회보장기본법

① 제정 시 내용(1995년 12월 제정)

사회보장에 관한 법률 제정 후 사회 · 경제적으로 큰 변화가 오고, 또한 1980년 제8차 개정헌법에서는 '사회보장'과 '사회복지'라는 용어를 함께 병기함으로써 사회복지에 대한 국가의 책임을 더욱더 명확하게 했다. 이에 따라 시대적 변화에 맞는 사회보장기본법 제정에 대한 필요성이 부각됨에 따라 1995년 12월 30일 기존의 사회보장에 관한 법률은 폐지되고 사회보장기본법이 제정되었다. 새로이 제정된 사회보장기본법(제3조 제1호)에서는 사회보장을 "질병 · 장애 · 노령 · 실업 · 사망 등의 사회적 위험으로부터 모든 국민을 보호하고 빈곤을 해소하며 국민생활의 질을 향상시키기 위하여 제공되는 사회보험, 공공부조, 사회복지서비스 및 관련 복지제도를 말한다"고 정의하였다. 기존의 사회보장에 관한 법률에서 사용하던 공적부조라는 용어는 사회보장기본법 제정 이후 공공부조로 용어가 바뀌었다.

② 개정 후 내용(2012년 1월 개정)

우리나라의 상황에 맞는 새로운 사회보장정책의 비전과 미래지향적 발전방향을 제시하고, 21세기 사회경제와 환경에서도 효과적이고 지속가능한 사회보장체계를 정립함으로써 건강한 '한국형 복지국가'를 구축하기 위한 목적으로 2012년 1월 26일 사회보장기본법이 개정되었다. 개정된 사회보장기본법(제3조 제1호)에 따르면 사회보장이란 "출산, 양육, 실업, 노령, 장애, 질병, 빈곤 및 사망 등의 사회적 위험으로부터 모든 국민을 보호하고 국민 삶의 질을 향상시키는 데 필요한 소득·서비스를 보장하는 사회보험, 공공부조, 사회서비스를 말한다"고 정의하고 있다.

개정된 사회보장기본법에는 출산과 양육이 새로운 사회적 위험으로 추가되었고, 기존의 소득보장 중심의 사회보장에서 소득과 사회서비스가 균형적으로 보장될 수 있도록 복지 패러다임이 전환되었다. 특히 사회서비스는 지금까지 저소득층을 중심으로 한 제한적 사회복지서비스에서 보건, 교육, 주거, 고용 등 삶의 기본적 욕구에 대해 전 국민을 대상으로 하는 사회서비스 체계로 개정되었다. 또한 동법 제3조 제5호에 '평생사회안전망'이라는 용어가 신설되었는데, 이는 "생애주기에 걸쳐 보편적으로 충족되어야 하는 기본 욕구와 특정한 사회위험에 의하여 발생하는 특수욕구를 동시에 고려하여 소득·서비스를 보장하는 맞춤형 사회보장제도"라고 규정하고 있다.

※ 우리나라의 사회보장 용어 정의 변화		
사회보장에 관한 법률(제2조)		사회보험, 공적부조
사회보장기본법 (제3조 제1호)	개정 전	사회보험, 공공부조, 사회복지서비스 및 관련 복지제도
	개정 후	사회보험, 공공부조, 사회서비스

이상의 정의를 종합해 보면, 사회보장이란 ① 질병, 장애, 재해, 실업, 노령, 빈곤 및 사망 등의 사회적 위험에 따른 소득중단 및 소득상실과 ② 결혼, 출산, 양육, 교육 등의 특별지출로부터 모든 국민을 보호하기 위해 ③ 국가가 제공하는 법정 프로그램으로서 ④ 사회보험, 공공부조, 사회수당 및 사회(복지)서비스를 말한다. 다시 말하면, 사회보장이란 모든 국민을 대상으로 태아기에서 노년기까지[3) 걱정·근심 없는 평안한 삶을 살 수 있도록 정부가 법정 프로그램을 통해 현금과 현물, 서비스를 제공해 주는 사회적 제도라고 할 수 있다.

3) 과거에는 사회보장을 '요람에서 무덤까지(from cradle to grave)' 인간적 삶을 보장해 주는 제도라고 하였으나 현재는 '태아에서 무덤까지(from embryo to grave)' 인간적 삶을 보장해 주는 제도라고 한다(채구묵, 2017 : 24).

〈표 1-1〉 사회보장기본법 개정 전후 비교

구 분	개정 전(1995년 12월 30일 제정)	개정 후(2012년 1월 26일 개정)
제1조 (목적)	사회보장에 관한 국민의 권리와 국가 및 지방자치단체의 책임을 정하고 사회보장제도에 관한 기본적인 사항을 규정함으로써 국민의 복지 증진에 기여한다.	
제2조 (기본 이념)	"사회보장"은 모든 국민이 인간다운 생활을 영위할 수 있도록 최저생활을 보장하고 국민생활의 수준을 향상시킬 수 있도록 제도와 여건을 조성하여 그 시행에 있어 형평과 효율의 조화를 기함으로써 복지사회를 실현하는 것을 기본 이념으로 한다.	"사회보장"은 모든 국민이 다양한 사회적 위험으로부터 벗어나 행복하고 인간다운 생활을 향유할 수 있도록 자립을 지원하며, 사회참여 · 자아실현에 필요한 제도와 여건을 조성하여 사회통합과 행복한 복지사회를 실현하는 것을 기본 이념으로 한다.
제3조 제1호	"사회보장"이란 질병, 장애, 노령, 실업, 사망 등의 사회적 위험으로부터 모든 국민을 보호하고 빈곤을 해소하며 국민생활의 질을 향상시키기 위하여 제공되는 사회보험, 공공부조, 사회복지서비스 및 관련 복지제도를 말한다.	"사회보장"이란 출산, 양육, 실업, 노령, 장애, 질병, 빈곤 및 사망 등의 사회적 위험으로부터 모든 국민을 보호하고 국민 삶의 질을 향상시키는 데 필요한 소득 · 서비스를 보장하는 사회보험, 공공부조, 사회서비스를 말한다.
제3조 제2호	"사회보험"이란 국민에게 발생하는 사회적 위험을 보험의 방식으로 대처함으로써 국민의 건강과 소득을 보장하는 제도를 말한다.	
제3조 제3호	"공공부조(公共扶助)"란 국가와 지방자치단체의 책임하에 생활유지 능력이 없거나 생활이 어려운 국민의 최저생활을 보장하고 자립을 지원하는 제도를 말한다.	
제3조 제4호	"사회복지서비스"란 국가 · 지방자치단체 및 민간 부문의 도움이 필요한 모든 국민에게 상담, 재활, 직업의 소개 및 지도, 사회복지시설의 이용 등을 제공하여 정상적인 사회생활이 가능하도록 지원하는 제도를 말한다.	"사회서비스"란 국가 · 지방자치단체 및 민간 부문의 도움이 필요한 모든 국민에게 복지, 보건의료, 교육, 고용, 주거, 문화, 환경 등의 분야에서 인간다운 생활을 보장하고 상담, 재활, 돌봄, 정보의 제공, 관련 시설의 이용, 역량 개발, 사회참여 지원 등을 통하여 국민의 삶의 질이 향상되도록 지원하는 제도를 말한다.
제3조 제5호	"관련 복지제도"란 보건, 주거, 교육, 고용 등의 분야에서 인간다운 생활이 보장될 수 있도록 지원하는 각종 복지제도를 말한다.	"평생사회안전망"이란 생애주기에 걸쳐 보편적으로 충족되어야 하는 기본 욕구와 특정한 사회위험에 의하여 발생하는 특수 욕구를 동시에 고려하여 소득 · 서비스를 보장하는 맞춤형 사회보장제도를 말한다.

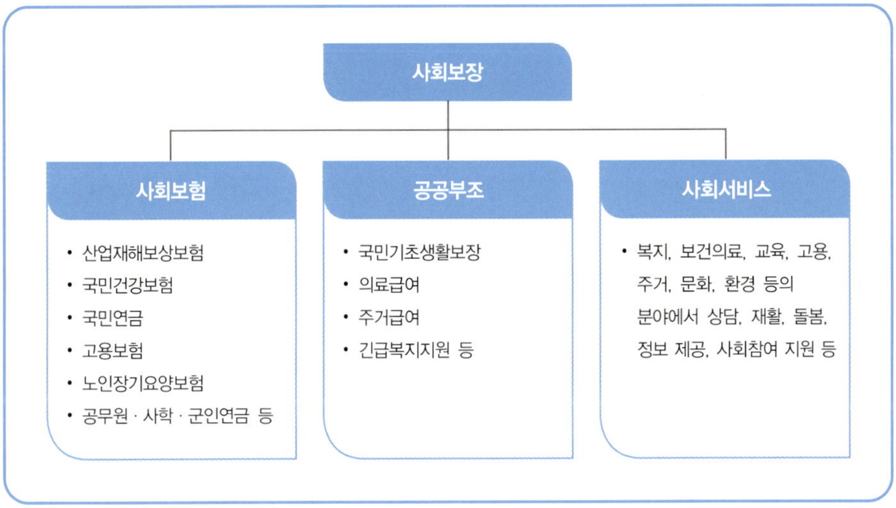

|그림 1-1| 우리나라의 사회보장 체계도

3. 사회보장과 사회복지의 관계

일반적으로 사회보장을 협의의 관점에서 보면 사회보험과 공공부조를 의미한다고 할 수 있다. 즉, 협의의 사회보장은 금전적이고 물질적인 소득보장에 주로 초점을 맞춘다. 사회보장을 협의의 개념인 사회보험과 공공부조로만 볼 경우, 사회보장은 '사회적 위험으로부터 모든 국민을 보호하기 위해 국가가 금전적이고 물질적인 소득보장을 제공해 주는 제도적 장치'라고 정의할 수 있다.

그러나 우리나라 사회보장기본법에서는 사회보장을 광의의 개념으로 보고 있다. 동법 제3조 제1호에는 사회보장을 "출산, 양육, 실업, 노령, 장애, 질병, 빈곤 및 사망 등의 사회적 위험으로부터 모든 국민을 보호하고 국민 삶의 질을 향상시키는 데 필요한 소득 · 서비스를 보장하는 사회보험, 공공부조, 사회서비스"로 규정함으로써 금전적이고 물질적인 소득보장뿐 아니라 비금전적인 사회서비스를 포함하고 있다. 특히 사회서비스의 경우 "국가 · 지방자치단체 및 민간 부문의 도움이 필요한 모든 국민에게 복지, 보건의료, 교육, 고용, 주거, 문화, 환경 등의 분야에서 인간다운 생활을 보장하고 상담, 재활, 돌봄, 정보의 제공, 관련 시설의 이용, 역량 개발, 사회참여 지원 등을 통하여 국민의 삶의 질이 향상되도록 지원하는 제도"라고 광범위하게 규정하고 있다. 또한 국가나 지방자치단체와 함께 민간도 주체로 언급하고 있어 사회보장의 개념을 매우 넓게 정의하고 있다.

협의의 사회보장 = 사회보험 + 공공부조
광의의 사회보장 = (사회보험 + 공공부조) + 사회서비스

한편 사회복지를 협의의 관점에서 보면, 사회적 · 경제적 약자나 보호를 필요로 하는 사람을 위한 사회 · 정책적 제도를 말한다. 즉, 사회보장기본법 제3조 제4호에서 규정하고 있는 상담, 재활, 돌봄, 시설 이용 등의 사회서비스가 여기에 속한다.

그러나 광의의 관점에서 정의한 내용을 살펴보면, 미국의 사회사업백과사전에는 사회복지란 "물질적 · 정신적 안녕(well-being)에 관한 최저 수준을 보장하기 위한 조직적인 노력"이라고 규정했고(NASW, 1977 : 1503), 프리드랜더와 앱트(Friedlander & Apte)는 사회복지란 "국민들의 복지를 위한 최소한도의 사회적 욕구(needs)와 사회적 요구(order)에 대해 기능을 다할 수 있도록 준비를 강화하고 보호하기 위한 법률제도, 프로그램, 제 급여, 기타 각종 서비스들의 체계"라고 했다(Friedland & Apte, 1974 : 4). 따라서 광의의 관점에서 사회복지란 사회보험과 공공부조를 통한 금전적이고 물질적인 소득보장뿐 아니라 비금전적인 전문적 사회서비스 프로그램을 모두 포함한다고 할 수 있다.

협의의 사회복지 = 사회서비스
광의의 사회복지 = (사회서비스) + 사회보험 + 공공부조

이렇게 되면 광의의 사회보장은 광의의 사회복지와 같은 개념이 된다. 사실 사회보장과 사회복지는 대상자들에게 사회적 차원의 보호와 구제를 그 목표로

하는 점에 있어서는 같은 의미를 가진다. 그러나 우리나라의 헌법 제34조 제2항에는 "국가는 사회보장 · 사회복지의 증진에 노력할 의무를 진다"고 규정되어 있어 사회보장과 사회복지를 구분해 놓았다. 그런데 사회보장기본법이 사회보장의 범위를 '사회보험, 공공부조, 사회서비스'로 규정해 놓았기 때문에 헌법에서 말하는 사회복지는 어디에 포함되어야 할 것인지 의문이 생긴다.

사회보장과 사회복지의 범위에 대해 사회보장의 범위를 사회보험과 공공부조의 소득보장으로 제한해서 보고, 사회복지의 범위는 사회보장과 사회서비스로 넓게 보는 것이 옳다고 주장하는 국내 학자들의 견해들이 다수 있다(김상균, 1987; 윤찬영, 1998; 김태성, 2001; 박석돈, 2016). 또한 베버리지 보고서에서도 사회보장은 사회보험, 공공부조, 민간보험을 포함하고 있고, 사회복지는 아동수당, 보편주의 보건서비스, 재활서비스 및 완전고용을 포함하고 있어 사회보장보다 사회복지를 더 넓게 보고 있다(원석조, 2014 : 20). 즉, 사회보장이 소극적으로 사회적 위험으로부터 개인을 보호하는 데 목적이 있다면, 사회복지는 보다 더 포괄적으로 공동체의 복지를 지향한다는 것이다. 반면 사회보장을 사회복지보다 상위 개념으로 보고 좀 더 포괄적으로 이해하는 견해도 있다. 이 경우 사회복지의 범위는 소득보장을 제외한 전문적 사회서비스에 국한된다.

결국 사회보장과 사회복지의 관계는 어느 것을 상위 또는 하위의 개념으로 볼 것인가에 따라서 달라진다고 할 수 있다. 즉, 사회보장을 사회복지의 하위개념으로 보는 경우 사회보장은 협의의 개념으로서 사회보험과 공공부조에 국한하고, 반면 사회복지를 사회보장의 하위개념으로 볼 경우 사회복지는 협의의 개념으로서 사회서비스만을 의미하게 된다. 어느 관점을 채택하든 무방하다고 할 수 있으나, 우리나라 사회보장기본법의 기준으로 본다면 사회보장을 사회복지보다 포괄적인 개념으로 보고 있다고 할 수 있다. 즉, 사회복지는 사회보장제도의 실현과정에 사용되는 서비스의 한 영역으로 간주된다(현외성, 2018 : 21). 그러므로 사회보장과 사회복지의 관계는 광의의 개념인 사회보장제도 안에서 소득보장에 중점을 두는 사회보장과, 전문적 서비스에 중점을 두는 사회복지로 이루어져 있다고 할 수 있다.

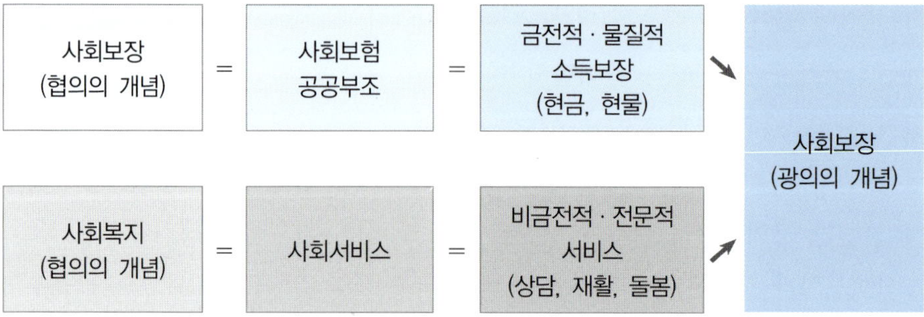

|그림 1-2| **사회보장과 사회복지의 관계**

4. 사회보장 관련 용어

사회보장과 관련된 용어들을 살펴보면, 먼저 '사회안전망(social safety nets)'이라는 용어가 IMF(International Monetary Fund)와 World Bank를 중심으로 사용되고 있다. 사회안전망이란 구조조정을 위한 개혁조치가 사회적 취약계층에 미치는 역효과를 최소화하기 위한 정책적 조치(주로 단기적인 사회복지정책)라는 의미이다(Chu & Gupta, 1998). IMF와 World Bank는 원활한 시장경제의 작동과 개발도상국 및 후진국에 대한 경제적 원조를 목적으로 하는 대표적 국제금융기구인데, 1970년대 후반부터 재정지원을 받은 개발도상국들에게 제시한 구조조정 프로그램들, 즉 국가재정지출의 축소, 자본시장의 개방, 노동시장의 유연화, 국영기업의 민영화 등이 실업자의 양산과 빈곤의 심화 등 부정적 결과로 이어지자 양대 국제금융기구에 포진한 신자유주의 경제학자들은 이를 해결하기 위한 사회보장정책들을 모색하기 시작했는데, 이 과정에서 이들은 사회보장이라는 용어보다는 사회안전망이라는 용어를 더 선호하여 사용하였다(원석조, 2014 : 22). 우리나라에서는 1997년 외환위기 당시 IMF 및 세계은행으로부터 구제금융의 조건으로 사회안전망 확충을 요구받으면서 사회안전망이라는 용어가 본격적으로 논의되고 사용되기 시작했으며, 2012년 개정된 사회보장기본법에서는 사회보장과 별도로 '평생사회안전망'이라는 용어를 도입하였다.

한편 유럽의 경우 사회보장이라는 용어 대신 다른 용어로 '사회적 보호(social

protection)'라는 용어를 사용하는 경향이 있다(Abel-Smith, 2009). 이 사회적 보호는 사회보장보다 더 넓은 의미를 지니는 식으로 사용되고 있다. 즉, 사회적 보호에는 법령에 의해 도입되지 않은 민간제도도 포함되기 때문이다. 또한 일부 국가의 경우 사회보장이라는 용어를 좀 더 좁은 의미로 사용하고 있는데, 영국의 경우 법령에 따라 제공되는 현금급여만을 사회보장으로 보고 있으며, 사회서비스라는 용어가 사회보장, 의료, 교육, 주택, 사회사업 및 사회복지와 관련된 급여를 가리키는 말로 사용된다. 미국의 경우 사회보장이라는 용어는 연방정부 수준의 사회보험제도를 의미하는 용어로 사용되고 있다. 즉, 미국에서의 사회보장은 연방정부의 OASDHI(노령연금 · 유족연금 · 장애연금 · 건강보험)를 가리키는 말로 사용되고 있어 주정부 수준에서 제공하는 급여와 구분되고, 또한 공공부조와도 구분되는 용어로 사용되고 있다. 그리고 유럽에서 공공부조라고 부르는 것을 미국에서는 '복지(welfare)'라고 부르고 있다.

5. 사회보장의 주체와 대상

1) 사회보장의 주체

우리나라 헌법 제34조 제2항에 "국가는 사회보장 · 사회복지의 증진에 노력할 의무를 진다"라고 규정되어 있고, 사회보장기본법에는 사회보장에 대한 국가 및 지방자치단체의 책임에 대해 규정하고 있어 사회보장의 주체는 국가와 지방자치단체가 된다.

※ 국가와 지방자치단체의 책임(사회보장기본법 제5조)

① 국가와 지방자치단체는 모든 국민의 인간다운 생활을 유지 · 증진하는 책임을 가진다.
② 국가와 지방자치단체는 사회보장에 관한 책임과 역할을 합리적으로 분담하여야 한다.
③ 국가와 지방자치단체는 국가 발전수준에 부응하고 사회환경의 변화에 선제적으로 대응하며 지속가능한 사회보장제도를 확립하고 매년 이에 필요한 재원을 조달하여야 한다.
④ 국가는 사회보장제도의 안정적인 운영을 위하여 중장기 사회보장 재정추계를 격년으로 실시하고 이를 공표하여야 한다.

2) 사회보장의 대상

사회보장의 발달사적으로 볼 때 처음 사회보험제도가 도입되었을 때에는 그 대상이 근로자와 그 가족이었다. 이후 점차적으로 대상범위를 모든 국민에게로 확대하여 오늘날의 사회보장의 대상은 모든 국민이 된다. 우리나라의 헌법 제34조 제1항에는 "모든 국민은 인간다운 생활을 할 권리를 가진다"라고 규정되어 있어 사회보장의 대상이 전체 국민임을 명확하게 명시하고 있다. 그리고 국내에 거주하는 외국인에게 사회보장제도를 적용할 때에는 사회보장기본법 제8조에 따라 상호주의의 원칙에 따른다.

한편 모든 국민은 사회보장의 대상이 되어 사회보장 관계 법령에서 정하는 바에 따라 사회보장급여를 받을 권리를 가질 수 있으나 그에 따른 책임도 또한 준수해야 한다.

※ 국민의 책임(사회보장기본법 제7조)

① 모든 국민은 자신의 능력을 최대한 발휘하여 자립 · 자활(自活)할 수 있도록 노력하여야 한다.

② 모든 국민은 경제적 · 사회적 · 문화적 · 정신적 · 신체적으로 보호가 필요하다고 인정되는 사람에게 지속적인 관심을 가지고 이들이 보다 나은 삶을 누릴 수 있는 사회환경 조성에 서로 협력하고 노력하여야 한다.

③ 모든 국민은 관계 법령에서 정하는 바에 따라 사회보장급여에 필요한 비용의 부담, 정보의 제공 등 국가의 사회보장정책에 협력하여야 한다.

Chapter 2

사회보장의 전제조건과 원리 · 원칙

1. 사회보장의 전제조건[1)]

사회보장제도가 제대로 기능하려면 그 기본 바탕이나 혹은 환경적 여건이 갖추어지는 것이 필요하다. 사회보장제도가 제대로 작동하여 국민이 인간다운 생활을 영위하기 위해서는 어느 정도의 산업화, 자본주의 체제의 성장과 발전, 노 · 사 · 정의 건강한 사회적 합의를 이룰 수 있는 성숙한 민주주의, 인구사회학적으로 안정적 사회, 더 나아가 위험공동체를 견인할 수 있는 성숙된 시민의식, 그리고 사회 전체의 공공복지 증진을 위해 개인의 자유 제한을 균형 있게 이룰 수 있는 복지국가의 법질서 등의 조건이 전제되어야 한다.

베버리지는 1942년 발표한 보고서(사회보험과 관련서비스)에서 사회보장의 전제조건으로 완전고용, 포괄적 보건서비스, 아동수당 세 가지를 제시하였다. 또한 국내학자들은 생존권 보장, 완전고용의 실현, 최저임금제 실시, 인구학적 재정적 안정 등을 전제조건으로 제시하고 있다. 국내학자들이 제시한 네 가지 전제조건을 살펴보면 다음과 같다.

---

1) 사회보장의 전제조건은 현외성(2018 : 65-68)의 내용을 참고하여 기술하였다.

1) 생존권 보장

생존권이란 인간다운 생활을 국가에 요청할 수 있는 국민의 기본적 권리이다. 어떤 위험한 상황에서도 국민은 보호받아야 하며, 인간다운 생활을 영위할 수 있도록 하는 것을 국가 존립의 근거로 하는 복지국가야말로 사회보장제도 실현의 기본 전제이다. 헌법은 국가 존립과 기능을 담은 최상위의 법규범이므로 생존권 보장을 헌법에 규정함은 물론 그 하위 법률과 명령 등을 통하여 생존권을 실현하기 위한 구체적인 행위로 사회보장제도를 실시하는 내용을 담아야 한다. 1919년 독일이 세계 최초로 바이마르 헌법(Weimarer Verfassung)에 생존권을 규정한 이후 오늘날 대부분의 국가들이 헌법에 생존권 조항을 도입함으로써 복지국가를 지향하는 사회보장제도를 실시하고 있다.

2) 완전고용의 실현

완전고용(full employment)은 일하고자 하는 의지와 일할 수 있는 능력을 가진 사람이 원하는 때 취업할 수 있는 상태를 말하는 것으로, 케인즈(J. Keynes)가 말하는 자발적 실업(voluntary unemployment), 마찰적 실업(frictional unemployment), 비자발적 실업(involuntary unemployment) 중에서 비자발적 실업이 없는 경우를 의미한다. 사회보장제도는 임금근로자의 임금 혹은 보수를 근거로 하여 설계·운영되기 때문에 임금근로자의 존재를 기본 전제로 하고 있다. 즉, 근로자가 매월 받는 임금 또는 보수를 기반으로 각종 사회보험제도를 운영하며, 공공부조 역시 이들의 보수를 기반으로 하는 조세를 재원으로 하여 운영되기 때문에 완전고용의 실현은 사회보장제도의 전제조건이 된다고 할 수 있다.

베버리지도 1942년에 발표한 그의 보고서 '사회보험과 관련서비스'에서 완전고용을 사회보장의 전제조건 중 하나로 제시하였다. 또한 1944년 발간된 그의 저서 『자유사회에서의 완전고용』에서도 완전고용은 국민의 최저생활보장의 전제조건으로서 필요하다고 주장함으로써 소득보장을 위한 전제조건으로 완전고용의 중요성을 강조하였다(박석돈, 2017 : 53). 완전고용은 사회보장의 기저를 이루는 전제조건임과 동시에 사회보장제도를 실시함으로써 고용을 안정시키고 완전고용을 이루는 상호보완적인 관계도 성립된다고 볼 수 있다.

※ 실업의 종류	
자발적 실업	일할 의사와 능력을 가지고 있으나 임금 등 노동조건이 맞지 않아 일하지 않는 상태
비자발적 실업	일할 의사와 능력을 가지고 있으나 생산물에 대한 충분한 수요가 없어 생기는 실업
마찰적 실업	산업 간 또는 지역적으로 근로자가 일자리를 바꾸거나 이사를 가고 경제적 활동을 재배치하는 등에 의해 노동력의 수요와 공급이 일시적으로 불균형 상태를 이루는 정상적이고 회피 불가능한 실업

3) 최저임금제의 실시

최저임금제(minimum wage system)란 국가가 법률로써 임금의 최저한을 강제적으로 규제하는 제도를 말한다. 즉, 법률에 의해 최저임금 이하로 근로자의 고용을 금하는 제도로, 정부가 노동시장에 개입하여 저임금 근로자들의 임금을 올림으로써 이들의 생활을 개선하고 빈곤 축소, 분배 개선에 기여하는 정책이다. 완전고용이 이루어졌다 할지라도 근로자의 인간다운 생활을 보장할 수 없을 정도로 임금수준이 낮다면 보험료 수입 감소와 저임금 근로자에 대한 최저생활보장에 대한 사회보장 지출 증가로 현실적으로 사회보장제도가 작동하기 어렵게 된다. 따라서 완전고용과 함께 최저임금제의 실행이 사회보장의 전제조건이 된다. 이러한 측면에서 세계 각국은 최저임금제를 공공복지를 위해 강제적으로 실행하는 것을 원칙으로 하고 있는 추세이다.[2)]

최저임금제와 사회보장과의 관계를 살펴보면 다음과 같다(박석돈, 2017 : 56).

2) 최저임금제는 실업을 유발하게 되고, 최저임금제로 임금이 인상된 근로자는 결과적으로 해고된 근로자와 다른 산업근로자의 희생의 대가로 얻은 것이라는 비판적인 견해도 있다(전용덕. 대구대 경제학). 또한 최저임금 인상은 고용을 감소시킨다는 연구결과들도 있다(이병희, 2008; OECD, 1998).

첫째, 최저임금제는 사회보험의 급여수준 및 공공부조의 기준이 될 수 있다. 최저임금제의 확립은 사회보장의 급여수준을 향상시키는 데 영향을 미친다. 공공부조의 수준은 비록 열등처우의 원칙(principle of less eligibility)이 적용된다 해도 모든 국민의 인간다운 생활을 위한 최저생활보장의 기반이 될 수 있다.

둘째, 사회보장 재원에서 근로자의 갹출금은 임금비례제가 일반적 원칙이다. 따라서 임금이 너무 낮으면 사회보장 재정에 파탄이 올 수 있다. 이를 막기 위해 국고 부담이 커질 수 있다.

셋째, 저임금에 따른 비례갹출과 비례급여의 원칙을 적용하면 저부담, 저급여가 되어 모든 국민의 인간다운 생활에 대한 보장이라고 하는 사회보장의 의의와 기능을 기대할 수 없게 된다. 따라서 최저임금제는 사회보장의 전제조건이 된다.

우리나라도 최저임금법을 제정(1986년 12월 31일)하여 시행하고 있다. 최저임금법 제1조에는 "이 법은 근로자에 대하여 임금의 최저수준을 보장하여 근로자의 생활안정과 노동력의 질적 향상을 꾀함으로써 국민경제의 건전한 발전에 이바지하는 것을 목적으로 한다"고 규정하고 있다. 또한 동법 제6조 제1항에는 "사용자는 최저임금의 적용을 받는 근로자에게 최저임금액 이상의 임금을 지급하여야 한다"고 하여 근로자의 최저임금을 법률로 보장하고 있다. 최저임금제는 법 제정 이후 1988년부터 시행되어 오면서 적용대상의 확대와 최저임금수준의 단계적 인상 등을 통해 저임금 근로자의 생활안정에 크게 기여하면서 '일을 통한 복지'의 주요 제도로 발전하였다(고용노동부, 2008 : 1).

4) 인구학적 재정적 안정

사회보장제도는 기본적으로 사회적 위험에 대한 공동부담과 공동대응이라는 사회연대 원리에 입각해 있다. 사회연대 원리는 사회구성원 모두가 이러한 사회보장제도의 특성을 이해함을 기반으로 사회구성원들이 공동으로 보험료와 세금을 납부하는 것을 의미한다. 따라서 도움을 받아야 하는 집단과 도움을 주는 집단 간의 상호성과 호혜성은 인구학적으로나 재정적으로 지속적이고 안정적인 사회적 구조를 갖출 것을 필요로 한다. 만약 도움을 받아야 하는 인구집단이 상대적으로 많고, 도움을 주는 인구집단이 상대적으로 적다면 재정적 안정은 붕괴되고 사회보장제도는 성립되기 어렵다. 따라서 인구학적 재정적 안정은 사회보장의 전제조건이 된다.

이러한 관점에서 오늘날의 저출산 · 고령화는 사회보장제도 운영에 심각한 도전이 되고 있다. 특히 부과방식(pay-as-you-go system) 연금제도[3)]의 경우 인구구조의 변화에 많은 영향을 받는다. 따라서 복지선진국들은 이미 오래전부터 다양한 제도와 정책을 도입하여 사회보장제도의 지속가능성을 모색하고 있다. 예를 들어, 스웨덴을 비롯한 일부 유럽국가들은 연금재정의 지속적 안정을 위해 연금급여액이 생애소득, 퇴직연령, 경제상황과 함께 인구학적 상황 등의 요소에 의해 결정되도록 연금제도의 급여방식을 변경하는 방법을 선택하고 있다.

2. 사회보장의 원리 · 원칙

1) 공공부조의 원리

공공부조의 원리는 생존권 보장의 원리, 최저생활보장의 원리, 무차별평등의 원리, 국가책임의 원리, 보충성의 원리, 자활조성의 원리로 나누어서 살펴볼 수 있다.[4)]

(1) 생존권 보장의 원리

생존권 보장의 원리는 국가가 빈곤상태에 놓여 있는 모든 국민에 대하여 그 빈곤의 정도에 따라 필요한 보호를 행하여 생활유지 능력이 없거나 생활이 어려운 국민의 최저생활을 보장함으로써 헌법이 보장하는 인간다운 생활을 하도록 하는 것이다. 이 원리는 빈곤상태에 놓여 있는 국민은 국가로부터 법적으로

---

3) 매년 그해의 연금급여를 예상하여 현재의 근로세대에게 보험료를 징수하여 그해 연금급여의 지출로 모두 써버리는 방식이다. 이 방식의 장점은 연금수리추계가 불필요하고, 인플레이션의 영향을 받지 않는다는 것이고, 단점은 인구구조의 변화에 많은 영향을 받는다는 점이다.

4) 공공부조의 원리는 박석돈(2016 : 39-45)과 박병현 등(2017 : 42-45)의 내용을 참고하여 기술하였다.

보호받을 권리가 있다는 것을 전제로 한다. 우리나라 헌법 제34조 제1항은 "모든 국민은 인간다운 생활을 할 권리를 가진다"라고 규정하고 있어 국민의 생존권을 법으로 보장하고 있다. 따라서 국민은 누구나 빈곤상태에 놓여 있으면 국가에 대하여 보호를 법적으로 청구할 권리가 있으며, 국가는 보호를 제공할 법적인 의무가 있다.

(2) 최저생활보장의 원리

최저생활보장의 원리는 공공부조를 통해 생활이 어려운 사람의 최저생활을 보장해야 한다는 것을 말한다. 국민기초생활보장법 제1조에서는 이 법이 "생활이 어려운 사람에게 필요한 급여를 실시하여 이들의 최저생활을 보장하고 자활을 돕는 것을 목적으로 한다"고 규정하고 있어 최저생활보장의 원리를 표명하고 있다고 할 수 있다. 또한 동법 제4조 제1항에는 급여기준을 "건강하고 문화적인 최저생활을 유지할 수 있는 것이어야 한다"고 규정함으로써 최저생활의 원리는 건강하고 문화적인 최저생활을 유지할 수 있는 최저한의 생활이 공공부조에 의해 보장되어야 한다는 것을 의미한다.

한편 최저생활보장이 실현되려면 필연적으로 개별성과 구체성이 고려되어야 한다. 국민기초생활보장법 제4조 제2항에는 급여기준은 "수급자의 연령, 가구 규모, 거주 지역, 그 밖의 생활여건 등을 고려하여 급여의 종류별로 정한다"고 규정되어 있어 급여를 실시함에 있어 개별성과 구체성을 고려해야 한다는 것을 나타내고 있다.

(3) 무차별평등의 원리

무차별평등의 원리는 모든 국민은 법률이 정하는 요건만 충족되면 생활이 곤궁하게 된 원인의 여하는 묻지 않고 누구나 차별 없이 법률의 보호를 받을 수 있다는 것이다. 따라서 현재의 상황이 곤궁할 경우 성별, 인종, 종교, 직업, 신분 등 차별을 두지 않고 평등하게 보호를 받을 수 있다는 것이다. 다만, 국내에 체류하고 있는 외국인의 경우 대한민국 국민과 혼인하여 본인 또는 배우자가 임신 중이거나, 대한민국 국적의 미성년 자녀를 양육하고 있거나, 배우자의 대한민국 국적인 직계존속과 생계나 주거를 같이하고 있는 사람으로서 대통령령으로 정하는 사람이 이 법에 따른 급여를 받을 수 있는 자격을 가진 경우에는 수급권자가 된다(국민기초생활보장법 제5조의2).

(4) 국가책임의 원리

국가책임의 원리는 생활능력이 없는 국민에 대해서 최저한의 생활을 국가가 책임진다는 것이다. 헌법 제34조 제5항에 의하면 "생활능력이 없는 국민은 법률이 정하는 바에 의하여 국가의 보호를 받는다"고 규정되어 있어 공공부조의 국가책임을 명시하고 있다. 국가책임의 원리에 의해 보장비용은 국가가 전액 부담하여야 하지만, 국민기초생활보장법 제43조에서는 시 · 군 · 구의 재정여건, 사회보장비 지출 등을 고려하여 "국가는 시 · 군 · 구 보장비용의 총액 중 100분의 40 이상 100분의 90 이하를 부담한다"고 하여 보장비용에 대한 국가와 지방자치단체의 부담비율을 규정하고 있다.

(5) 보충성의 원리

보충성의 원리는 공공부조법에 의한 보호는 보호를 받아야 할 자가 자기의 생활유지를 위해서 개인적으로 가능한 모든 수단을 다해야 하고, 그래도 최저한도의 생활을 유지할 수 없을 경우에 최종적으로 국가가 부족한 부분을 메워주는 것을 의미한다. 즉, 자신의 생계유지 책임은 일차적으로 개인에게 있으므로 수급자 자신의 노력이 먼저 요청된다는 것이다. 국민기초생활보장법 제3조 제1항에는 "이 법에 따른 급여는 수급자가 자신의 생활의 유지 · 향상을 위하여 그의 소득, 재산, 근로능력 등을 활용하여 최대한 노력하는 것을 전제로 이를 보충 · 발전시키는 것을 기본 원칙으로 한다"고 규정함으로써 보충성의 원리를 채택하고 있다. 보충성의 원리를 적용하기 위해 국가는 자산조사를 실시하여 피보호자의 재산을 파악하여 최저한도의 건강하고 문화적인 생활을 유지하는데 꼭 보유할 필요가 있는 재산을 제외한 나머지 재산으로도 최저생활 수준에 미치지 못하는 경우, 그 미달된 부분(차액)에 해당하는 급여를 실시하는 것이다. 이는 사회정의와 공평의 원리에도 부합하고 국가 재정의 낭비를 막을 수 있다.

(6) 자활조성의 원리

자활조성의 원리는 공공부조가 최저한의 생활을 보장할 뿐만 아니라 피보호자의 잠재능력을 개발하여 자력으로 사회생활에 적응할 수 있도록 자립을 조장한다는 것을 말한다. 최선의 복지는 모든 국민에게 최저생활을 보장해 주는 데 있는 것이 아니라 모든 국민이 스스로 자기의 생계를 유지할 수 있는 능력을 길러주는 데 있다. 국민기초생활보장법 제1조에서는 이 법이 “생활이 어려운 사람에게 필요한 급여를 실시하여 이들의 최저생활을 보장하고 자활을 돕는 것을 목적으로 한다”고 규정하고 있어 자활조성을 강조하고 있다. 노동능력 있는 빈곤자에 대한 경제적 부조가 자립촉진에 아무런 변화를 주지 못한다면 결국 세금 낭비에 불과하다. 생산적 복지, 노동연계복지(workfare)의 이념은 자활에 그 목표를 두고 있다.

2) 베버리지 사회보험의 원칙

베버리지는 제2차 세계대전 중인 1942년 12월에 발간된 자신의 보고서 ‘사회보험과 관련 서비스’에서 전후 국가 재건을 위해 해결해야 할 다섯 가지의 사회악(궁핍, 질병, 무지, 불결, 나태)을 제시하고, 이를 해결하기 위해 사회보장제도가 필요함을 역설하였다. 베버리지는 사회보장의 방식으로 국민부조(national assistance)와 자발적 민영보험이 포함될 수 있지만 사회보험이 주가 되어야 한다고 보고 사회보험의 여섯 가지 운영원칙(six principles of social insurance)을 제시하였다(Beveridge, 1942 : 121-122).

(1) 정액급여(Flat Rate of Subsistence Benefit) 원칙

정액급여의 원칙이란 실업, 장애, 퇴직으로 인한 소득상실의 경우 상실된 소득금액에 관계없이 균일한 금액의 보험급여를 제공해야 한다는 것이다. 이러한 원칙은 사회보험의 기본 목표가 소득상실 이전의 생활수준을 유지하여 주는 것이 아니고, 기본적 욕구를 충족시키는 최저생활을 확보해 주는 것에 있다는 것을 의미한다. 다만, 이 원리가 적용되지 않는 경우는 산업재해나 직업병으로 인해 장기적인 장애가 발생한 경우이다.

(2) 정액기여(Flat Rate of Contribution) 원칙

정액기여의 원칙은 사회보험에 가입된 모든 피보험자가 지불하는 기여금은 그의 소득수준에 관계없이 균일한 금액이어야 한다는 것이다. 이러한 원칙은 모든 사람이 균일한 급여를 받는 대가로 균일한 기여금을 지불한다는 것이다. 균일기여가 원칙이지만 소득이 많은 자는 납세자로서 더 많은 세금을 납부하며, 국가는 이러한 세금에 의해 사회보험 기금의 일부를 담당하게 되므로 결국은 부유층이 기여금을 더 부담한다고 볼 수 있다.

(3) 행정책임의 단일화(Unification of Administrative Responsibility) 원칙

행정책임의 단일화 원칙이란 운영의 효율성과 경제성을 고려하여 행정체계를 단일화해야 한다는 것이다. 당시 영국의 사회보험은 여러 상이한 중앙부처와 지방자치단체, 그리고 수많은 다양한 공제조합에 의해 운영되었으며, 각 기관마다 상이한 원칙과 절차에 따라 운영되었다. 이로 인한 물적 · 인적 자원낭비와 이용자들의 불편을 해소하기 위해 행정책임의 단일화를 제안하게 되었다. 행정책임의 단일화는 사회보장에 관한 모든 업무를 관장하기 위해 각 지방에 사회보장사무소를 두고, 모든 기여금은 단일한 사회보험기금에 적립되도록 하여 모든 급여와 보험지출은 그 기금으로부터 지불되도록 운영기관을 통일해야 한다는 것이다.

(4) 급여의 적절성(Adequacy of Benefit) 원칙

급여의 적절성 원칙이란 급여의 수준과 급여의 기간이 적절해야 한다는 것이다. 급여의 수준은 최저생계를 보장하기에 적절해야 하며(빈곤선보다 높은 수준), 급여기간은 충분해야 한다는 것을 의미한다. 물론 소득과 직업의 중단이 길어짐으로써 필요한 조건과 조처의 변화에 영향을 받기는 하지만, 실업이나 질병 등 지급사유가 지속되는 한 급여는 자산조사 없이 계속해서 무기한으로 지급되어야 한다는 것이다.

(5) 포괄성(Comprehensiveness) 원칙

포괄성의 원칙이란 보험의 적용을 받는 대상과 그들의 욕구 모두에서 포괄적이어야 함을 의미한다. 대상의 포괄성은 사회보험이 모든 국민에게 적용되어야 한다는 것을 말하고, 욕구의 포괄성은 대부분의 사람들에게 일반적이고 보편적인 위험은 사회보험의 적용대상이 되어야 한다는 것이다. 즉, 실업, 질병, 노령뿐만 아니라 장례, 결혼, 출산 등과 같은 특별지출의 경우도 사회보험에 포함되어야 한다는 것을 의미한다.

(6) 적용대상의 분류(Classification) 원칙

적용대상의 분류 원칙이란 사회보험이 단일화되고 포괄적으로 되어 있지만 지역사회의 서로 다른 계층들의 서로 다른 생활양식을 고려해야 한다는 것이다. 즉, 고용에 의해 소득을 얻는 자, 고용 외의 방법으로 소득을 얻는 자, 가정주부와 같은 무보수 서비스 제공자, 아직 일할 나이에 도달하지 못한 자, 그리고 취업연령을 초과한 퇴직자 등으로 적용대상을 분류하는 것이다. 여기에서 분류(구분)라는 용어는 이들 계층 각자를 서로 다른 환경에 맞추어서 각각의 보험계층 내에서 다양한 많은 욕구들과 그들이 처한 환경에 따라 보험을 조정시키는 것을 의미한다.

베버리지는 다양한 욕구와 처한 환경이 다를 경우 서로 다른 급여를 지급하기 위해 모든 국민을 여섯 가지의 계층으로 분류하였는데 그 범주는 ① 피고용자, ② 고용주, 자영업자 등, ③ 가정주부(기혼여성), ④ 취업연령자 중 미취업자, ⑤ 취업연령 전 청소년(15세 미만), ⑥ 취업연령을 초과한 자(퇴직자)이다. 이 중 취업연령 미달자에게는 아동수당을 지급하고, 취업연령을 초과한 퇴직자는 퇴직연금을 받도록 하며, 나머지 계층은 각각의 요구에 따른 사회보험을 적용해야 한다고 제안하였다.

3) 국제노동기구(ILO)의 사회보장 원칙

국제노동기구(ILO : International Labour Organization)는 노동자의 노동조건 개선 및 지위 향상을 위해 설치된 국제연합의 전문기구이다. 1919년에 베르사유조약(Treaty of Versailles)에 의해 국제연맹의 독립기구로 설립되었으며, 그 후 1946년 ILO와 UN 간에 관계협정이 승인되어 ILO는 최초의 UN 전문기구가 되었다. 우리나라는 1991년 12월 UN 회원국이 되면서 동시에 ILO에도 152번째로 가입하였다(노동부, 2002). 이 기구는 사회보장과 관련해서 많은 조약과 권고를 제시함으로써 사회보장의 발전과 국제화에 중요한 공헌을 한 단체이다.

사회보장의 원칙과 관련해서도 여러 가지 방안을 제시하고 있다. 1952년 제35회 ILO 총회에서 채택된 102호 조약, 즉 '사회보장의 최저기준에 관한 조약'에서는 사회보장의 중요한 세 가지 기본 원칙을 제시하였다. 세 가지 기본 원칙은 ① 대상의 보편성, ② 비용부담의 공평성, ③ 급여수준의 적절성이다. 이어 1953년에 개최된 ILO의 국제사회보장회의(International Social Security Conference)에서는 기본 원칙을 여덟 가지로 확대하여 제시하였다. 기본 원칙들을 정리해 보면 다음과 같다(채구묵, 2017 : 48-49).

(1) 대상의 보편성 원칙

대상의 보편성 원칙은 사회보장은 인종, 국적, 종교, 연령, 성별, 직업에 관계없이 모든 사람에게 적용되어야 한다는 것이다. 즉, 사회보장은 임금노동자뿐만 아니라 모든 국민에게 적용되어야 하며, 외국인에게도 적용되어야 한다. 우리나라의 경우 국내에 거주하는 외국인에 대한 사회보장은 상호주의를 채택하고 있다(사회보장기본법 제8조).

(2) 비용부담의 공평성 원칙

비용부담의 공평성 원칙은 사회보장비용의 부담은 국가 또는 사용자 혹은 양자가 공동으로 부담하여야 하며, 노동자로부터는 일정 수준 이상의 기여금을 받아서는 안 된다는 것이다. ILO의 '사회보장의 최저기준에 관한 조약' 제71조에는 비용부담에 관한 기본 원칙이 3개 항으로 규정되어 있는데, 비용공동부담의 원칙, 피고용자의 비용부담 한계의 원칙, 국가책임의 원칙이다.

〈표 2-1〉 **비용부담에 관한 기본 원칙**

구 분	내 용
비용공동부담의 원칙	• 재원은 보험료 또는 세금으로 충당해야 한다. • 자산이 적은 자에게 과중한 부담이 되지 않도록 해야 한다. • 피보험자의 경제적 상태를 고려하여 결정해야 한다.
피고용자의 비용부담 한계의 원칙	• 보험료에 대한 피고용자의 부담 한계는 피보험자 계층의 직접보호를 위해 지급되는 재원의 50%를 초과해서는 안 된다. • 나머지는 사용자부담, 특별세수입, 일반재정으로부터 보조금, 자본 수입 등으로 충당되어야 한다. 이는 갹출금에 대한 불가침 원칙으로 피보험자로부터 갹출된 보험료는 피보험자들에게 직접 지급되는 보호비용으로만 사용되어야 하며, 인건비나 관리비 등 기타 비용에 충당되어서는 안 된다는 것을 뜻한다.
국가책임의 원칙	• 어떠한 경우든지 보험 자체의 수지로 운영이 어려울 경우에 궁극적으로 국가가 책임을 져야 한다.

(3) 급여수준의 적절성 원칙

급여수준의 적절성 원칙은 보장급여의 수준 및 급여 방법에 관한 원칙을 말한다. 사회보장급여는 현금급여를 원칙으로 하고 부득이한 경우를 제외하고는 일시금 대신 정기적 급여를 권장하고 있다. 정기적 급여의 산정기준(조약 제65~67조)으로는 균일급여 원칙과 비례급여 원칙을 제시하고 있다. 균일급여란 누구에게나 동일하게 법정 최저액이 확보되도록 해야 한다는 원칙이다. 이 원칙은 기본급여와 부가급여로 이원화되어 있는 경우 기본급여에 적용되는 것이다. 비례급여의 원칙이란 소득에 비례하여 급여를 지급해야 한다는 것이다. 이것은 각 개인의 임금 등에 비례하여 급여를 행하는 것으로 자본주의 사회가 지니는 자유의 양을 최대한으로 보장하는 하나의 방법이 되기도 한다.

(4) 행정체계의 단일화 원칙

행정체계의 단일화 원칙이란 모든 사회보장 프로그램은 단일한 행정체계를 통해 운영되도록 해야 한다는 것이다.

(5) 위험대상의 포괄성 원칙

위험대상의 포괄성이란 사회보장은 모든 재해에 대해 보호하여야 한다는 것이다. 사회보장은 질병, 장애, 노령, 재해, 직업병, 실업, 사망에 대해 보장하여야 하며, 자녀의 교육과 부양이 가능하도록 보장하여야 한다.

(6) 무료 의료급여의 원칙

무료 의료급여에 관한 원칙은 사회보장은 모든 국민에게 무료로 의료를 제공하여야 한다는 것이다. 이를 위해 국민건강보장제도를 확대하여야 한다.

(7) 급여의 적절성 및 물가 · 경제성장 연동제 원칙

급여의 적절성 및 물가 · 경제성장 연동제 원칙은 급여는 상당한 생활수준을 유지할 수 있는 적절한 수준이어야 하고, 생활비와 임금 인상에 따라 급여가 자동적으로 조정되도록 연동제(sliding system)[5]를 적용해야 한다는 것이다.

4) 세계노동조합연맹의 사회보장 원칙

세계노동조합연맹은 1961년 모스크바 제5회 세계노동자 대회에서 사회보장헌장을 채택하였다. 사회보장헌장은 세계노동조합연맹의 사회보장에 관한 기본적인 사고와 목표를 일반적 · 개괄적으로 밝힌 것이다. 사회보장헌장의 서문에서 사회보장은 노동자들의 기본 권리라고 하였다. 사회보장헌장을 통해 참된 사회보장제도는 자기의 힘으로 노동하는 사람, 일할 수 없는 사람, 일시적 또

---

5) 연동방식에는 임금연동방식과 물가연동방식이 있다.

는 영구적으로 노동능력을 잃은 사람 모두와 그 가족에게 아무런 재정적 부담 없이 법률로 보장된 기본적인 사회적 권리를 가질 수 있어야 한다고 주장하고 다섯 가지 원칙을 채택하였다(김태성 외, 2003 : 110). 다섯 가지 원칙은 노동자 무기여 원칙, 의료의 사회화 원칙, 급여의 포괄성 원칙, 대상의 포괄성 원칙, 무차별 적용의 원칙이다.

〈표 2-2〉 세계노동조합연맹의 사회보장 원칙

원 칙	내 용
노동자 무기여 원칙	사회보장비용은 국가와 사용자가 부담해야 하며, 노동자는 기여금을 지불하지 않는다.
의료의 사회화 원칙	사회보장은 모든 국민에게 무료로 의료를 제공하는 국민건강서비스 제도를 확립하여야 한다.
급여의 포괄성 원칙	사회보장은 질병, 장애, 산재, 직업병, 실직, 사망, 출산 등 모든 사회적 위험에 대해 보호하여야 한다.
대상의 포괄성 원칙	사회보장은 임금노동자, 농업노동자, 가사노동자, 자영업자, 학생, 노동능력이 없는 자 등 모든 국민에게 적용되어야 한다.
무차별 적용의 원칙	사회보장은 인종, 국적, 종교, 성별, 직업 등에 관계없이 모든 사람에게 차별 없이 적용되어야 한다.

'노동자 무기여 원칙'은 국제노동기구의 비용공동부담의 원칙에서 '피보험자의 경제적 상태를 고려해서 결정해야 한다'는 주장보다 한 발 더 진전된 것이다. 그리고 '의료의 사회화'도 획기적인 주장이라 할 수 있다.

5) 우리나라 사회보장제도의 운영 원칙

(1) 사회보장기본법

우리나라의 사회보장제도를 운영하는 데 근간이 되는 법률은 1995년 12월에 제정(1996년 7월 시행)된 사회보장기본법이다. 사회보장기본법은 제1조에 "이 법은 사회보장에 관한 국민의 권리와 국가 및 지방자치단체의 책임을 정하고 사회보장정책의 수립 · 추진과 관련 제도에 관한 기본적인 사항을 규정함으로써 국민의 복지증진에 이바지하는 것을 목적으로 한다"고 규정하고, 제2조에는 "사회보장은 모든 국민이 다양한 사회적 위험으로부터 벗어나 행복하고 인간다운 생활을 향유할 수 있도록 자립을 지원하며, 사회참여 · 자아실현에 필요한 제도와 여건을 조성하여 사회통합과 행복한 복지사회를 실현하는 것을 기본 이념으로 한다"고 규정함으로써 사회보장을 운영하는 데 기본이 되고 기초가 되는 법이다. 그리고 제25조에서는 사회보장제도의 운영원칙을 다음과 같이 다섯 가지로 규정하고 있다.

① 국가와 지방자치단체가 사회보장제도를 운영할 때에는 이 제도를 필요로 하는 모든 국민에게 적용하여야 한다.
② 국가와 지방자치단체는 사회보장제도의 급여수준과 비용부담 등에서 형평성을 유지하여야 한다.
③ 국가와 지방자치단체는 사회보장제도의 정책 결정 및 시행 과정에 공익의 대표자 및 이해관계인 등을 참여시켜 이를 민주적으로 결정하고 시행하여야 한다.
④ 국가와 지방자치단체가 사회보장제도를 운영할 때에는 국민의 다양한 복지욕구를 효율적으로 충족시키기 위하여 연계성과 전문성을 높여야 한다.
⑤ 사회보험은 국가의 책임으로 시행하고, 공공부조와 사회서비스는 국가와 지방자치단체의 책임으로 시행하는 것을 원칙으로 한다. 다만, 국가와 지방자치단체의 재정형편 등을 고려하여 이를 협의 · 조정할 수 있다.

(2) 사회보장급여의 이용 · 제공 및 수급권자 발굴에 관한 법률

「사회보장급여의 이용 · 제공 및 수급권자 발굴에 관한 법률(약칭 사회보장급여법)」은 2014년 12월에 제정되었다. 사회보장급여법 제1조에는 "이 법은 사회보장기본법에 따른 사회보장급여의 이용 및 제공에 관한 기준과 절차 등 기본적 사항을 규정하고 지원을 받지 못하는 지원대상자를 발굴하여 지원함으로써 사회보장급여를 필요로 하는 사람의 인간다운 생활을 할 권리를 최대한 보장하고, 사회보장급여가 공정하고 효과적으로 제공되도록 하며, 사회보장제도가 지역사회에서 통합적으로 시행될 수 있도록 그 기반을 구축하는 것을 목적으로 한다"고 규정되어 있어 사회보장기본법을 보완하고 있다. 그리고 제4조에는 사회보장급여에 관한 기본 원칙이 다음과 같이 여섯 가지로 규정되어 있다.

① 사회보장급여가 필요한 사람은 누구든지 자신의 의사에 따라 사회보장급여를 신청할 수 있으며, 보장기관은 이에 필요한 안내와 상담 등의 지원을 충분히 제공하여야 한다.
② 보장기관은 지원이 필요한 국민이 급여대상에서 누락되지 아니하도록 지원대상자를 적극 발굴하여 이들이 필요로 하는 사회보장급여를 적절하게 제공받을 수 있도록 노력하여야 한다.
③ 보장기관은 국민의 다양한 복지욕구를 충족시키고 생애주기별 필요에 맞는 사회보장급여가 공정 · 투명 · 적정하게 제공될 수 있도록 노력하여야 한다.
④ 보장기관은 사회보장급여와 사회복지사업법 제2조 제3호 및 제4호의 사회복지법인, 사회복지시설 등 사회보장 관련 민간 · 법인 · 단체 · 시설이 제공하는 복지혜택 또는 서비스를 효과적으로 연계하여 제공할 수 있도록 노력하여야 한다.
⑤ 보장기관은 국민이 사회보장급여를 편리하게 이용할 수 있도록 사회보장정책 및 관련 제도를 수립 · 시행하기 위하여 노력하여야 한다.
⑥ 보장기관은 지역의 사회보장 수준이 균등하게 실현될 수 있도록 노력하여야 한다.

Chapter 3

사회보장의 형태와 기능

1. 사회보장의 형태

사회보장의 형태란 사회보장을 제공하는 방법을 말하는 것으로, 앞서 사회보장의 정의에서 살펴본 바와 같이 국가마다 조금씩 차이가 있지만 일반적으로 사회보험, 공공부조, 사회수당, 그리고 사회(복지)서비스로 분류될 수 있다. 오늘날 대부분의 국가들은 이 중에서 어떠한 형태로든 사회보장제도를 운영하고 있다.[1]

사회보험, 공공부조, 사회수당, 사회(복지)서비스는 수급권자에 대한 소득/자산조사 실시 여부와 보험료 기여 여부에서 각각 다른 특징이 있다. 즉, 사회보험은 보험료를 기여하기 때문에 소득/자산조사를 실시하지 않지만, 공공부조는 무기여로 소득/자산조사를 실시하며, 사회수당은 무기여지만 소득/자산조사를 실시하지 않는다. 그리고 사회(복지)서비스는 무기여로 소득/자산조사를 거치지 않는 경우도 있지만 소득수준을 기준으로 서비스 제공 여부를 결정하거나 서비스 이용료를 차등 지원하는 방식으로 운영되기도 한다.

1) www.issa.int/en_GB/ssptw

〈표 3-1〉 사회보장의 형태별 특징

형 태	보험료 기여 여부	소득/자산조사 실시 여부
사회보험	○	×
공공부조	×	○
사회수당	×	×
사회(복지)서비스	×	× 또는 ○

1) 사회보험

(1) 의의

사회보험(social insurance)은 사회보장제도의 가장 핵심을 이루는 제도로, 국민에게 발생하는 사회적 위험을 보험의 방식으로 대처함으로써 국민의 건강과 소득을 보장하는 제도를 말한다(사회보장기본법 제3조 제2호). 즉, 사회보험은 기본적으로 미래에 직면할 수 있는 사회적 위험에 대비하여 평소 경제활동을 통하여 소득이 있을 때 그 소득의 일부를 강제로 갹출하여 사전에 대비하는 제도이다. 가입자의 기여금(contribution)과 급여(benefit)는 일반적으로 연계되어 결정되며, 재원은 대부분 노동자의 기여금 및 사용자의 부담금에 의해 충당되고 있다.

우리나라의 경우 1963년 산업재해보상보험, 1976년 의료보험(현재 국민건강보험), 1986년 국민연금, 1993년 고용보험, 2007년 노인장기요양보험이 차례로 제정됨으로써 비록 선진국에 비해 도입시기는 늦었지만 5대 사회보험제도가 갖추어져 있다. 또한 공무원연금, 군인연금, 사립학교교직원연금, 별정우체국직원연금의 네 가지 특수직역연금[2)]이 사회보험으로 운영되고 있다.

(2) 특성

사회보험은 민영보험(private insurance)과 마찬가지로 가입자의 기여금을 재원으로 가입자에게 발생하는 위험(보험사고)을 분산하는 보험원리를 이용하고 있지

2) 국가와 특수한 관계에 있는 직역(직종)에 종사하는 사람들을 가입대상으로 하는 연금

만, 영리를 목적으로 하는 민영보험과는 차이가 있다. 사회보험의 특성을 민영보험과의 차이점에서 살펴보면 다음과 같다.[3)]

첫째, 가입의 강제성과 보편성이다. 사회보험은 사회적 위험(사망, 노령, 장애, 질병 등)으로부터 국민들을 보호하기 위한 제도이기 때문에 가입을 법률로 강제하고 있다. 또한 사회보험은 강제가입의 원칙을 모든 국민에게 적용하기 때문에 전 국민을 포괄한다. 반면 민영보험은 개인의 필요에 의해 자발적 참여 및 계약으로 이루어진다.

둘째, 사회적 적합성이다. 민영보험에서는 보험급여가 보험수리 원칙에 따라 결정되는데 이를 개인의 형평성 원칙이라고 한다. 그러나 사회보험은 이러한 개인의 적합성(형평성)보다는 사회적 적합성(복지요소)을 중시한다. 사회적 적합성이란 모든 가입자에게 최저생계수준 이상을 유지하도록 급여를 제공하는 것을 말하며, 이러한 사회적 적합성을 보장하기 위해 저소득층, 대가족, 노령층이 더 유리하도록 배려한다. 즉, 사회보험에서는 급여액이 반드시 보험료에 비례하지 않도록 법령에 의해 급여산정방식이 만들어져 있다. 이는 저소득층의 기여금이 적어 보험수리 원칙에 따라 급여액이 결정되면 모든 가입자의 기본적인 최저생활을 보장할 수 없기 때문이다. 이는 사회보험의 소득재분배 기능과도 연계된다.

셋째, 수급권의 법적 권리성이다. 사회보험 수급권은 수급자와 보험자(정부) 간의 계약에 의해 규정된 권리(contractual right)이며, 사회보장 관련법에 의해 보장된 권리이다. 반면 민영보험은 개별적 요구에 따라 보험조건이 결정되며 보험자가 파산했을 때 경제적 보호를 받을 수 있는 법적 권리가 없다.

넷째, 국가의 운영 및 관리이다. 사회보험은 국가 또는 국가가 위임한 단체가 관장하거나 감독하며, 운영비의 부담, 갹출금의 일부 부담, 재정 적자액의 보전 등이 이루어진다. 사회보험은 가입의 강제성 때문에 국가가 별도의 행정기관이나 공단 등을 설립하여 독점적으로 운영한다.

다섯째, 재정방식의 차이점이다. 사회보험의 재원조달은 부과방식이나 부분적립방식을 채택하고 있는 반면, 민영보험은 완전적립방식을 채택하고 있다.

3) 사회보험의 특성 부분은 채구묵(2017 : 38-39)의 내용을 참고하여 기술하였다.

민영보험은 미래에 지급해야 할 지출액을 반드시 적립해야 하지만, 사회보험은 법에 의해 의무적으로 기여금을 징수할 수 있기 때문에 미래에 지급해야 할 지출액을 현재 적립하지 않아도 된다. 그러므로 대부분의 선진국에서는 부과방식이나 부분적립방식[4)]을 채택하고 있다.

여섯째, 보험료 산정방식의 차이점이다. 사회보험의 보험료 산정은 평균적인 위험이나 소득에 비례해서 결정되며, 법령으로 정해진다. 즉, 보험료 부과방법에 차이가 있으며, 이로 인해 보험료 대신에 기여금(contribution)이라는 용어를 사용한다. 반면 민영보험의 보험료 산정은 개인적인 위험의 정도에 따라서 결정된다. 따라서 위험률이 높으면 보험료가 높고, 위험률이 낮으면 보험료가 낮아진다.

일곱째, 사회보험은 급여수준에 인플레이션을 반영하는 물가연동제 방식을 운영하고 있다는 점에서 민영보험과 큰 차이점이 있다. 따라서 민영보험의 경우 물가 상승에 대한 보험급여 보전을 받을 수 없으나 사회보험의 경우 보전을 받을 수 있다.

사회보험과 민영보험은 서로 상호보완적인 관계로, 사회보험은 국민의 기본적인 최저생활을 보장하고 그 이상은 개인의 노력으로 민영보험을 통하여 여러 가지 사회적 위험의 발생으로 생기는 경제적 타격의 정도를 완화시키도록 하고 있다.

---

4) 연금재정방식에는 적립방식(funded system)과 부과방식(pay-as-you-go system)이 있는데, 적립방식은 장래에 지급하게 될 연금급여를 가입자가 보험료를 납부하는 기간 동안 연기금으로 적립하였다가 지급하는 방식이고, 부과방식은 매년 그해의 연금급여를 예상하여 현재의 근로세대에게 보험료를 징수하여 그해 연금급여의 지출로 모두 써버리는 방식이다. 부분적립방식은 적립방식과 부과방식을 혼합해서 사용하는 방식이다.

〈표 3-2〉 사회보험과 민영보험의 특성 비교

구 분	사회보험	민영보험
가입	강제적(보편적)	자발적(개인적 필요)
적합성	사회적 적합성(복지요소) 소득재분배 효과 있음	개인적 적합성(형평성) 소득재분배 효과 없음
권리	법적 권리(법에 의해 규정)	계약적 권리(법적 계약에 의거함)
관리체계	국가 또는 국가가 위임한 기관(독점)	민영기관(자유경쟁체제)
재정방식	부분적립방식 또는 부과방식	완전적립방식(보험수리 원칙)
보험료 산정	평균적 위험이나 소득에 비례	개인적 위험의 정도
인플레이션 반영	반영(sliding system)	미반영

※ 공제조합(共濟組合)

사회보험과 민영보험은 19세기 중 · 후반에 유행했던 유럽의 공제조합에 그 기원을 두고 있다. 공제조합이란 조합원 상호 간의 부조와 복지를 목적으로 하는 상호부조 단체로, 조합원이 갹출한 일정의 부금을 재원으로 해서 조합원이 노령, 재해, 실업, 질병, 사망 등의 사고를 당했을 경우 급여를 지급한다(현대적 사회보험의 기본 원리와 본질적으로 같음). 17세기 중엽 이래 영국에서 발전한 우애조합(friendly society)이 그 원형이다. 공제조합은 노동조합운동에서의 자주적 공제 전개에 큰 영향을 주었으며, 조합원의 갹출에 의한 상호공제 시스템은 영국의 사회보험 형성의 기반으로서도 중요한 의의를 가진다.

(3) 역선택과 도덕적 해이

사회적 위험에 대해 민간보험으로 대응하는 데 한계가 있어 강제가입의 사회보험이 불가피하다는 주장의 근거로 가장 많이 제시되는 게 역선택(adverse selection)과 도덕적 해이(moral hazard)이다(원석조, 2014 : 48).

① 역선택

역선택이란 비대칭적 정보(asymmetric information) 또는 불완전한 정보로 인해 보험시장에 바람직하지 않은 결과가 초래되는 현상을 말한다. 즉, 정보의 불균형으로 인해 보험회사가 불리한 의사결정을 하게 되는 상황을 말한다. 예를 들면, 보험 가입 대상자의 건강상태 및 사고확률에 대해 특수정보를 가지지 않은 보험회사가 질병확률 및 사고확률이 높은 사람을 보험에 가입시킴으로써 보험재정을 악화시키는 경우를 들 수 있다. 결국 보험재정의 악화는 보험료 인상으로 이어지게 되고, 저위험 집단의 불만이 높아지게 된다.[5)]

역선택으로 인해 고위험 집단의 가입률은 높아지고, 저위험 집단의 가입률은 낮아지게 됨으로써 보험시장에는 고위험 집단만 남게 되어 결국 시장의 실패를 가져오게 된다. 이러한 현상을 피하기 위해 정부가 개입하여 사회보험을 만들어 가입을 의무화(강제적)해야 하는 것이다. 즉, 사회보험으로 강제화할 경우 역선택의 문제는 피할 수 있게 된다. 또한 전 국민을 대상으로 강제화할 경우 집단이 커지게 되고, 그 집단 속에는 저위험 집단과 고위험 집단이 공존하게 되므로 적정하게 운용할 수 있다.

② 도덕적 해이

보험 가입 당시에 위험도를 정확하게 알지 못해서 나타나는 문제가 역선택이라면, 도덕적 해이는 보험 가입 이후에 위험도가 달라지는 현상을 말한다. 즉, 피보험자가 보험에 가입한 후에 가입하기 전에 비해 위험 발생을 예방하려는 노력을 덜하게 되는 현상을 말한다. 사회보험 중에서 도덕적 해이의 발생 가능성이 높은 것이 특히 건강보험과 실업보험이다. 건강보험의 경우 피보험자가 불필요한 진료서비스를 받으려 하거나, 치료효과와 관계없이 고액의 진료를 선호하거나, 건강 유지 노력보다는 진료에 의지하려 하는 경향이 있게 된다는 것이다.

또한 실업보험의 경우 더 심각할 수 있다. 실업이 자발적 실업인지 아니면 비자발적 실업인지 제3자가 구별하기는 어렵다. 실업 여부는 일자리에서의 자신의 행위에 상당 부분 좌우되기 때문이다. 실업보험에 가입하면 다른 보험에 비해 비교적 쉽게 실업급여를 받을 수 있고, 따라서 실업으로부터 벗어나려는

---

5) 민간보험회사는 역선택을 피하기 위해 위험기준 보험료, 즉 위험발생률에 비례하여 보험료를 부과하는 방식을 채택하거나 위험군 선택을 통해 저위험 집단만 보험에 가입시킨다. 즉, 우량고객만 가입시키려고 하는데 이를 크림 떠내기(creaming) 또는 알짜선택이라고 한다(원석조, 2014 : 49).

노력을 덜 할 가능성이 있을 수 있다. 이것을 실업함정(unemployment trap)이라고 한다. 따라서 이러한 도덕적 해이로 인해 민간보험보다는 사회보험이 더 효율적이라는 것이다.

2) 공공부조

(1) 의의

사회보험이 일차적 사회보장제도라면, 공공부조(public assistance)는 이차적 사회보장제도라 할 수 있다. 즉, 공공부조는 사회보험의 혜택을 받지 못해 기본 생계가 보장되지 않는 사람에게 국가 및 지방자치단체가 제공하는 최종적인 경제적 보호제도이다. 공공부조는 자산조사(Means-test)를 통해 대상을 선별(가구별 소득인정액 기준)하는 무기여 프로그램으로, 국가와 지방자치단체의 책임하에 생활 유지 능력이 없거나 생활이 어려운 국민의 최저생활을 보장하고 자립을 지원하는 제도를 말한다(사회보장기본법 제3조 제3호). 공공부조는 국가에 따라 사회부조, 또는 국민부조라고도 부른다. 우리나라의 경우 예전에는 공적부조라는 용어를 사용하였으나, 1995년 12월 30일에 제정된 사회보장기본법에서 공공부조라는 용어가 사용되면서부터 공적부조라는 용어가 사라졌다.

공공부조는 기여금을 지불하지 않는다는 측면에서 가입자들이 지불한 기여금에 의한 소득 · 서비스를 보장하는 제도인 사회보험과는 구별된다. 또한 사회보험은 사람들이 빈곤으로 떨어지지 않도록 미리 예방하는 제도인 반면, 공공부조는 사후적으로 빈곤의 문제를 해결하는 '사회안전망(social safety net)'이라고 할 수 있다. 우리나라의 대표적인 공공부조제도는 1999년 9월 7일에 제정된 국민기초생활보장제도이며, 그 외 의료급여제도와 긴급복지지원제도가 있다.

(2) 특성

공공부조는 사회보험과 뚜렷이 구별되는 특성이 있다. 두 제도의 차이점 관점에서 공공부조의 특성을 살펴보면 다음과 같다(현외성, 2009 : 360-361).

첫째, 목적 측면에서 살펴보면, 공공부조는 빈곤 등의 사회적 위험이 발생한 이후 이를 해결하기 위한 사후적 대응책으로 기능하는 한편, 사회보험은 미래에 직면할 수 있는 사회적 위험을 정형화하여 보험기술을 통해 미리 대비하는 제도적 장치이다.

둘째, 이념적 정향을 상대적인 관점에서 비교하면, 공공부조는 도움이 필요한 사람을 선정하여 개입하므로 선별주의에 입각해 있으며, 사회보험은 원칙적으로 모든 국민을 대상으로 하고 위험 발생 시 급여를 제공하는 점에서 보편주의를 채택하고 있다.

셋째, 양 제도의 실시와 관련하여 살펴보면, 공공부조는 사람들을 무차별 평등하게 취급하여 일단 빈곤에 처한 모든 사람들에게 동일한 조건에서 똑같은 급여를 제공한다는 점에서 무차별 평등주의라고 한다면, 사회보험은 특히 급여의 제공에 있어 가능한 한 기여금에 비례하거나 혹은 가입연한에 비례하여 제공하는 경향이 있다.

넷째, 대상 면에서 공공부조는 소수의 빈곤층이 주 대상인 데 반하여 사회보험은 강제가입 원칙에 의해 국민 전체를 대상으로 규정하는 경우가 대부분이다.

다섯째, 수급자격 요건을 살펴보면, 공공부조는 자산조사를 통해서 선별하고, 사회보험은 기여금의 납부와 가입기간 등을 요건으로 정하고 있다.

여섯째, 급여수준에 관한 사항으로서 공공부조는 인간다운 생활을 보장하려고 하지만, 근로의욕을 저하시키지 않는 수준에서 그리고 사회적 자원의 정의로운 배분을 위하여 가능한 한 사회적 최소한의 수준을 설정하고 있다. 사회보험은 급여수준이 기계적으로 산정되어 있는데 이것은 가능한 한 기여금의 납부 정도와 과거의 생활수준 그리고 사회적 통념 등을 고려하여 급여의 적정선을 선택한다.

일곱째, 수급권의 성격과 연관하여 공공부조는 권리성이 약한 데 비하여 사회보험은 권리성이 상대적으로 강하다. 특히 사회보험은 기여금에 의한 채권적인 성격(기여금에 대한 반대 급부)을 수급권에 부여하는 사람들도 있다.

〈표 3-3〉 공공부조와 사회보험의 특성 비교

구 분	공공부조	사회보험
목 적	구빈, 사후적 대응(잔여적)	방빈, 사전적 대응(제도적)
이 념	선별주의	보편주의
급여실시	평등주의(동일조건이면 동일급여)	비례주의(기여금과 가입 연한)
대 상	소수의 빈곤계층	국민 전체(강제가입)
수급요건	자산조사를 통한 선별	보험료 기여 여부와 가입기간
재 원	일반조세	기여금(보험료)
급여수준	사회적 최소한 (근로의욕을 저하시키지 않는 수준)	적정선 (기여금의 납부와 기간)
수급권의 성격	권리성 약함	권리성 강함

3) 사회수당

사회수당(social allowance)이란 거주요건 및 시민권(국적)이나 인구학적 조건(아동, 노인, 장애인 등)만 갖추면 기여금을 지불하지 않아도 소득조사나 자산조사를 받지 않고 급여를 지급받는 제도이다. 즉, 사회수당은 인구학적 집단을 대상으로 기여나 소득수준에 관계없이 사회적 권리에 의해 급여를 지급하는 보편적 소득보장제도이다. 인구학적 특징만 갖추면 모든 국민에게 제공하는 급여이기 때문에 데모그란트(demogrant)[6]라고도 부른다. 재원은 국가의 일반조세에 의해 충당된다. 사회수당이 사회보험과 다른 점은 기여금을 지불하지 않는다는 점이고, 공공부조와 다른 점은 소득조사나 자산조사를 하지 않는다는 점이다. 사회수당은 복지제도가 가장 발달된 스칸디나비아 국가들에서 많이 채택하고 있다. 사회수당의 종류는 아동수당, 가족수당, 장애수당, 노령수당 등이다.

6) demogrant란 demographic(인구학적)+grant(교부금)의 합성어로 연령이나 성과 같은 인구학적 특징만 갖추면 모두에게 제공하는 사회보장급여이다.

4) 사회(복지)서비스

(1) 의의

사회(복지)서비스는 사회보험, 공공부조와 더불어 사회보장 영역의 중요한 한 형태를 이루고 있다. 사회복지서비스(social welfare service)는 통상 사회복지(social welfare) 혹은 사회사업(social work)이라는 전문적인 노력을 통하여 제공되는 급여로, 사회적 기능 수행상 어려움이 있거나 적응상의 문제가 있는 개인과 가족에게 제공하는 상담, 재활, 교육, 직업소개, 돌봄 서비스 등을 말한다. 즉, 현대인의 상호관계 및 역할에 대한 욕구를 충족시키려는 사회적 방안으로서 가족생활을 보호하거나 회복하게 하고, 개인이 그의 외적 · 내적 문제를 대처하도록 도우며 개인의 성장 · 발달을 돕고 정보제공과 안내, 옹호, 구체적 도움을 통하여 사회자원에 접근을 촉진시키는 기능을 한다(강기갑 외, 2013 : 71). 즉, 사회복지서비스는 사회가 산업화 · 도시화 · 정보화 사회로 진전됨에 따라 사회문제가 가속화됨으로써, 특히 사회적으로 불우하고 열악한 위치에 있는 아동, 노인, 여성 및 장애인 등을 우선 대상으로 이들의 문제를 해결하여 정상적 사회인으로 복귀시키는 데 목적을 두고 있다.

반면 사회서비스(social service)는 사회복지서비스를 포함한 좀 더 넓은 범위의 서비스 급여를 의미한다고 할 수 있다. 즉, 사회서비스는 개인 또는 사회 전체의 복지 증진 및 삶의 질 향상을 위해 사회적으로 제공되는 서비스를 말한다. 사회보장기본법 제3조 제4호에 의하면 사회서비스는 "국가 · 지방자치단체 및 민간 부문의 도움이 필요한 모든 국민에게 복지, 보건의료, 교육, 고용, 주거, 문화, 환경 등의 분야에서 인간다운 생활을 보장하고 상담, 재활, 돌봄, 정보의 제공, 관련 시설의 이용, 역량 개발, 사회참여 지원 등을 통하여 국민의 삶의 질이 향상되도록 지원하는 제도"로 규정되어 있다. 따라서 사회서비스는 사회복지서비스보다 급여내용이 좀 더 다양한 넓은 의미로 규정되고 있다.

사회서비스와 사회복지서비스는 둘 다 비물질적 보상을 내용으로 하는 전문서비스를 제공하고 있다는 점에서는 같은 특징을 가진다. 우리나라의 경우 종래에는 사회복지서비스라는 용어를 사용하였으나, 2012년 1월 26일 개정된 사회보장기본법에서 사회서비스라는 용어로 변경되었다. 사회보장기본법에서의 사회서비스 범위는 복지(보육, 아동, 장애인, 노인보호), 보건의료(간병, 간호), 교육(방과 후 활동, 특수교육), 고용, 주거, 문화(도서관, 박물관, 미술관 등 문화시설 운영), 환경 등을 포괄하며, 이러한 영역과 관련하여 상담, 재활 관련 시설의 이용과 돌봄, 정보의 제공, 역량 개발, 사회참여 지원 등의 급여가 제공되고 있다.

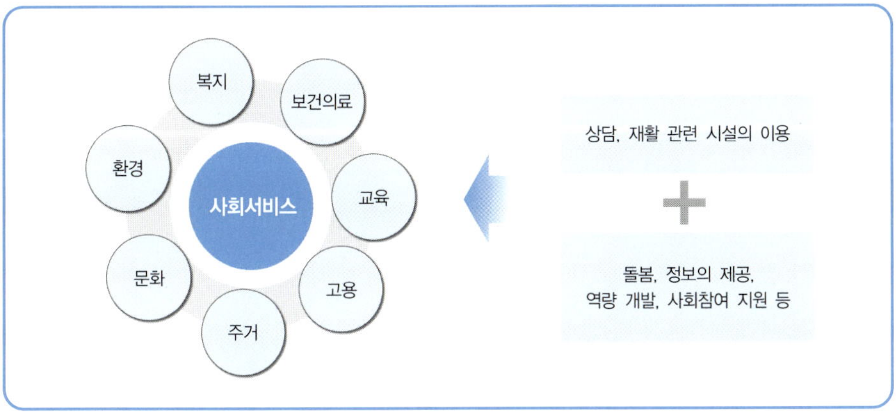

|그림 3-1| 사회서비스의 범위(사회보장기본법 기준)

출처 : 보건복지부 사회서비스 전자바우처 홈페이지.

(2) 전달체계 원칙

사회(복지)서비스 전달체계란 사회(복지)서비스를 공급하는 주체들 간의 조직적인 연계 및 공급자와 소비자들 간의 조직적 연결이라고 할 수 있다. 아무리 바람직한 정책이라고 하더라도 전달체계가 효율적 · 효과적으로 구축되어 운영되지 못한다면 그 정책의 효과를 담보할 수 없으므로 전달체계는 매우 중요하다. 사회(복지)서비스의 전달체계 원칙은 다음과 같다(이영범, 2011 : 114-118).

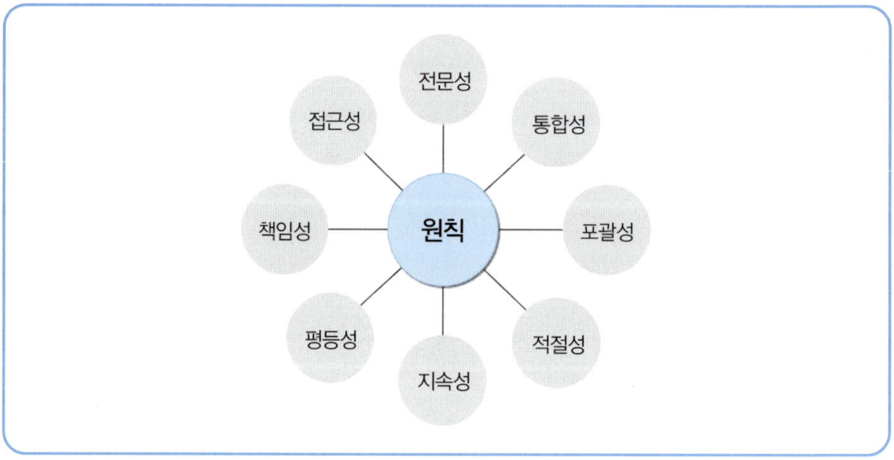

|그림 3-2| 사회복지서비스 전달체계

① 전문성(professionalism)의 원칙

전문성의 원칙은 복지서비스를 제공함에 있어 핵심적인 주요 업무는 전문가가 담당해야 한다는 것이다. 복지서비스의 핵심 업무는 일반적으로 전문 사회복지사가 담당하고, 업무 특성상 전문성이 요구되지 않는 업무에는 준전문가, 그리고 비숙련업무 및 일반 행정업무는 비전문가가 담당하도록 구분할 필요가 있다.[7] 전문성의 원칙에는 서비스를 전달하는 사람들의 전문적 자질과 실천적 윤리의식이 요구된다고 할 수 있다.

② 통합성(integration)의 원칙

통합성의 원칙은 대상자의 복합적 문제해결을 위해 투입되는 다양한 서비스는 서로 유기적으로 연결되어 수요자의 요구에 적합하게 제공되어야 한다는 것이다. 통합성은 조직 측면의 통합성과 서비스 측면에서의 통합성 모두를 포함한다.

---

7) 우리나라는 보건복지부에서 사회복지서비스 사업계획과 지침을 수립하는 반면, 행정안전부의 지방행정체계를 통해 집행이 이루어짐으로써 서비스 전달체계의 일관성과 전문성이 확보되지 않다는 문제를 갖고 있다. 즉, 읍 · 면 · 동에 배치되어 있는 사회복지 전담공무원의 소속은 행정안전부 행정체계에 편입되어 있다.

③ 포괄성(comprehensiveness)의 원칙

포괄성의 원칙은 대상자의 복합적인 욕구 해결을 위해서는 다양한 서비스가 제공되어야 한다는 것이다. 포괄성을 충족시키기 위한 전달체계는 일반적으로 단일 전문가가 여러 문제를 다루거나, 개별 분야에서의 전문가가 단일 대상자의 다양한 문제를 다룰 수도 있고, 또는 다양한 전문가들이 하나의 팀이 되어 문제를 해결할 수도 있다. 최근에는 복합적인 욕구에 대해 단일 전문가가 지속적으로 서비스를 제공하거나 전문가를 연계시켜 주는 사례관리 방법이 강조되고 있다.

④ 적절성(appropriateness)의 원칙

적절성의 원칙은 사회복지서비스의 양과 질, 제공기간이 목표달성에 충분하게 제공되어야 한다는 것이다. 그러나 현실적으로 제공주체의 재정적인 상황에 따라 충분하거나 적절한 수준이 확보되지 못하는 경우가 많다.

⑤ 지속성(continuity)의 원칙

지속성(연속성)의 원칙은 한 개인이 필요로 하는 다양한 사회서비스를 조직이나 지역사회에서 지속적으로 제공받는 것을 의미한다. 동일한 조직의 서비스 프로그램과의 협력은 물론, 지역사회 내의 사회서비스 조직 간에도 유기적인 연계가 이루어져야 한다.

⑥ 평등성(equality)의 원칙

평등성의 원칙은 특별한 경우를 제외하고는 성별, 연령, 소득, 종교, 지위에 관계없이 사회복지서비스를 평등하게 제공해야 한다는 것이다. 자원의 희소성을 고려하여 법적으로 수급자격에 대한 제한요건을 명시할 경우에는 서비스 수요자가 충분히 그 배경을 수용할 수 있어야 한다.

⑦ 책임성(accountability)의 원칙

책임성의 원칙은 사회복지서비스 제공주체는 국가로부터 위임받은 조직으로,

사회적 위임에 대한 책임을 가지고 적절한 서비스를 전달해야 한다는 것이다. 구체적으로, 사회복지 제공주체는 서비스가 수요자의 요구에 대응적인가, 전달절차가 적합한가, 서비스가 효과적이고 효율적인가 등에 대한 책임성을 요구받는다.

⑧ 접근성(accessibility)의 원칙

접근성의 원칙은 사회복지서비스를 필요로 하는 사람은 누구나 쉽게 이용할 수 있어야 한다는 것이다. 따라서 잠재적 수요자, 즉 복지대상자를 찾아낼 수 있어야 하고, 그들의 지리적 측면과 정보 측면을 비롯한 모든 면에서 서비스 이용에 쉽게 다가갈 수 있어야 한다. 그리고 접근 용이성을 향상시키기 위해서는 여러 장애요인을 제거해야 하는데, 제거해야 할 장애는 정보 부족, 지리적 장애, 심리적 장애, 절차적 장애, 재정적 장애 등이다.

2. 사회보장의 기능

사회보장제도는 국민들의 삶의 질을 향상시키고 사회문제를 해결하기도 하지만 때로는 사회적 문제를 유발시키거나 국민들의 경제적 부담을 가중시키기도 한다. 이러한 사회보장의 기능(목적)을 순기능과 역기능으로 구분하여 살펴보기로 한다.

1) 사회보장의 순기능

사회보장의 순기능은 기본생활보장 기능, 소득재분배 기능, 경제적 기능, 사회공동체 형성 기능 등으로 분류될 수 있다.[8)]

8) 이인재 등(2008)은 기본생활보장, 소득재분배, 사회적 연대감으로 분류하고 있고, 박석돈(2016)은 최저생활보장 기능, 소득재분배 기능, 사회공동체 형성 기능으로 분류하고 있다. 또한 채구묵(2017)은 기본생활보장 기능, 소득재분배 기능, 경제적 기능, 사회 · 정치적 기능으로 분류하고 있다.

(1) 기본생활보장 기능

사회보장의 기능 중 가장 핵심적인 기능은 기본생활보장 기능이다. 자본주의 이전의 농경시대에는 대가족제도가 기본생활보장 기능을 담당했기 때문에 국가는 가족이 책임질 수 없는 빈곤한 사람들에 한해서 공공부조를 실시하였다. 그러나 자본주의 이후의 산업사회에서는 산재, 실업, 퇴직, 질병 등 개인의 힘으로 해결할 수 없는 사회적 위험과 각종 사회문제들이 증가하게 되었고, 이에 대응하기 위해 국가는 사회보험과 공공부조 및 사회복지서비스의 다양한 사회보장 제도들을 제정하여 실시함으로써 모든 국민의 기본생활을 보장하고 있다.

국민에 대한 국가의 사회보장 의무는 국민의 생존권적 기본권[9)]을 국가가 보장하는 것이다. 생존권적 기본권은 국민이 인간다운 생활을 할 수 있는 기본생활을 보장받을 권리를 말하는 것으로 헌법에 의해 보장된다. 우리나라 헌법 10조에는 기본권 보장에 대한 의무조항이 명시되어 있고. 제31~36조에 사회보장을 받을 권리를 명시하고 있다. 특히 제34조 제1항에는 "모든 국민은 인간다운 생활을 할 권리를 가진다"고 명시하고 있어 생존권에 대한 국가의 보장의무를 나타내고 있다.

그리고 사회보장기본법 제3조 제1호에서는 사회보장에 대해 "출산, 양육, 실업, 노령, 장애, 질병, 빈곤 및 사망 등의 사회적 위험으로부터 모든 국민을 보호하고 국민 삶의 질을 향상시키는 데 필요한 소득 · 서비스를 보장하는 사회보험, 공공부조, 사회서비스를 말한다"라고 되어 있어 사회보장이 국민의 기본생활을 보장하는 기능을 수행하고 있다는 것을 명시하고 있다. 그리고 동법 제2조에서는 사회보장이 "모든 국민이 다양한 사회적 위험으로부터 벗어나 행복하고 인간다운 생활을 향유할 수 있도록 자립을 지원하며, 사회참여와 자아실현에 필요한 제도와 여건을 조성하여 사회통합과 행복한 복지사회를 실현하는 것을 기본 이념으로 한다"라고 규정되어 있다. 따라서 오늘날의 복지국가는 사회보장을 통해 국민이 인간다운 생활을 향유할 수 있는 수준의 기본생활을 보장하고 있다는 것을 알 수 있다.

9) 생존권에 관한 세계 최초의 헌법적 규정은 1919년 독일의 바이마르 헌법에 규정되어 있다.

〈표 3-4〉 **헌법에 보장된 사회보장 권리조항**

헌법 조항	내 용
제10조	모든 국민은 인간으로서의 존엄과 가치를 지니며 행복을 추구할 권리를 가진다. 국가는 개인이 가지는 불가침의 기본적 인권을 확인하고 이를 보장할 의무를 진다.
제31조	교육을 받을 권리 등
제32조	근로의 권리 등
제33조	노동기본 3권(단결권, 단체교섭권, 단체행동권)
제34조	① 모든 국민은 인간다운 생활을 할 권리를 가진다. ② 국가는 사회보장 · 사회복지의 증진에 노력할 의무를 진다. ③ 국가는 여자의 복지와 권익의 향상을 위하여 노력하여야 한다. ④ 국가는 노인과 청소년의 복지 향상을 위한 정책을 실시할 의무를 진다. ⑤ 신체장애자 및 질병 · 노령 기타의 사유로 생활능력이 없는 국민은 법률이 정하는 바에 의하여 국가의 보호를 받는다. ⑥ 국가는 재해를 예방하고 그 위험으로부터 국민을 보호하기 위해 노력해야 한다.
제35조	환경권 및 주거권(쾌적한 환경에서 생활할 권리)
제36조	혼인과 가족생활의 보호, 모성의 보호 및 보건권

(2) 소득재분배 기능

① 의의

자본주의 경제체제하에서 시장기능에 의해 이루어진 소득분배는 현저하게 불평등한 것이 일반적이다. 이러한 소득의 불평등을 완화하기 위해서 국가는 각종의 정책적 조치를 취하게 되는데 이를 소득재분배라고 한다. 즉, 시장경제에서 이루어진 일차적 소득분배에 대해 국가가 세금(또는 보험료)을 징수하여 강제적으로 재분배하는 하는 것이다. 소득재분배는 주로 발달된 사회보장제도나 누진과세제 등을 통해 개인이나 소득계층 간의 격차를 시정하고 축소화하는 정책적 조치를 말한다. 따라서 소득재분배는 복지국가의 기본 이념인 평등사상에 기초한다.

※ 소득재분배에 대한 학자들의 정의	
티트머스 (R. M. Titmuss, 1974)	소득재분배란 "물질적 · 비물질적 자원이 부자에게서 빈민에게로, 한 집단에서 다른 집단으로, 일하는 연령층에서 은퇴한 연령층에게로 이전하는 것을 말한다."
웹과 시브 (Webb & Sieve, 1971)	소득재분배란 "한 개인 또는 한 집단으로부터 다른 개인이나 집단으로 이전(transfer)되는 소득 또는 소득으로 간주되는 급여를 말한다."

② 소득재분배 형태

소득재분배는 수직적 재분배, 수평적 재분배, 세대 간 재분배의 다양한 형태가 있다.

첫째, 수직적 재분배는 계층 간 재분배로, 고소득층과 저소득층 간에 이루어지는 재분배이다. 사회보장에 있어 기여와 급여가 비례적으로만 되어 있다면 수직적 재분배는 일어나지 않겠지만 실제로는 완전한 비례관계가 아니기 때문에 수직적 재분배의 효과가 생긴다. 먼저 공공부조의 경우에는 기여를 하지 않고 국가의 세금(주로 고소득층이 누진적으로 부담)으로 급여를 받기 때문에 수직적 재분배 효과가 가장 크다고 할 수 있다. 그리고 사회보험에서는 국민연금의 경우 기여는 소득에 비례하지만 연금급여 부문에서 균등부분과 소득비례부분[10)]으로 나누어져 있어서 수직적 재분배는 균등부분에 의해 이루어진다. 또한 건강보험의 경우도 기여는 소득에 비례하지만 급여(진료비)는 기여에 관계가 없기 때문에 수직적 재분배 효과가 나타난다. 그러나 사회보험의 수직적 재분배 효과에는 한계가 있다. 왜냐하면 소득비례제를 채택하여 소득이 많을수록 더 많은 보험료를 부담하지만, 누진적 소득세에 비하면 그 효과가 적고, 또한 보험료에 상한액(일정 소득 이상은 동일한 보험료 부과)을 적용하고 있기 때문이다.

둘째, 수평적 재분배는 계층 내 재분배로, 동일 계층 간에 이루어지는 재분배이다. 수평적 재분배의 예는 건강보험의 경우 건강한 사람으로부터 질병에

10) 균등부분(A값) : 국민연금 전체 가입자의 연금수급 전 3년간의 평균소득월액의 평균액을 말한다.
소득비례부분(B값) : 국민연금 가입자 개인의 가입기간 동안의 기준소득월액의 평균액을 말한다.

걸린 사람으로, 고용보험의 경우 실직하지 않은 사람으로부터 실직한 사람에게로, 산재보험의 경우 산재를 당하지 않은 사람으로부터 산재를 당한 사람으로 수평적 재분배가 이루어진다.

셋째, 세대 간 재분배는 젊은 세대와 노령세대, 현재 세대와 미래 세대 간에 이루어지는 재분배이다. 국민연금의 운영방식이 축적된 기금에 의하여 지급하는 적립방식이 아닌 현재 일하고 있는 세대의 기여금으로 운영되는 부과방식(pay-as-you-go system)일 경우에 세대 간 재분배 효과가 일어난다. 또한 기초연금도 65세 이상의 노인은 전혀 부담을 하지 않고 근로세대가 부담하는 세금으로 일정액의 급여를 받는다는 점에서 세대 간 소득재분배 효과가 발생한다. 즉, 세대 간 재분배는 현재의 근로세대가 비용(보험료)을 부담해서 노령계층을 부양하는 경우이다.

(3) 경제적 기능

사회보장제도는 경기안정 기능, 경제안정화 기능, 자본축적 기능 등의 경제적 기능을 수행한다. 첫째, 경기안정 기능이란 경기가 상승하면 그것이 과열되지 않도록 막아주고, 경기가 하락하면 더 이상 하락하지 않도록 막아주는 것을 말한다. 특히 실업급여와 공공부조의 사회보장 지출은 경기변동과 상반되는 방향으로 움직임으로써 적극적으로 자동안정장치 기능을 수행한다. 즉, 실업급여와 공공부조의 급여지출은 경기 호황일 때에는 그 수요가 감소하여 줄여줌으로써 경기가 과열되는 것을 방지하는 역할을 수행하고, 반대로 경기가 불황일 때에는 그 수요가 증대하여 유효수요를 증대시킴으로써 경기침체를 방지하는 역할을 한다.

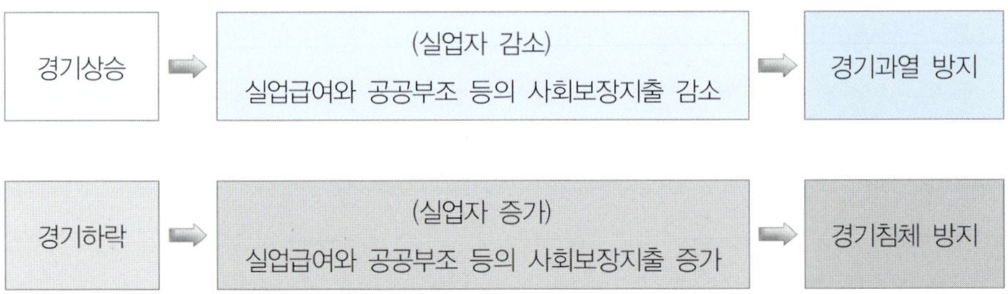

둘째, 경제안정화 기능이란 사회보장제도가 경제구조의 개편 또는 산업구조의 변화에 대응한 사회적 안정장치의 역할을 수행하는 것을 말한다. 즉, 직업창출, 직업교육훈련, 직업알선 등을 통해 노동력이 산업구조 변화에 적응할 수 있도록 지원하는 역할을 한다.

셋째, 자본축적 기능이란 사회보장제도 중 재정운영 방식이 적립방식인 공적연금의 경우에는 기여금이 적립됨으로써 기여와 급여 간에 시간적 격차가 발생해 자본이 축적되는 것을 말한다. 축적된 적립금은 규모가 크기 때문에 경제발전 및 경기안정을 위한 자금으로 유용하게 활용할 수 있다(이인재 외, 2008 : 108).

(4) 사회공동체 형성 기능

퍼니스와 틸톤(Funiss & Tilton, 1979 : 28)은 복지국가가 지향하는 가치로 평등, 자유, 민주주의, 공동체 의식(결속, 연대), 안정성, 경제적 효율성을 들고 있다. 현대 복지국가의 기본 이념은 사회적 평등을 기초로 하고 있다. 그렇다고 해서 자본주의의 본질인 자유가 도외시될 수는 없다. 자유와 평등의 가치는 적절하게 조화되도록 해야 한다. 즉, 자유민주주의를 바탕으로 하면서 복지국가를 건설하는 것이 곧 국민의 생존권을 보장하는 길이다.

자유라는 터전 위에서 실질적인 평등을 실현하기 위해서는 사회구성원 간의 연대 내지 결속을 이끌어 낼 수 있는 사회공동체를 형성하여야 한다(강희갑 외, 2010 : 21). 사회구성원들의 극단적 빈부격차는 구성원들의 공동체 의식을 말살시킨다. 사회보장은 이러한 극단적 빈부격차를 해소함으로써 복지국가가 지향하는 사회적 평등 및 통합의 가치를 실현할 수 있다. 따라서 실질적 평등에 기초하는 복지국가를 건설하기 위한 사회보장은 사회구성원이 서로 연대하여 결속하는 사회공동체를 형성하는 기능을 수행한다.

※ 자유와 평등의 개념		
자유	소극적 자유 (negative freedom)	• 외부로부터 속박이 없는 상태로 '~으로부터의 자유' • 자신이 하고 싶은 바를 그대로 할 수 있는 자유 • 기회(opportunity)의 측면을 강조 • 개인과 국가의 관계에서 국가의 간섭이 없거나 최소한에 그치는 자유 • 보수주의자와 자유주의자들이 강조하는 자유의 개념
	적극적 자유 (positive freedom)	• 자신이 원하는 것을 적극적으로 할 수 있는 '~에 대한 자유' • 능력(capacity)의 측면을 강조 • 최소한의 인간다운 삶의 보장을 위해 국가의 적극적 간섭을 요구하는 자유 • 사회민주주의, 복지국가 전성기에 강조되는 자유의 개념
평등	수량적 평등 (numerical equality)	• 결과의 평등(equality of result) • 사람들의 욕구나 능력의 차이에는 관계없이 사회적 자원을 똑같이 배분하는 것 • 아동수당, 노령수당 등
	비례적 평등 (proportional equality)	• 공평(equity) • 개인의 욕구, 능력, 노력, 기여에 따라 사회적 자원을 분배하는 것 • 국민연금의 소득비례급여, 열등처우 원칙 등
	기회의 평등 (equality of opportunity)	• 과정의 평등(procedural equality)/가장 소극적 평등 • 결과를 얻을 수 있는 과정상의 기회를 평등하게 제공하는 것 • 빈곤층 대상 교육 및 훈련 프로그램, 장애인 우선고용 등

2) 사회보장의 역기능

사회보장은 국가와 사회에 부정적인 기능, 즉 역기능을 나타내기도 한다. 역기능에 대해 살펴보면 다음과 같다(김기원, 2016 : 149-151).

첫째, 조세부담이 증가된다는 점이다. 사회보장의 재원은 상당 부분 국민의 세금으로 충당된다. 따라서 사회보장의 확대는 국민의 조세부담 증가로 이어진다. 국민의 조세부담 및 사회보장기여금 부담을 측정하는 지표로는 조세부담률과 국민부담률이 있다. 조세부담률은 조세(국세와 지방세)가 GDP(Gross Domestic Product : 국내총생산액)에서 차지하는 비중으로 국민들의 조세부담 정보를 측정하는 지표이다. 국민부담률은 조세와 사회보장기여금[11)]이 GDP에서 차지하는 비중을 말하는 것으로 조세부담률보다 포괄적으로 국민부담 수준을 측정하는 지표이다.

우리나라의 조세부담률과 국민부담률은 아직은 OECD 평균보다는 상대적으로 낮은 수준이지만 사회보장제도의 확대 등으로 점차 증가하는 추세를 보여주고 있다. 아래 표에서와 같이 2016년에서 2023년까지 기간 동안 조세부담률은 17.4%에서 19.0%로 증가하였고, 국민부담률도 같은 기간 23.5%에서 26.9%까지 증가하였다.

〈표 3-5〉 **조세부담률 및 국민부담률 변화추이(2016~2023년)**

구 분		2016	2018	2020	2021	2022	2023
조세부담률(%)	한국	17.4	18.8	18.8	20.6	22.1	19.0
	OECD 평균	25.3	25.0	24.8	25.5	25.6	25.4
국민부담률(%)	한국	23.5	25.2	26.2	27.9	29.7	26.9
	OECD 평균	33.5	33.4	33.5	34.0	33.9	33.8

주 1) 조세부담률 : 조세(국세+지방세)/GDP, 국민부담률 : (조세+사회보장기여금)/GDP
주 2) OECD 평균은 38개국 기준임
출처 : OECD Revenue Statistics(2023); e-나라지표.

둘째, 수혜자의 노동의욕을 감소시킨다는 점이다. 사회보장급여는 노동을 하지 않아도 얻어지는 일종의 이전소득(transfer income)으로, 수급자의 노동윤리를 손상시키고 노동의욕을 저하시키며, 결과적으로 생산성을 낮추고, 경제성장에 부정적인 영향을 미칠 수도 있다.

셋째, 개인의 저축을 감소시킬 수도 있다는 점이다. 국민연금과 같은 사회보

11) 사회보장기여금은 4대 공적연금(국민연금, 공무원연금, 군인연금, 사학연금)과 건강보험, 노인장기요양보험, 산재보험, 고용보험의 기여금(보험료)을 말한다.

험식 공적연금은 노령이라는 장래의 시점에서 누리게 될 미래의 자산으로 인식되어 미래를 대비한 자발적 저축을 감소시키는 대체효과를 나타낼 수도 있다. 그러나 이와 반대되는 의견도 있다. 즉, 공적연금제도가 도입된 이후 연금제도에 대한 의미가 확산되어 자발적 저축으로 개인연금과 같은 사적연금제도가 오히려 발달되었다는 것이다.

넷째, 경제성장에 필요한 투자자원을 감소시킬 수 있다는 점이다. 사회보장은 생산적이라기보다는 소비적으로 것으로 간주되어 정부가 사회보장지출을 증가시키면 상대적으로 경제분야에 지출 가능한 자원의 양이 줄어들기 때문에 경제가 위축된다고 주장하기도 한다.

다섯째, 복지의존성(welfare dependency)이 생긴다는 점이다. 복지의존이란 장기간 동안 복지혜택에 의존하며 생활하는 현상으로, 오랫동안 스스로 자립하지 못하고 자기책임 정신이 손상되어 빈곤문제가 악화되는 것을 말한다. 이를 복지함정(welfare trap)이라고 한다.

Chapter 4

사회보장의 역사

사회보장은 역사적으로 공공부조와 사회보험을 근간으로 하고 있다. 공공부조는 1601년 영국의 엘리자베스 빈민법에 그 기원을 두고 있고, 사회보험은 1880년대 독일의 비스마르크 사회보험과, 1911년 영국의 국민보험법에서 시작해서 20세기 초 사회보장제도로 수렴 · 확대되었다. 이 장에서는 사회보장의 역사를 영국의 빈민법 시대(1600~1800년대 후반), 사회보험 시대(1880~1920년대), 사회보장의 형성과 확대기(1930~1970년대 초반), 사회보장의 재편기(1970년대 중반 이후)의 네 단계의 시기로 구분하여 살펴보고자 한다.

1. 영국의 빈민법 시대(1600~1800년대 후반)

1) 엘리자베스 빈민법(the Elizabethan Poor Law of 1601)

빈곤문제에 대해 국가가 개입하여 해결하고자 했던 공공부조의 역사는 영국의 엘리자베스 빈민법에서 시작된다. 15세기 말부터 영국은 모직물 공업의 발달로 양모 수요가 늘자 지주들은 소작농을 내쫓고 울타리(encloser; 인클로저)를 쳐서 농경지를 목장으로 바꾸고 양을 기르기 시작했다.[1] 이로 인해 토지를 빼앗긴 농민들은 도시로 유입되어 저임금 노동자가 되거나 부랑자가 되어 떠돌아다니게 되었다. 부랑인으로 대표되는 빈민의 급증은 영국 사회의 기존 질서에 큰 위협으로 여겨졌다.[2] 이러한 빈민들을 구제하고 지역 차원에서 관리하기 위해 1601년에 엘리자베스 빈민법이 제정되었다.[3] 이 법은 이전까지 빈민구제를 위해 제정된 여러 법령들을 집대성하여 공식화하고 체계화한 것으로 영국 빈민법의 기본 토대가 되었으며, 또한 국가가 복지의 책임을 인정하기 시작한 효시가 되었다.

엘리자베스 빈민법에서는 빈민을 ① 노동능력이 있는 빈민(the able-bodied poor), ② 노동능력이 없는 빈민(the impotent poor), ③ 요보호아동(dependent children)의 세 종류로 구분하였다. 노동능력이 있는 빈민은 작업장(workhouse)에서 일을 하는 조건으로 최소한의 구호를 제공하고 입소를 거부하는 경우 감옥에 보내 처벌하였으며, 노동능력이 없는 빈민(노인, 병자, 장애인 등)은 구빈원에 수용하여 보호하였다. 그리고 부모의 양육을 받을 수 없는 요보호아동, 즉 의지할 곳 없는 고아, 기아(棄兒), 또는 부모가 양육능력을 상실한 아동은 도제(徒弟)와 입양을 통하여 보호하였다. 8세 이상의 아동들 가운데 일을 할 수 있는 경우 소년들은 24세까지 도제계약을 맺어 장인(匠人)에게서 기술을 배우며 생활하도록 하였고, 소녀들은 21세까지 또는 결혼할 때까지 가사를 돌보는 하녀로서 도제생활을 하도록 하였다. 이들 아동들을 데려다 양육하겠다는 시민이 있으면 정부는 이를 허락하였고, 때로는 경매입찰자에게 주어지기도 하였다(김기원, 2016 : 105).

엘리자베스 빈민법은 빈민구제의 책임을 기존의 교회가 아닌 지방정부가 지도록 함으로써 지역구빈을 원칙으로 하였다. 이를 위해 정부는 구빈세를 징수함으로써 지방세액을 증가시켰고, 구빈행정체계를 마련하여 모든 교구(parish)에 구빈감독관을 임명하였으며, 이들이 구빈업무와 지방세 징수업무를 관장하도록 하였다.

---

1) 헨리 8세의 대법관이었던 토머스 모어(Tomas More)는 자신의 저서 『유토피아』(1516)에서 "전에는 사람이 양을 먹었지만 지금은 양이 사람을 잡아먹는다"라고 하는 유명한 문구로 인클로저 운동을 표현하였다.

2) 런던의 경우 1560~1601년 사이에 부랑인구가 8배 증가한 것으로 나타났다(Kinney, 1990 : 16).

3) 엘리자베스 빈민법은 이후 1834년 신빈민법으로 개정되기 때문에 구빈민법(The Old Poor Law)이라고도 한다.

이들 구빈감독관은 지역지도자 겸 무보수 왕립관료인 치안판사의 지시를 받았다. 이 법은 1834년 신빈민법으로 개정될 때까지 지방기금에 의한, 지방관리에 의한, 지방빈민에 대한 구빈행정이라는 원칙이 유지되었다. 그러나 모든 빈민들을 구제할 능력을 가진 교구는 극소수였고, 치안판사가 임명하는 무보수 구빈감독관은 업무를 성실히 수행하지 않거나 때로는 부패하기까지 하였다(김기원, 2016 : 106).

그렇더라도 엘리자베스 빈민법은 ① 구빈의 책임이 국가에 있다는 것을 인식하였다는 점, ② 그 책임을 다하기 위해 법률로써 제도화하였다는 점, ③ 구빈행정기구를 설립하였다는 점, ④ 구빈재원을 위해 구빈세(poor rate)를 징수하였다는 점, ⑤ 빈민을 구분하고 적절한 구제를 하였다는 점에서 역사적 의미가 크다고 할 수 있다.

※ 엘리자베스 1세 여왕(Elizabeth I, 1533~1603)

엘리자베스 1세 여왕은 1558년 11월 17일부터 1603년 3월 24일까지 44년간 잉글랜드 왕국 및 아일랜드 왕국을 다스린 여왕이다. 본명은 엘리자베스 튜더(Elizabeth Tudor)이다. 열강들의 위협, 급격한 인플레이션, 종교 전쟁 등으로 혼란스럽기 그지없던 16세기 초반 당시 유럽의 후진국이었던 영국을 세계 최대의 제국으로 발전시키는 데 이바지하였다. 평생을 독신으로 지냈기 때문에 '처녀 여왕(The Virgin Queen)'이라 불렸고, 그녀를 마지막으로 튜더 왕가는 단절되었다(출처 : https://ko.wikipedia.org).

2) 정주법(the Settlement Act of 1662)

정주법은 빈민의 자유로운 이동을 금지하기 위해 제정된 법이다. 엘리자베스 빈민법은 교구단위로 각 교구 내 빈민들을 지방행정기관이 재정적 책임을 지고 빈민사업을 시행하도록 하였다. 따라서 각 교구는 자기 교구 내 빈민들을 보호할 책임이 있었고, 다른 지역에서 이주해 오는 빈민들을 원하지 않았다. 빈민에 대한 처우는 재정형편에 따라 교구마다 차이가 많았기 때문에 재정이 어려운 교구의 빈민들은 재정형편이 좋은 부유한 교구로 이동하는 현상이 나타나게 되었다. 한편 귀족계급들은 자신의 사유지 경작에 필요한 농촌노동력의 확보를 위해 노동력을 가진 빈민들을 필요로 하였고, 이들이 다른 교구로 이동하지 않도록 조치를 취해줄 것을 원했다.

교구와 귀족계급의 압력에 의해 1662년 찰스 2세는 교구에 정착해 거주할 수 있는 자격을 규정한 정주법을 제정하였다. 이에 따라 빈민들은 개인의 거주지를 법적으로 확정하고 이를 토대로 구빈 요청을 할 수 있게 되었다. 정주법은 극단의 교구주의 내지 지방할거주의의 표현인 동시에 농촌근로자의 이농을 막아 농촌노동력을 확보하기 위한 방책이었다(김기원, 2016 : 107). 정주법이 시행됨에 따라 빈민들은 주로 부유한 교구로의 이동을 금지하고, 거주할 수 있는 자격이 없을 경우 판사의 권한으로 연고가 있는 곳으로 추방되었다. 이후 산업화로 인해 산업도시로의 많은 인력이 필요하게 되자 정주법의 규정이 점차 완화되었고, 주거선택과 이전의 자유 침해라는 인본주의자들의 비판을 받게 되면서 1795년에 폐지되었다.

3) 작업장법/작업장심사법(the Workhouse Act of 1696, 1722)

작업장법은 노동능력이 있는 빈민을 고용함으로써 구빈재정을 줄이고, 국가적인 부의 증대에 기여하고자 하는 목적으로 제정되었다. 동시에 빈민에게 노동을 강제함으로써 구빈재정의 지출을 줄여보자는 의도도 있었다. 1696년 영국의 브리스톨(Bristol)시에서 여러 교구가 모여 연합체를 형성, 공동작업장을 마련하여 빈민들에게 일을 시켰다. 이것이 효과적이라고 보아 작업장법에서는 작업장 수용을 거부하는 빈민은 구제등록부에서 이름을 삭제하여 구제받을 자격을 박탈하였다.

작업장법은 1722년 작업장심사법으로 개정된 후 심사를 통해 노동능력이 있는 경우 무조건 작업장에 강제 수용하였다. 작업장은 세금으로 원료를 공급해주고 생산제품을 팔아 빈민들에게 노임을 지급하고자 하였다. 그러나 이 작업장에서 생산되는 물건은 질이 떨어지고 판매에서도 다른 제품과 경쟁을 할 수가 없어 결국 재료의 낭비를 가져왔고, 주민들의 세 부담만 늘어났다. 뿐만 아니라 구빈감독관과 교회 집사들에게 작업장 건립 권한과 고용 및 수용계약의 권한을 부여하였는데, 이들은 작업장 내에서 빈민의 혹사와 노동력 착취 등 많은 문제를 일으켰다. 이처럼 빈민들을 부당하게 대우하자 빈민들은 작업장을 거부하게 되고, 작업장은 인력부족으로 병자와 노인까지 수용하여 노동을 시키게 되었으며, 영아 사망 등 작업장의 인권문제는 심각한 사회문제로 대두되었다.

4) 길버트법(the Gilbert Act of 1782)

길버트법은 작업장이 심각한 사회문제가 되자 당시 하원의원이었던 길버트(T. Gilbert)가 작업장을 조사하고 보다 인도적인 규제를 도입하기 위해 만들어진 법이다. 당시의 작업장법은 빈민이 작업장에 거주하는 것을 거절하는 경우 교구의 구호를 받을 수 없도록 하였으므로 구호를 받기 위해 가족들과 함께 감옥과 같은 작업장에 살 것을 강요당했다. 작업장은 이윤을 극대화하려는 민간 청부인에 의해 운영되었기 때문에 부당한 착취와 열악한 작업환경은 심각한 수준이었다. 이러한 문제를 해결하기 위해 길버트법은 노동능력이 있는 빈민이라도 작업장에서 노동하지 않고 직업을 얻을 때까지 자신의 집에 거주하면서 구호를 받을 수 있도록 원외구제(outdoor relief)를 가능하게 하였다. 이것은 오늘날의 거택보호제도의 효시가 되었다. 또한 작은 규모의 여러 교구가 연합체를 만들어 구빈세의 징수와 지출을 같이하고 합동으로 구빈원을 설립하여 보다 효율적으로 노동능력이 없는 빈민들을 구제할 수 있게 하였다.

5) 스핀햄랜드법(the Speenhamland Act of 1795)

스핀햄랜드법은 영국 버크셔 주 스핀햄랜드에서 개최된 치안판사 총회에서 제정된 법으로, 노동하는 빈민에 대한 일종의 임금보조제도이다. 빵의 가격을 기준으로 하였기 때문에 일명 '버크셔 빵법(Berkshire Bread Act)'이라고도 불린다. 스핀햄랜드법은 최저생활 기준에 미달되는 저임금 노동자에 대해 빵의 가격과 가족 수에 따라 임금을 보조해 주는 제도로 오늘날의 최저생활보장제도의 기반이 되었으며, 또한 보충급여제도의 효시가 되었다고 할 수 있다. 당시의 구제기준은 빵 가격과 가족의 수에 따라 다르게 적용되었다.[4] 자녀가 많으면 더 많이 지급함으로써 아동수당적 성격도 가졌으며, 빵 가격의 변동을 반영하는 물가연동제(sliding scale system)가 실시되었다(김기원, 2016 : 110).

스핀햄랜드제도는 임금이 법률로 정해진 가계소득에 미달되는 경우 그 차액을 구빈세로 보충해 노동자의 소득을 일정액으로 끌어올려 주었기 때문에 임금이 인하되는 결과를 가져왔다. 즉, 고용주가 아무리 임금을 적게 주어도 구빈세로 보조해 주었기 때문에 이것은 노동자를 위한 임금보조금이 아니라 고용주에 대한 보조금이 되었다는 비판을 받았다(Polanyi, 1944 : 79). 또한 노동자는 수입이 적어도 교구로부터 임금 부족분을 받을 수 있었기 때문에 근로의욕이 저하되어 열심히 일하지 않는 부작용이 생겼다. 이는 결국 신빈민법 탄생의 배경이 되었다.

6) 신빈민법(the New Poor Law of 1834)

빈민구제를 위한 여러 차례의 조치에도 불구하고 18세기 후반에서 19세기 초반에 걸쳐 수급자는 급증하였고, 빈민구호의 비용은 증가하였다. 그로 인해 1790년에서 1820년 사이에 각 지역이 부담하는 구빈세는 네 배나 뛰었고, 구빈세 지출이 국가 지출의 1/5을 차지할 정도가 되었다(Englander, 1998 : 3). 구빈비용의 증대는 나폴레옹 전쟁, 흉작, 산업화로 인한 농촌경제 붕괴 등 여러 요인이 겹쳐 발생한 것이었으나 비판은 빈민법 자체와 스핀햄랜드제도에 집중되었다. 특히 맬서스(T. R. Malthus)를 비롯한 고전 정치경제학자들은 스핀햄랜드 제도를 거세게 비판했다.[5] 게다가 1830~1831년에는 농민 폭동이 영국 남부를 휩쓸었는데 남부는 구빈비용 지출이 가장 높은 지역이었다. 이에 따라 사람들은 빈민법의 질서유지 기능에 의문을 던졌고, 이는 그것의 무용성을 주장하는 세

---

4) 빵의 가격이 1실링이라면 근로자의 구제수당과 임금을 합한 총수입이 주 3실링, 배우자가 있을 경우 주 4실링 6펜스, 배우자와 자녀가 1명 있을 경우 주 6실링이 되도록 했다(박병현 외, 2017 : 66).

5) 맬서스는 영국의 고전학파 경제학자로 『인구론(An Essay on the Principle of Population)』의 저자이다. 그의 저서에서 식량은 산술급수적으로 성장하는데 인구는 기하급수적으로 성장하고, 근로자 계층이나 하위 계층들은 생활조건을 개선하기 위해 출산율을 높이기 때문에 인구는 더욱더 기하급수적으로 늘어나므로 어느 시점부터는 인구수가 식량의 양을 초과하여 식량부족 상태가 오게 된다고 하였다. 그는 구빈법이 빈민의 결혼과 자녀를 증가시켜 전체 빈곤을 심화시켰다고 비판하면서 빈민에게 수치심과 낙인을 부여할 것을 요구하였다.

력에게 좋은 구실이 되었다(김종일, 2016 : 9). 결국 1832년에 왕립빈민법위원회(the Royal Law Commission)가 만들어져 빈민법의 문제를 조사하였으며, 1834년에 의회에 빈민법 위원회의 조사보고서가 제출되었다.

보고서에는 다음과 같은 여섯 가지 기본 원칙을 권고했다(김기원, 2016 : 117). 첫째, 스핀햄랜드제도에서 시행되었던 임금보충제를 폐지한다. 둘째, 노동이 가능한 자는 모두 작업장 구제를 적용한다. 셋째, 병자, 노인, 허약자, 그리고 부양 아동이 있는 과부에 한하여 원외구제를 제공한다. 넷째, 여러 교구의 구제행정을 하나의 구빈법 연합으로 통합한다. 다섯째, 구제의 수준은 그 지역사회에서 일하는 노동자의 최하위 임금보다 낮게 책정한다(열등처우의 원칙). 여섯째, 구빈행정을 통제하는 중앙통제위원회를 설치한다.

이 보고서를 토대로 1834년 신빈민법(또는 개정빈민법)이 만들어졌다. 이는 구빈민법이 만들어진 지 약 230년 만이었다. 신빈민법의 주요 원칙은 ① 전국적 균일처우의 원칙(principle of national uniformity), ② 열등처우의 원칙(principle of less eligibility), ③ 작업장 활용(원내구제)의 원칙(principle of workhouse system)이다. 핵심내용을 정리해 보면 다음과 같다(박진화, 2020 : 64-65).

첫째, 전국적 균일처우의 원칙이란 행정기구를 기초단위인 교구에서 중앙행정기관인 빈민법 위원회로 개편하여 전국적으로 통일한다는 것이다. 이에 따라 행정수준을 통일하여 전국에 균일한 구제를 시행하는 원칙을 마련함으로써 구빈행정의 중앙집권화를 이루었다.

둘째, 열등처우의 원칙이란 국가의 도움을 받는 빈민들의 처우는 스스로 벌어서 생활하는 최하위 노동자의 생활보다 낮아야 한다는 것이다. 즉, 노동자가 빈민이 되는 것을 방지하고 노동을 장려하기 위해서는 빈민구제의 수준은 노동자의 생활수준을 결코 상회해서는 안 된다는 원칙이다. 열등처우의 원칙은 이후 영국의 빈민정책에 많은 영향을 미쳤다.[6]

6) 1834년의 빈민법 개혁은 영국 사회정책의 역사에서 한 획을 긋는 사건이었다. 그것은 지역 중심의 구호제도로 파편화된 빈민구호제도를 전국적으로 표준화된 제도로 탈바꿈시켰고, 열등처우의 원칙이라는 시장 논리를 적용한 급여기준을 확정했으며, 관료적 행정을 최초로 구호제도에 도입한 사건이었다. 대부분의 현대 공공부조제도에는 신빈민법의 영향이 직접이든 간접이든 일정하게 스며들어 있다고 할 수 있다(김종일, 2016 : 2).

셋째, 작업장 활용의 원칙은 노동능력이 있는 빈민이 구제를 받고자 할 때는 작업장 수용으로 한정하여 구제를 받도록 한다는 것이다. 즉, 신빈민법에서는 스핀햄랜드법에서 시행한 임금보조와 아동수당, 가족수당을 폐지하고, 또한 노동능력자에 대한 원외구제를 금지함으로써 다시 작업장 구호를 원칙으로 하였다. 결국 작업장은 열등처우의 원칙을 실현하기 위한 수단으로 사용되었다. 다만 노약자와 질병자 등의 의료부조와 도제교육에는 원외구제를 인정하였다.

이 외에도 빈민들에 대한 선거권 제한, 보호청구권의 불인정, 사적 부양의무의 이행, 자산조사의 실시 등을 규정하였다. 이것은 가능한 한 보호를 청구하지 않도록 하는 데 그 목적이 있었다. 또한 빈곤의 원인을 게으름이나 독립심의 결여 등 개인의 도덕적 결함에 있다고 봄으로써 빈민을 범죄자와 같이 취급해서 억압했다(김제선 외, 2018 : 101). 이처럼 신빈민법은 그 목적이 빈민구제적 성격보다 구빈비용 감소에 있었기 때문에 빈민에 대한 반인권적 요소가 다분히 포함되어 있었다.

7) 자선조직협회와 인보관 운동

신빈민법이 제정된 이후에도 노동계층의 빈곤은 해소되지 않고 여전히 경제적 위기와 실업은 만연하였고, 또한 비인도적인 신빈민법에 대한 비판도 거세지기 시작했다. 이에 온정주의적 인도주의(paternalistic humanitarianism)가 확산되었다. 먼저 1860년대에는 신흥자본가 및 기업가의 기부와 제공으로 설립된 자선조직기관들의 구호활동이 우후죽순으로 나타났으며, 이를 조직적으로 관리하기 위한 자선조직협회(COS : Charity Organization Society)가 1869년 영국 런던에서 최초로 창립되었다. 자선조직협회의 목적은 ① 구제의 중복과 누락을 없애기 위해 여러 자선활동을 조정하고, ② 빈민에 대한 환경조사와 적절한 원조를 제공하는 데 있었다. 자선조직협회는 중산계층의 자원봉사자인 우애방문원(friendly visitors)이 가난한 가정을 방문하여 빈민상태에서 벗어나도록 원조하는 형태로 이루어졌다.[7)]

7) 우애방문원들은 빈민의 생활상태를 조사하기 위해 직접 가정방문과 면담 등을 실시하였으며, 구호신청자

자선조직협회와 거의 비슷한 시기에 일어난 대표적인 민간운동은 인보관 운동(settlement house movement)이다. 인보관 운동은 1854년 데니슨(Edward Denison) 목사가 주축이 되어 런던 빈민의 비참한 생활을 파헤치고 해결하기 위해 시작된 일종의 사회운동으로, 이후 1880년대 바네트(Samuel Barnett) 목사가 계승하여 발전시킨 운동이다. 인보관 운동은 주로 대학생들과 지식인층이 빈민가에서 빈민들과 같이 거주하면서 3R, 즉 Residence(거주), Research(연구조사), Reform(개혁)을 강조하며 주택개선, 공중보건 향상, 고용주들의 빈민노동 착취를 방지하기 위한 활동 등 사회문제 해결에 힘썼다. 또한 문화와 교양을 깨우쳐 줌으로써 빈민의 인간적 성장을 돕기 위해 노력하였다. 1884년에는 런던의 동부 빈민지역에 토인비홀(Toynbee Hall)[8]이 설립되었는데 이것은 세계 최초의 지역사회복지관(community welfare center)이다.

8) 빈곤조사

1880년대 중반 이후 영국에서는 빈민들의 생활실태에 대한 여러 가지 사회조사와 실증적 연구들이 이루어지기 시작했다. 대표적인 빈곤조사는 찰스 부스(Charles Booth)와 시봄 라운트리(Seebohm Rowntree)에 의한 런던(London)과 요크(York)시의 생활실태 조사였다. 부스는 1889년 런던 빈민의 생활실태를 조사하여 발표하였는데, 런던 시민의 약 3분의 1이 빈곤상태에 있으며 이들은 신체적 효율성을 유지하는 데 필요한 최소한의 음식과 피복이 부족한 상태에 있음을 통계적으로 수치화하였고, 아울러 빈곤의 원인이 개인의 도덕적 결함보다는 실업과 노령에 있음을 밝혔다. 부스의 조사는 빈곤이 개인의 잘못이라는 기존의 주장을 뒤엎고 사회적 실패의 결과라는 증거를 명확하게 제시함으로써 영국사회에 커다란 반향을 일으켰다.

들에게 협회에 등록하도록 함으로써 구호의 중복을 방지하고자 하였다. 또한 빈민들에게 기독교적 도덕성을 강조하였으며, 기독교인의 도덕과 가치관에 입각한 근면성을 배워 빈곤에서 벗어나고 의존성을 줄이도록 교화하였다(김제선 외, 2018).

8) 토인비홀은 빈민가에 거주하며 열심히 활동하던 옥스퍼드대학교 학생이던 토인비(Arnold Toynbee, 1852~1883)가 옥스퍼드대학교 경제학부 조교수로 재직할 때 결핵으로 요절하자 그의 열성적인 활동을 기려 동료들이 1884년 런던의 동부 빈민지역에 설립하였다(Fraser, 1984 : 121).

또한 라운트리는 부스의 조사방법을 좀 더 세밀하게 발전시켜 1901년에 자신이 살고 있는 전형적인 지방도시인 요크시의 빈민에 대한 생활실태를 조사하였다. 라운트리는 최저생계비 산정방식을 도출하여 산정된 최저생계비를 빈곤선으로 정하고 빈곤을 '1차적 빈곤'과 '2차적 빈곤'으로 구분하였다. 빈곤선을 기준으로 조사한 결과 요크시의 노동인구 중 약 28%가 빈곤 상태에 있었다. 이 중 10%는 1차적 빈곤, 즉 신체적 효율성을 유지하기가 불가능할 정도의 빈곤 상태에 있으며, 18%는 2차적 빈곤, 즉 소비를 보다 합리적으로 한다면 최소한의 생활만큼은 영위할 수 있는 빈민이라는 사실을 발표하였다. 라운트리의 조사는 요크시 노동자의 빈곤 원인이 저임금에 있으며, 또한 빈곤 현상이 런던과 같이 대도시에만 국한된 문제가 아니라 영국 전역에 광범위하게 퍼져 있다는 것을 알게 해주었다(박진화, 2020 : 111).

이와 같이 빈곤실태에 대한 체계적인 연구들이 발표되자 영국사회는 더 이상 빈곤을 개인의 책임만이 아닌 사회문제로 인식하기에 이르렀고, 전통적인 빈민법에 대한 새로운 변화의 요구가 증대되기 시작했다. 더구나 봉건적이고 중상주의적 정책이었던 빈민법은 봉건제의 붕괴와 자본주의의 진전으로 노동계급의 권리가 성장함에 따라 더 이상 시대에 맞지 않게 되었다.

2. 사회보험 시대(1880~1920년대)

자본주의의 등장은 농촌의 노동력을 대거 흡수하여 농촌부랑자 문제를 해결했지만 그 대신 봉건시대에는 존재하지 않았던 노동자 계급(무산자, 프롤레타리아트; proletariat)과 새로운 사회적 문제(산업재해, 노령으로 인한 정년퇴직, 실업 등)를 출현시켰다. 노동자 계급은 임금, 근로환경 등 보다 나은 노동조건을 요구했고, 자본가와 국가는 산업화 속에서 숙련된 노동자들을 지속적으로 확보하기 위해 사회보장제도를 도입할 수밖에 없었다. 이렇게 등장한 것이 사회보험으로 진정한 의미에서의 사회보장제도의 시초라고 할 수 있다.

사회보험의 원시적 형태는 공제조합에서 출발한다. 공제조합은 조합원 상호

간의 부조와 복지를 목적으로 하는 상호부조 조직인데 조합원에게서 갹출한 재원으로 그들이 노령, 재해, 실업, 질병, 사망 등의 사고를 당했을 경우 급여를 지급하였다. 공제조합은 노동자의 복지문제에 국가가 본격적으로 개입하기 전까지 노동자의 사회적 위험을 스스로 해결하고자 했던 자조조직이었다. 그러나 산업화가 본격화되면서 공제조합은 모든 사회적 위험에 대처하는 데 역부족이었으며, 이때 등장한 것이 국가주도의 사회보험이다. 사회보험의 주된 대상자는 노동자로 그 재정은 자본가, 노동자, 국가 삼자가 부담함으로써 권리로서의 복지개념에 부합하는 자본주의적 복지정책이라고 할 수 있다. 사회보험은 사회문제의 책임과 의무를 국가가 맡았다는 점에서 복지국가를 향한 중요한 출발점으로 볼 수 있다.

1) 독일의 비스마르크 사회보험

1871년에 국가를 통일한 독일제국은 자본주의 확립과 함께 급격한 경제성장을 이루었다. 경제성장과 함께 도시로 집중된 노동자 수는 급격하게 증가하였다. 그러나 노동자들은 열악한 노동조건, 빈곤, 도시화에 따른 주택난과 물가불안 등으로 힘들게 생활하였으며, 또한 정치 · 경제 · 사회 등 모든 영역에서 소외되고 차별 당했다. 이러한 노동자들이 차츰 계급의식에 눈뜨기 시작하면서 조직화된 노동운동은 급진적인 사회주의 운동으로 발전하게 되었고, 노동자 계급은 사회주의 노동당을 결성하여 정치적으로 지지를 얻고 있었다.

독일 자본주의를 발전시키려던 당시의 재상 비스마르크(Otto von Bismarck)는 이러한 사회주의 정치조직의 급속한 발전을 보고 1878년 '사회주의자 탄압법'을 제정하여 사회주의 성향을 가진 모든 단체를 불법화시키고 결사(結社) · 집회 · 출판의 자유를 금지함으로써 철저하게 사회주의자를 탄압하였다. 반면 비스마르크는 사회주의 운동에 가담하지 않은 노동자 계급을 체제 내로 끌어들이고자 노동자들의 생존을 보장해 주는 사회보험을 입법하였다. '사회주의자 탄압법'의 제정을 통해 노동계급을 중심으로 한 사회주의 세력을 강압적으로 억누르는 정책을 채택함과 동시에 전체 노동계급에 대한 국가적 보장 장치를 제공함으로써 노동운동에 대해 비스마르크는 '채찍과 당근' 정책으로 대응했다.

비스마르크는 1881년 11월 황제칙서에서 조합주의적 관리구조를 갖는 3중 보험체계, 즉 산업재해보상보험, 질병보험, 장애 및 노령연금을 제정할 것을 밝혔다. 준비과정을 거쳐 1883년에 먼저 '질병보험법'을 제정하였는데, 이 법은 세계 최초의 사회보험으로 인정받고 있다. 질병보험법은 질병에 걸린 노동자에 대한 치료와 질병수당을 지급하는 의료보험제도로 보험료는 노동자가 2/3를 부담하고, 사용자가 1/3을 부담하였다. 이어 1884년에는 '산업재해보상보험법'을 제정하였다. 이 제도는 업무상 노동자에게 발생하는 재해에 대하여 사용자가 전적으로 책임질 것을 규정함으로써 업무상 재해에 대한 사용자 책임 제도를 확립하여 오늘날 '무과실책임제도'를 정립하는 데 기여하였다. 따라서 보험료는 사용자가 전액 부담하였다. 그리고 1889년 '장애 및 노령연금법'이 제정되어 연금제도가 법제화되었다. 보험료는 노사 양측이 각각 1/2씩 공동부담하였다. 이후 질병보험법, 산업재해보상보험법, 장애 및 노령연금법은 1911년에 제국보험법으로 통합되었다.

〈표 4-1〉 **비스마르크 사회보험**

연 도	내 용
1883년	질병보험법(노동자 2/3 부담, 사용자 1/3 부담)
1884년	산업재해보상보험법(사용자가 전액 부담)
1889년	장애 및 노령연금법(노사 양측이 각각 1/2씩 공동 부담)

※ 비스마르크(Otto von Bismarck, 1815~1898)

근세 독일의 정치가로 1862년에 프로이센의 수상으로 임명된 후, 강력한 부국강병책을 써서 오스트리아와 프랑스 전쟁에서 승리하고 1871년에 독일 통일을 완성한 후, 신제국의 수상이 되었다. 밖으로는 유럽 외교의 주도권을 장악하고, 안으로는 가톨릭교도와 사회주의 운동을 탄압하여 '철혈 재상'이라고 불린다(출처 : https://ko.wikipedia.org).

2) 영국의 사회보험

영국은 1800년대 후반부터 빈민들의 실태에 대한 인도주의적 관심들이 증대되었다. 이에 빈민법 개정을 공약으로 내세우며 집권한 자유당 정부(1906~1915년)는 왕립조사위원회를 설립하여 빈민실태에 대한 조사를 하였다. 3년간의 조사 끝에 1909년 왕립조사위원회는 다수파 보고서와 소수파 보고서라는 2개의 보고서를 제출하였다. 다수파는 자유주의를 사상적 기반으로 하는 자선조직협회 출신위원들로 이루어졌고, 소수파는 당시 영국의 사회민주주의를 이끌고 있었던 페이비언 협회(Fabian Society)[9] 회원들과 인보관 운동 회원들의 지지를 받던 사람들로 이루어졌다. 다수파 보고서의 내용은 현행 제도를 유지·존속하자는 것이었고, 소수파 보고서는 현행 빈민법을 완전히 폐지하고 그 대안으로서 국가 주도의 보험과 의료서비스, 그리고 직업안정책 등을 제시했다.

〈표 4-2〉 **빈민법 개정을 둘러싼 다수파 보고서와 소수파 보고서**

구 분	다수파 보고서	소수파 보고서
이념적 배경	자유주의 (자선조직협회 출신)	페이비언 사회주의 (인보관 운동 회원들의 지지자)
빈곤원인	빈민의 나태와 무책임(개인적 원인)	사회구조적 원인
빈곤해결	관대한 동정보다는 가혹한 통제 기초적인 최저수준만을 지원	공공지출의 확대
운영방식	현행 제도의 개혁을 통한 유지·존속	현행 빈민법의 완전한 폐지

논쟁 끝에 결국 다수파와 소수파로 분리되어 제출된 보고서에는 빈민법 개정에 대한 실질적이고 실무적인 처방의 내용을 담고 있었음에도 불구하고 당시의 빈민법 정책에는 영향을 미치지 못했다.[10] 그 이유는 당시 자유당 정부가

9) 페이비언 협회는 1884년 1월 런던에서 설립되었으며, 혁명적인 변화보다는 점진적인 개혁을 통한 사회변화를 주장하였다. 버나드 쇼(George Bernard Shaw), 웹(Webb) 부부의 지도하에 사회주의적 경향을 강화해 1900년에 결성된 노동대표위원회와 1906년에 결성된 노동당을 통해 영국 사회주의 운동에 커다란 사상적 영향을 주었다.

다양한 사회복지정책들을 입안하여 실천에 옮기고 있었기 때문이다(원석조, 2018 : 82). 즉, 1908년에는 사회부조식 연금제도인 노령연금법이 제정되었고, 1909년에는 최저임금법과 직업소개소법 등이 제정되면서 공적제도들이 점진적으로 등장하였다. 그리고 1911년에는 국민보험법(National Insurance Act)이 제정되었다. 노령연금법과 국민보험법의 제정은 전통적인 빈민법을 중심으로 하던 공공부조 정책이 근로자와 그 가족에 대한 사회보험정책으로 이행하여 가고 있음을 반증하는 것이었다(현외성, 2018 : 31).

국민보험법은 재정을 고용주와 노동자로부터 조달받는 영국 최초의 사회보험으로 당시 자유당 정부의 개혁을 주도했던 로이드 조지(Lloyd George)와 윈스턴 처칠(Winston Churchill)의 합작품이었다. 이 법은 건강보험(제1부)과 실업보험(제2부)으로 구성되었다.

건강보험은 로이드 조지가 주관하였으며, 의료서비스 외에 상병수당, 장애수당, 출산수당을 지급하였다. 건강보험의 운영은 공제조합 중 정부가 인정한 공인된 조합이 맡고, 피보험자에게는 조합선택권을 부여하였으며 국가는 감독권을 행사하였다. 피보험자는 지역보험위원회의 의사명부에서 의사를 선택하여 등록하고 등록된 의사에게만 진료를 받을 수 있었으며(주치의제), 의사들은 자신의 명부에 등록된 피보험자 수에 비례하여 진료비(capitation fee)를 받았다. 그리고 실업보험은 윈스턴 처칠이 주관하였으며, 당시 실업문제 전문가로 인정받고 있던 베버리지의 도움을 받아 입안하였다. 실업보험은 보험료에 비례하여 급여가 정해지도록 하였다. 이처럼 국민보험법에 실업보험을 구성함으로써 영국은 세계 최초로 실업보험을 도입한 국가가 되었다.

---

10) 보고서가 출간된 지 20년이 지난 후인 1930년에 빈민법은 다수파 보고서에서 제시된 많은 건의 내용을 집행해 나갔으며, 소수파 보고서의 건의 내용은 노동당 정부가 집권한 1940년대 중반 이후 복지국가를 위한 입법의 기초자료로 사용되었다(박진화, 2024 : 123).

3. 사회보장의 형성과 확대기(1930~1970년대 초반)

1) 미국의 사회보장법(1935년)

제1차 세계대전 후 미국은 경제적으로 번영을 누리고 있었지만 농업부문의 만성적 불황과 공업부문의 생산과잉, 그리고 금융산업의 방만한 운영 등의 원인으로 1929년 10월 경제 대공황[11]이 발생했다. 이로 인하여 많은 기업들이 도산하고, 근로자들의 대량 실업과 디플레이션(deflation) 등이 초래되었다. 즉, 이때의 심각한 문제는 물가하락 및 경기침체와 실업이었다. 1933년 미국 제32대 대통령으로 취임한 루스벨트(Franklin Delano Roosevelt)는 이러한 경제 대공황을 극복하기 위해 영국의 경제학자인 케인즈(John Maynard Keynes) 이론을 기반으로 하는 뉴딜정책(New Deal Policy)[12]을 채택하고 경제위기를 극복하기 위한 긴급은행법,[13] 농산물 가격 인상을 위한 농업조정법,[14] 전국산업부흥법[15]의 제정 등

11) 1920년대 말~1930년대에 발생한 세계대공황은 자본주의 경제의 한계를 결정적으로 드러냈으며, 미국을 비롯한 서구자본주의 국가에서 전체 경제활동 인구의 1/3가량이 실업자가 되는 상황은 자본주의 경제 자체가 붕괴의 위기에 직면하는 심각한 상황이 아닐 수 없었다(김환준, 2011 : 24).

12) 루스벨트 대통령이 경제 대공황을 극복하기 위하여 7년간(1933~1939년) 실시한 경제 · 사회정책을 총칭해서 뉴딜정책이라고 하며, 뉴딜(New Deal)이란 '새로운 합의'라는 뜻이다. 뉴딜은 구호(Relief), 회복(Recovery), 개혁(Reform)이라는 3R을 슬로건으로 내걸고 두 차례에 걸쳐 시행됐다. 이 정책은 케인즈의 유효수요 이론에 근거하여 국가가 시장경제에 적극 개입함으로써 '보이지 않는 손'에 의해 작동되던 자유방임적 자본주의 경제활동을 조정하였다는 점에서 의의가 있다(전상봉, 2012).

13) 긴급은행법은 연방정부가 재기 가능한 건전한 은행에 재정지원을 해주는 등 은행업무의 정상화를 도모하기 위해 제정되었다.

14) 농업조정법(Agricultural Adjustment Act)은 경작지를 줄여서 농산물의 생산을 제한함으로써 과잉생산을 없애고 농산물 가격 하락을 방지하여 균형가격을 회복하기 위한 것으로 생산량을 줄이는 농민에게는 보조금을 지급했다.

15) 전국산업부흥법(NIRA)은 산업부문마다 공정경쟁규약을 작성하게 하여 지나친 경쟁을 억제시켰으며, 생산제한 · 가격협정을 인정하고 적정한 이윤을 확보시키는 한편 근로자의 단결권 · 단체교섭권을 인정하는 동시에 최저임금과 최고노동시간의 규정을 약속하여 근로자에 대한 안정된 고용과 임금을 확보하기 위해 제정되었다. 그러나 이 법은 독점자본의 반대로 연방최고법원에 의하여 위헌이라는 판결을 받아 실효된 뒤 그 대안으로 1935년 7월에 와그너법으로 다시 제정된다. 노동조합보호법인 와그너법의 정식 명칭은 전국노동관계법(NARA : National Labor Relations Act)이다. 이 법률의 제안자인 당시의 상원의원 R. F. 와그너의 이름을 따서 와그너법이라 한다. 근로자의 단결권 및 단체교섭권을 보호하기 위해 부당노동행위제도와 교섭단위제도(交涉單位制度)를 설정하였다. 이 법률로 말미암아 미국의 노동 운동은 획기적인 발전을 보았다(전상봉, 2012).

적극적인 국가통제정책을 도입하였다. 또한 빈민구제 및 실업문제 해소를 위해 대규모 공공사업[16)]을 추진하였다.

뉴딜정책을 구체화하기 위해 1934년에 경제보장위원회(The Committee on Economic Security)가 창설되었다. 이 위원회는 실업자의 취업촉진을 최대 목표로 하였으며, 이를 위해 기업을 통한 취업기회 증대는 물론 정부주도의 대규모 사회간접자본 투자를 주장하였고, 실업자의 생계보장은 물론 그들의 구매력 창출을 위한 조속한 실업보험 실시를 제안했다(채구묵, 2015 : 20). 이러한 경제보장위원회의 제안들을 반영하여 1935년 8월 14일 복지국가의 토대가 될 세계 최초의 사회보장법(Social Security Act)이 제정되었다.

사회보장법은 일반복지의 증진을 위해 연방의 노령급여체계를 확립하고, 주정부로 하여금 노인, 시각장애인, 부양아동, 지체장애아동을 위한 복지, 모자복지, 공공보건, 그리고 실업보상법의 집행을 위해 보다 적절한 급여를 제공하며, 사회보장청 신설과 재원을 갹출하는 등의 목적을 추진하기 위한 법이다(Douglas, 1936 : 327). 당시 사회보장법에 기초한 사회보장은 사회보험, 공공부조, 보건 및 복지서비스 프로그램의 세 가지로 이루어졌다.

사회보험은 노령연금보험(Old Age Insurance)[17)]과 실업보험(Unemployment Insurance)으로 구성되었고, 공공부조는 65세 이상의 빈곤노인, 요보호맹인 및 장애인, 요보호아동 집단을 대상으로 하였다. 그리고 보건 및 복지서비스 프로그램은 모자보건 · 아동복지서비스, 직업재활 및 공중보건서비스로 구성되었다. 이 중 노령연금은 연방정부가 운영하고, 실업보험과 공공부조, 보건 및 복지서비스는 주정부가 운영하고 연방정부가 재정을 보조하기로 하였다. 사회보험 구성내용에 산재보험은 1930년에 이미 제정되어 있어서 포함할 필요가 없었으며, 의료보험은 보험회사와 의사들의 강력한 반발로 포함하지 못하였다.

---

16) 대표적인 대규모 공공사업은 테네시강 계곡 개발공사(TVA : Tennessee Valley Authority)와 후버댐 공사로, 대규모 토목공사를 일으켜 일자리 창출과 공공개발을 동시에 이루어 냈다.

17) 노령연금(Old Age Insurance)은 1939년에 유족연금(Survivors Insurance), 1956년에 장애연금(Disability Insurance), 1965년에 연금수급자(65세 이상 노인과 장애인)의 건강보험(Medicare)이 추가되어 현재의 연금제도인 노령 · 유족 · 장애 · 건강보험인 OASDHI(Old Age, Survivors, Disability, and Health Insurance)가 되었다(Rejda, 1994 : 104-105).

〈표 4-3〉 사회보장법의 내용

구 분	내 용	운 영
사회보험	노령연금보험	연방정부가 운영
	실업보험	주정부가 운영하고 연방정부가 재정보조
공공부조	65세 이상의 빈곤노인, 요보호맹인 및 장애인, 요보호아동 집단	
보건 및 복지서비스	모자보건 · 아동복지서비스, 직업재활 및 공중보건서비스	

1935년에 제정된 미국의 사회보장법은 독일이 처음 질병보험법(1883년)을 도입한 때보다 52년이 늦었고, 영국이 국민보험법(1911년)을 도입한 때보다 24년이나 늦었다. 비록 유럽국가들보다 시기적으로 늦었지만 미국의 사회보장법은 미국 최초의 연방정부 차원의 복지 프로그램으로, 미국 사회보장제도의 역사적 근간이 되었다.

※ 프랭클린 루스벨트(Franklin D. Roosevelt, 1882~1945)

40세에 소아마비 장애를 가지게 되었으나 불굴의 의지로 뉴욕 주지사를 거쳐 민주당 후보로 1933년 제32대 미국 대통령에 당선되었다. 취임 후 강력한 리더십을 발휘하여 대공황에서 탈출하는 전환점인 뉴딜정책을 실시하여 경제회복을 이루었다. 미국 대통령으로는 유일하게 4선 연임을 하였으며, 제2차 세계대전이 끝나기 직전인 1945년 4월 재임 중 뇌출혈로 돌연 사망했다(출처 : https://ko.wikipedia.org).

2) 영국의 베버리지 보고서와 입법

(1) 베버리지 보고서(1942년)

제2차 세계대전 중 영국에서는 전쟁 후 재건을 위해 상부상조의 정신이 필요하다는 의식이 확산되었고, 전쟁사상자와 빈민을 구제하기 위해서 종래의 구빈제도가 더 이상 작동할 수 없다는 것을 인식하게 되었다. 1941년 영국 노동조합

총연맹(TCU)이 국민보험을 전면적으로 재검토할 필요가 있다는 청원이 계기가 되어 국가재건 프로그램이 필요하다고 생각한 당시 윈스턴 처칠(Winston Churchill) 정부는 베버리지(William Henry Beveridge)를 위원장으로 하는 부처 간 위원회를 조직하여 복지개혁에 착수하였다. 그리고 1942년 9월에 획기적인 사회보장 개혁안이 담긴 베버리지 보고서(Beveridge Report)가 완성되었다. 베버리지 보고서의 정식명칭은 '사회보험과 관련 서비스(Social Insurance and Allied Services)'이다.

베버리지는 보고서에서 궁핍(want), 질병(disease), 무지(ignorance), 불결(squalor), 나태(idleness)를 영국이 극복해야 할 5대 사회악으로 구분하고, 국가가 사회보험제도를 정비하여 이에 대응하여야 하며, 불가능할 경우에는 국민부조(공공부조)를 설계해야 한다고 주장했다. 베버리지는 특히 궁핍에 초점을 맞추고 사회보험을 통한 국민최저(national minimum) 수준의 소득보장을 기하는 데 중점을 두었다. 그리고 사회보험이 성공하기 위한 세 가지 전제조건과 사회보험의 운영원칙 여섯 가지를 제시하였다.

베버리지 이념의 핵심은 보편주의(universalism)였다. 보편주의는 모든 국민을 대상으로 동일한 급여를 제공하며, 빈민에 대한 자산조사의 낙인을 없애자는 관념으로 전쟁기간 중 새로이 형성된 평등정신(the new wartime spirit of equality)을 담고 있었다(원석조, 2014 : 122). 그리고 또 하나의 핵심이념은 국민최저선 원칙(principle of national minimum)이었다. 즉, 국가는 국민최저 수준만을 보장하고 그 이상은 개인과 가족이 책임져야 한다는 것으로, 사회보장은 국가와 개인의 협력을 통해 달성되어야 한다는 것을 의미한다. 베버리지 보고서는 무엇보다 자산조사 없이 권리로서 받는 생존수준의 급여를 제안함으로써 전후 새로운 사회의 청사진으로 비춰졌다.

〈표 4-4〉 **베버리지 보고서 내용**

구 분	내 용	
사회보험 전제조건	① 가족수당(아동수당), ② 포괄적 보건서비스, ③ 완전고용	
사회보험 운영원칙 (여섯 가지)	① 정액의 생계급여 (flat rate of subsistence benefit)	• 급여는 실업이나 질병, 퇴직으로 인해 단절된 소득 정도에 상관없이 모두에게 최저생계를 유지할 수 있는 균일한 정액급여 지급(산업재해나 산업질병으로 인해 장해가 장기화될 경우는 예외로 함)
	② 정액기여 (flat rate of contribution)	• 보험가입자와 고용주는 부자이든 빈자이든 그들의 자산 정도에 상관없이 모두 정액으로 기여금을 납입함
	③ 행정책임의 단일화 (unification of administrative responsibility)	• 효율적이고 경제적인 운영을 위해 모든 기여금은 단일한 사회보험기금에 적립하고, 모든 급여는 이 기금에서 지급되도록 함
	④ 급여의 적절성 (adequacy of benefit)	• 자산조사 없이 수혜자의 기본적인 욕구를 충족할 수 있는 급여 지급(급여수준과 급여기간의 적절성)
	⑤ 적용범위의 포괄성 (comprehensiveness)	• 대상의 포괄(모든 국민) • 욕구의 포괄(모든 사회적 위험)
	⑥ 수혜대상의 분류 (classification)	• 피고용자
		• 고용주, 자영업자
		• 기혼여성
		• 취업연령자 중 미취업자
		• 미취업연령자(15세 미만)
		• 취업연령 초과자(남자 65세 이상, 여자 60세 이상)

출처 : Beveridge(1942), pp. 121-122, 지은정(2006), p. 178의 내용을 참고하여 재구성.

(2) 베버리지 입법

처음 베버리지 보고서가 나왔을 때 처칠은 보고서에서 제안했던 대안 내용들이 현실에 맞지 않는다고 회의적인 반응을 보였지만, 베버리지 보고서에 대한 영국 국민의 반응은 대단하였다. 베버리지 보고서를 전후 새로운 사회질서, 즉 새롭고 보다 평등한 청사진으로 간주하였으며, 대중 신문은 베버리지 계획을 '요람에서 무덤까지(from cradle to grave)'의 사회보장이라고 표현했다(원석조,

2014 : 120). 그러므로 가능한 한 빨리 정부가 보고서의 내용을 충실히 이행하기를 희망하였다. 이러한 열망은 1945년 6월 전후(戰後) 첫 번째 총선에서 베버리지 보고서를 열렬히 지지하던 노동당이 압도적으로 승리함에 따라 입법으로 이어지게 되었다. 영국의 노동당은 베버리지 보고서의 내용을 받아들여 사회보장제도를 적극적으로 구체화시켰다. 이를 위해 1944년에 사회보장청을 설치하고 소위 '베버리지 입법'이라는 4개의 법을 제정하였다.

① 1945년 가족수당법(Family Allowance Act)
② 1946년 국민보험법 및 국민보험산업재해법(National Insurance-Industrial Injuries Act)
③ 1946년 국민보건서비스법(NHS : National Health Service Act)
④ 1948년 국민부조법(National Assistance Act)

먼저 1945년에는 가족수당법(Family Allowance Act)이 제정되었으며, 1946년에는 보편적 국가연금제도(정액기여와 정액급여의 기초연금)를 규정한 국민보험법(National Insurance) 및 국민보험산업재해법(National Insurance-Industrial Injuries Act), 그리고 국민보건서비스법(NHS : National Health Service Act)이 제정되었다. 국민보건서비스법(NHS)은 모든 병원을 국영화하고 의료서비스를 무료로 제공하는 것을 규정함으로써 '의료의 사회화'를 이룩하였으며, 지출의 대부분을 정부의 일반재정에서 조달함으로써 복지국가의 재분배적 이념을 가장 잘 구현했던 제도이다. 의료보장의 새 지평을 연 NHS가 제정됨에 따라 1911년 로이드 조지가 도입한 건강보험은 공식적으로 폐지되었다.

그리고 1948년에는 사회보험법에 의해 보호받지 못하는 사람들을 위한 근대적 공공부조법인 국민부조법(National Assistance Act)이 제정됨으로써 1601년 엘리자베스 빈민법에서 시작되어 300년 이상 지속되어 온 영국의 빈민법은 완전히 폐지되어 역사의 뒤안길로 사라지게 되었다.[18]

베버리지 보고서는 최저생활수준 보장을 권리로 규정하고 생존권을 처음으로 사회보장제도에 받아들여 빈민법 사상을 근본적으로 전환시켰으며, 임금근로자

18) 빈민법은 1929년 지방자치법 제정으로 구빈위원회가 폐지되어 형식적으로는 이미 폐지되어 있었다.

에 한정된 적용자 범위를 전 국민에게까지 확대한 것도 획기적이었다. 이로써 제2차 세계대전 후 '요람에서 무덤까지'라는 영국의 사회보장제도 확립의 기초가 되었고, 세계 자본주의 국가들의 사회보장제도 확립에도 큰 영향을 주었다.

3) 사회보장의 확대

제2차 세계대전이 종결된 후 약 30년간(1945년부터 1970년대 초반까지)은 경제적 번영에 힘입어 역사적으로 사회보장제도가 가장 발전한 '복지국가의 황금기(golden age)'가 전개되었다. 소득보장제도 및 건강보장제도, 사회복지서비스 프로그램의 확대로 1975년 선진자본주의 국가들의 사회보장비 평균지출은 GDP 대비 19.4%로 1950년의 9.3%보다 무려 10.1%p나 증가하였다. 스웨덴은 9.7%에서 25.0%로, 독일은 14.8%에서 23.7%로, 영국은 9.6%에서 16.0%로 증가하였으며, 미국은 7.0%에서 13.1%로 증가하였다. 이 시기는 복지제도의 포괄성, 복지수혜자의 보편성, 복지혜택의 적절성으로 사회보장의 절정기라고 할 수 있다.

〈표 4-5〉 선진자본주의 국가들의 사회보장비 지출(1950~1975년)(GDP 대비 %)

국가명	1950년	1960년	1965년	1970년	1975년
스웨덴	9.7	10.9	13.8	18.6	25.0
네덜란드	8.0	11.0	15.5	18.9	25.5
독일	14.8	15.5	16.6	17.1	23.7
벨기에	11.6	15.3	16.1	18.1	23.6
프랑스	11.5	13.2	15.8	15.3	24.1
덴마크	7.9	11.7	12.2	16.4	22.5
이탈리아	8.4	11.6	13.8	15.0	21.2
노르웨이	6.2	9.4	11.0	15.5	18.5
영국	9.6	10.8	11.7	13.7	16.0
핀란드	7.4	8.8	10.5	12.5	15.7
스위스	9.7	10.9	8.5	10.1	15.1
미국	–	–	7.0	9.5	13.1
일본	–	–	5.1	5.3	7.6
평균	9.3	11.6	12.5	14.6	19.4

출처 : 김영순(2005), pp. 191-192 재인용; ILO(1988). TABLE, 2; Flora(1985).

영국에서는 '베버리지 입법'의 4대 법 제정 이후 1960년대 중반부터 가족수당의 확대, 저소득층에 대한 임금보충, 최저임금제 정책들이 법제화되기 시작하였다. 그리고 미국에서는 1962년 18세 미만의 요보호 아동이 있는 편모가정에 대한 경제적 부조를 위한 AFDC(Aid to Families with Dependent Children, 부양아동가족부조)[19)]가 제정되었고, 1965년에는 메디케어(Medicare)와 메디케이드(Medicaid)가 제정되었다.

※ 메디케어와 메디케이드	
메디케어	65세 이상의 노인들과 65세 미만이더라도 특정한 장애나 질병을 가지고 있는 사람들을 대상으로 하는 의료보험제도로, 사회보장세와 수혜자가 납부하는 보험료, 연방정부에서 지원하는 재정으로 운영되는 프로그램이다.
메디케이드	빈곤층과 장애인에 대한 의료부조제도로, 연방정부와 주정부가 공동으로 재정을 보조하고 운영은 주정부가 맡고 있다.

4. 사회보장의 재편기(1970년대 중반 이후)

1970년대 초반까지 세계적인 자본주의의 호황과 합의정치(국가-자본-노동) 구도하에서 안정적으로 확대, 발전되던 서구 복지국가들은 1970년대 중반에 이르러 위기를 맞이한다. 1973년 10월의 석유파동(oil shock)과 함께 경기침체, 성장둔화 및 실업의 증대는 극심한 재정적자를 가져오게 되고, 이로 인해 복지국가들은 사회보장급여를 축소하는 개혁을 단행하게 된다. 이러한 흐름은 이른바 신자유주의(neo-liberalism) 혹은 신보수주의(neo-conservatism)로의 재편의 변화를 의미한다. 이 시기 신자유주의 이념을 사회보장정책에 반영시킨 대표적인 주자는 바로 영국의 대처(Thatcher) 수상과 미국의 레이건(Reagan) 대통령이다. 이번 장에서는 영국과 미국에서의 사회보장 재편 내용에 대해 살펴보기로 한다.

---

19) AFDC는 1935년 사회보장법에서 제정된 부양아동부조인 ADC(Aid to Dependent Children)가 변경된 것이다.

1) 영 국

1942년 베버리지 보고서 이후 확대된 사회보장제도로 현대화된 복지국가의 길을 걷던 영국은 1973년 1차 석유파동(오일쇼크)으로 경기침체가 시작되면서 그동안 고도성장에 힘입어 급성장했던 사회보장체제는 결정적 위기를 맞게 된다. 필요 이상의 복지혜택으로 인한 재정의 비효율성과 노동의 비능률성 문제가 제기되면서 소위 '영국병'으로 불리는 고복지, 고비용, 저효율의 문제에 따른 경기침체를 경험하게 된 것이다. 과도한 복지지출로 인해 사회보장지출은 정부 예산의 40%가 넘었고, 높은 실업률과 높은 인플레이션을 함께 겪었다. 이는 실업률과 인플레이션 사이에 상충관계가 성립한다는 케인즈의 경제철학을 뒤엎는 현상으로 '스태그플레이션'이라는 신조어를 낳기도 하였다. 스태그플레이션(stagflation)은 경기침체 현상인 스태그네이션(stagnation)과 물가가 상승하는 인플레이션(inflation)이 같이 나타나는 현상을 말한다. 원래 불황기에는 물가가 하락하고(deflation), 호황기에는 물가가 상승하는 것이 일반적이었으나, 불황기에도 물가가 상승하는 인플레이션이 발생함으로써 스태그네이션과 인플레이션의 합성어로 스태그플레이션이라는 용어가 생겨났다.

일반적 경기순환 법칙	=	경기침체기(stagnation–deflation)	⇒	실업률은 증가, 물가는 하락
		경기호황기(boom–inflation)		실업률은 하락, 물가는 상승
1970년대 중반 장기불황 현상	=	스태그플레이션(stagflation) stagnation + inflation	⇒	실업률은 증가, 물가는 상승

이 당시 영국의 연평균 인플레이션은 14.8%로 다른 유럽국가들보다 월등히 높은 수치였는데, 1975년은 무려 24.2%까지 치솟았다(김영세, 2007 : 218). 또한 영국은 고물가와 함께 낮은 생산성과 높은 임금 상승률을 보였는데 이는 강력한 노동조합이 존재했기 때문이다. 결국 영국 정부는 극심한 재정 적자에 빠지게 되었고, 더구나 외환보유고의 감소 등으로 급기야 1976년 9월에는 국제통화기금(IMF)의 구제 금융을 받게 되었다.

이러한 상황에서 노동당 정부가 실각하고, 1979년 마거릿 대처(Margaret Thatcher)의 보수당 정부가 들어서면서 사회보장제도의 개혁을 단행하게 된다. 대처는 노동당 정부가 고수해 왔던 사회보장시스템이 만성적인 저성장과 노조권력화, 과잉복지 부담 등의 부작용을 낳았다고 생각하고 과감한 노동시장개혁, 반노조입법, 공기업 민영화, 공공지출 억제, 금융개혁, 외국인 투자유치 등을 내용으로 하는 강력한 경제개혁을 추진하였다. 대처의 이러한 경제정책을 대처리즘(Thatcherism)이라고 한다. 또한 1980년대에는 공적 연금급여 수준을 하향하고 대신 사적 개인연금제도를 실행하였으며, 각종 사회보장급여를 축소하는 정책을 시행하였다.

이후 보수당 정권이 교체되고 1997년 집권한 노동당의 토니 블레어(Tony Blair) 정부도 '제3의 길(The Third Way)'[20]이라는 기치 아래 대처의 사회보장제도 축소정책(시장주의)을 이어갔다. 토니 블레어는 공공지출 축소, 세금인하, 사회복지 개혁, 노동시장의 유연성 제고, 경제적 역동성 확보 등을 기반으로 국영기업의 민영화와 사회보장제도의 개혁을 추진하고, 각종 복지수당을 줄이는 대신 생산적 복지를 통한 일자리 제공을 강조하였다.

2) 미 국

뉴딜정책의 결과로 여러 가지 노동입법, 연방정부 주도의 사회보장제도 수립 등으로 미국도 초기의 잔여적 관점에서 제도적 관점으로의 공적 사회복지체계가 강화됨에 따라 지나친 과세와 정부지출의 문제가 발생하게 되었다. 이에 민주당 정부가 실각하고 1981년 로널드 레이건(Ronald Reagan) 공화당 정부가 수립되면서 사회보장에 대한 개혁을 단행하게 된다. 레이건은 미국의 경제문제가 지나친 과세와 정부지출에 있다고 진단하고 정부의 지출 축소, 노동과 자본에 대한 소득세 한계세율 인하, 규제철폐, 인플레이션을 줄이기 위한 화폐공급량 조절을 중점적으로 추진하였다. 그리고 공공부조 수혜자의 엄격한 제한, 공공

---

20) 영국의 사회학자 앤서니 기든스(Anthony Giddens, 1998)가 주창하고, 토니 블레어 영국 총리가 현실 정치에 적용한 정치이념으로, 사회민주주의와 신자유주의의 사이에서 새로운 복지 패러다임을 모색한 실용주의적 중도 좌파 노선을 말한다.

부조 프로그램 감축, 복지서비스의 민영화를 추진하였다. 이러한 레이건의 경제정책을 레이거노믹스(Reaganomics)라고 한다.

이후 1993년 집권한 민주당의 빌 클린턴(Bill Clinton) 정부에서도 1996년에 복지제도에 대한 의존을 줄이고 개인의 책임과 노동을 통한 자활을 주요 내용으로 하는 '개인책임 및 노동기회 조정법(Personal Responsibility and Work Opportunity Reconciliation Act, 1996)'이 제정되면서 여러 가지 복지개혁이 실시되었다. 대표적으로 1962년에 제정된 'AFDC(Aid to Families with Dependent Children, 부양아동가족부조)'가 'TANF(Temporary Assistance for Needy Families, 빈곤가구한시부조)'로 대체되어 그 규정이 더욱 엄격해졌다.

〈표 4-6〉 AFDC와 TANF 비교

구 분	내 용
AFDC (1962)	• 부양아동가족부조 • 편모가정으로 아동이 18세가 될 때까지 지원함 • 지급기간이 제한되어 있지 않고 소득기준만 충족하면 수급자로 지정됨
TANF (1996)	• 빈곤가구한시부조 • 부양아동이 있는 편부모가족에 대해 급여를 제공함 • 지급기간을 기존의 무기한에서 평생 60개월로 제한함 • 수급자로 지정된 후 24개월 내에 직업을 가져야 계속 지원함 • 미혼모의 노동활동 요구와 결혼을 장려함 • 십대 부모들(teens parents)은 부모와 함께 거주하거나 성인의 통제를 받아야 함

복지국가 위기 후 각국의 사회보장제도 재편의 특성은 급여의 축소와 급여자격의 강화로 요약된다. 구체적으로 살펴보면, 연금수급연령의 상향과 소득대체율 인하, 장애급여에 대한 장애심사 강화, 실업급여의 지급기간과 급여수준의 축소 등이다. 또한 대상자에 대한 선별주의를 강화하여 재정지출을 줄이고, 노동능력이 있는 수급자에 대해서는 노동연계복지(workfare)를 통해 장기간 복지혜택에 의존하는 복지종속(welfare dependency), 또는 복지함정(welfare trap)에 빠지는 것을 근절하고자 하였다.

Chapter 5

사회보장급여의 네 가지 요소

1. 급여대상

급여대상이란 사회보장급여를 받을 수 있는 수혜자(개인이나 집단)로, 사회보장급여를 받기 위해서는 일정한 자격요건(eligibility)을 갖추어야 한다. 급여대상자를 선정하기 위한 자격요건은 일정한 원칙과 구체적 기준이 있어야 하는데, 이러한 기준으로 보편주의와 선별주의로 구분되는 전통적인 할당(allocation) 원칙이 있고, 그 외에 좀 더 구체화된 기준으로 구분하는 세부원칙들이 있다.

1) 보편주의와 선별주의 : 전통적인 할당원칙

사회보장급여의 대상자 선정기준은 보편주의(universalism)와 선별주의(selectivism)라는 두 개의 원칙에서 출발한다. 보편주의는 전 국민을 대상으로 사회보장급여가 주어지는 것을 의미하며, 급여는 시민권에 입각한 하나의 권리(사회적 권리)로 제공된다. 제도로는 아동수당이나 노령수당 등의 각종 사회수당이나 국민연금 등의 사회보험제도가 있다. 선별주의는 자산조사를 통해 취약계층이나 요보호 대상자를 선별하여 사회보장급여를 제공하는 것으로, 급여는 개인적 욕구(need)와 상황에 따라 다르게 주어진다. 공공부조제도나 공공임대주택 등이 여기에 해당된다. 두 제도의 장점을 살펴보면 다음과 같다(채구묵, 2017 : 60-61).

먼저 보편주의의 장점은 첫째, 급여를 받는 사람들이 권리로서 급여를 받기 때문에 어떤 수치심도 갖지 않아 인간의 존엄성을 보존할 수 있으며, 사회적 통합을 높일 수 있다. 보편주의자들은 기여자(givers)와 수혜자(receivers)를 구별해서는 안 된다고 보고 있다. 양자를 구별하는 것은 사회적 통합과 인간 존엄성의 가치를 손상시키게 된다는 것이다. 즉, 경제적 기준에 따라 결정되는 사회보장 프로그램은 경제적 의미뿐만 아니라 도덕에 의해 사회구성원을 분할하고 차별하게 된다는 것이다.

둘째, 사회적으로 비용효과성(cost effectiveness)을 높일 수 있다. 특히 아동과 청소년에게 제공하는 보편적 복지(아동수당, 무상교육 등)와 무료의료서비스를 제공하는 것은 더 큰 사회적 이익을 가져다줄 수 있다. 즉, 예방을 위해 사용한 보편적 비용은 장기적으로 볼 때 미래에 발생할지 모르는 사회적 문제(청소년 비행, 심리 · 사회적 장애 등)에 따르는 많은 복지비용을 절감하는 효과가 있을 수 있다.

셋째, 보편주의는 선별주의 보다 운영비용이 적게 든다. 즉, 대상자 선별에 따른 자산조사와 확인, 적절한 급여 조정 등의 업무가 필요 없기 때문이다.

반면 선별주의의 장점은 첫째, 필요한 사람들에게만 사회적 자원을 집중함으로써 대상효율성(target efficiency)을 높일 수 있다. 선별주의자들은 사회가 좀 더 평등을 추구한다면 가난한 사람에게만 급여를 제공하는 것이 모든 사람에게 급여자격을 부여하는 것보다 훨씬 사회적 효과성(social effectiveness)이 있다고 보고 있다. 빈곤자를 표적으로 하여 사회적 욕구가 있는 사람에게만 급여를 집중시킨다면 사회적 형평성과 효율성이 제고되고, 사회적 평등의 원칙에도 부합된다는 것이다.

둘째, 선별주의는 재정이 적게 소요되어 재정확보가 용이하다. 선별주의는 소득조사나 자산조사를 거쳐 공적인 부조가 필요한 사람에게만 급여를 제공하기 때문에 대상자가 한정되어 보편주의보다 재정이 적게 소요된다.

한편 보편주의의 단점은 한정된 자원을 꼭 필요한 부분에 효과적으로 사용하는 데 한계가 있다는 것이다. 그리고 선별주의의 단점으로는 자산조사에 의해 사회보장급여를 수급하는 수급자는 수치심을 느낄 수 있어 수급자에게 심리 · 사회적 낙인을 줄 수 있다는 점이다.

〈표 5-1〉 보편주의와 선별주의 비교

구 분	보편주의	선별주의
대상	• 전 국민 또는 특정 연령집단	• 취약계층과 요보호자
급여	• 사회적 권리로 주어짐	• 자산조사를 통해 개인적 욕구와 상황에 따라 주어짐
장점	• 최저소득보장(빈곤예방) • 수혜자에게 낙인을 가하지 않음 • 행정 절차가 용이함	• 필요한 사람에게 서비스가 집중됨 • 자원낭비를 줄일 수 있음 • 적은 비용으로 효율성을 높일 수 있음
단점	• 한정된 자원을 꼭 필요한 부분에 효과적으로 사용하는 데 한계	• 수급자에게 심리 · 사회적 낙인을 줄 수 있음
제도	• 각종 사회수당, 사회보험	• 공공부조제도

보편주의와 선별주의라는 이분법은 대상자 선정문제를 단순화시켜 이해를 편하게 한다는 장점이 있으나 현실은 이런 이분법으로 대상자를 파악하기 힘든 경우도 있다. 즉, 사회수당과 사회보험은 모두 보편주의를 적용하지만 사회수당의 경우 거주요건 및 국적이나 인구학적 조건(아동, 노인, 장애인 등)만 갖추면 기여금을 지불하지 않아도 되지만, 반면 사회보험은 기여금을 지불한 사람만 급여를 수급할 수 있다. 따라서 급여대상자를 선정함에 있어 좀 더 세부적인 기준이 필요하다.

2) 할당의 세부원칙

보편주의와 선별주의의 단순한 기준의 문제점을 고려하여 길버트와 테렐(Gilbert & Terrell, 2005)은 사회보장급여 대상자 선정기준을 좀 더 구체화하여 할당의 원칙을 ① 귀속적 욕구(attributed needs), ② 보상(compensation), ③ 진단적 차등(diagnostic differentiations), ④ 자산조사 욕구(means-tested needs)의 네 가지로 나누었다.

(1) 귀속적 욕구

귀속적 욕구에 의한 할당은 시장에 존재하는 기존의 제도에 의해서는 충족되지 않는 욕구를 공통적으로 가진 특정한 집단에 속할 것을 조건으로 한다. 특정한 집단이란 모든 국민이 될 수도 있고, 노인, 아동과 같이 특정한 집단구성원이 될 수도 있다. 예를 들어, 모든 국민에게 적용되는 의료서비스, 모든 노인에게 지급되는 노령수당, 모든 아동에게 지급되는 아동수당 등이 여기에 해당된다. 이 경우 욕구에 대한 전문가의 규범적 판단기준에 따라 특정한 집단이 대상자로 선정된다.

(2) 보상

보상에 의한 할당은 사회적 · 경제적으로 공헌을 한 사람들의 집단이나, 사회로부터 부당한 피해를 입은 사람들의 집단에 속할 것을 조건으로 한다. 전자는 사회보험에 보험료를 납부한 사람들과 국가에 기여를 한 국가유공자 등, 후자는 사회적 편견이나 낙인 등으로 부당한 피해를 입은 희생자 등이 해당된다. 보상의 원칙에서 중시하는 조건은 형평성에 맞춰 전문가가 규범적으로 판단한 특정한 집단을 대상자로 선정하는 것이다.

(3) 진단적 차등

진단적 차등에 근거한 할당은 신체적 혹은 정신적 손상을 입은 사람과 같이 특정한 재화와 서비스가 필요한 개인을 대상으로 하는데, 이 경우 판단은 전문가의 진단(등급분류)에 의거한다. 즉, 급여자격 여부가 전문가의 판단에 의해 결정된다.

(4) 자산조사 욕구

자산조사 욕구에 기초한 할당은 한 개인이 필요한 재화나 서비스를 구입할 능력이 없음을 나타내는 증거에 기초하여 수급자격을 판정하는 것을 말한다. 사회적 급여를 받을 수 있는지의 여부는 주로 경제적 조건에 의해 결정되며, 국민기초생활보장법에서의 수급자나 의료급여 대상자들이 해당된다.

〈표 5-2〉 **할당의 세부 원칙에 따른 대상자 선정 기준**

구 분	대상자	욕구판단 기준	사 례
귀속적 욕구	특정한 집단, 계층, 지역구성원	전문가 기준의 규범적 판단	노령수당, 아동수당
보상	사회보험 가입자, 국가유공자 등	형평성에 입각한 규범적 판단	사회보험, 각종 보훈제도
진단적 차등	장애인 등	전문적 등급 분류	노인장기요양보험, 장애인연금
자산조사 욕구	빈곤층	경제적 기준	국민기초생활보장급여

이러한 대상자 선정의 네 가지 원칙을 잔여적 복지(residual welfare)와 제도적 복지(institutional welfare)의 개념에 대입하면 다음 표와 같다.

〈표 5-3〉 **할당의 원리와 잔여적 · 제도적 개념**

귀속적 욕구	보상	진단적 차등	자산조사 욕구
제도적 개념	⟷		잔여적 개념

출처 : Gilbert & Terrell(2005).

귀속적 욕구의 원리에 따라 설계된 정책은 정상적인 것으로서의 욕구를 충족시키기 위한 안정적이고 지속적인 제도적 구조를 추구한다는 점에서 제도적 개념을 반영한 것이라 할 수 있다. 연속선상에서 귀속적 욕구와 반대되는 자산조사 욕구는 욕구가 개인적 결함으로부터 기인한 특수한 상황으로 간주되어 일시적인 지원을 제공함을 목적으로 한다는 점에서 잔여적 개념을 반영한 것이라 할 수 있다.

〈표 5-4〉 잔여적 복지와 제도적 복지

구 분	잔여적 복지(residual welfare)	제도적 복지(institutional welfare)
개념	가족과 시장경제가 정상적인 기능을 상실하여 개인의 욕구충족과 복지의 일차적 책임을 원활하게 수행하지 못할 때 국가(사회복지)가 개입하여 부족한 잔여부분을 보충해 주는 것	현대사회는 가족이나 시장경제를 통해 개인의 욕구를 충족시킬 수 없기 때문에 복지제공은 국가가 적극적으로 개입하여 일차적으로 기능해야 한다는 것을 전제로 사회복지가 제도적으로 체계화되어 있는 것
욕구의 인식	욕구는 비정상적인 것으로 봄	욕구는 예측되며, 산업화에서 나타남
문제의 인식	문제의 상황은 긴급하고 위기임	문제는 현대 생활의 복잡성에서 나옴
개입의 인식	도움은 자원이 고갈된 후에만 받음	도움은 파괴되기 전에 제공됨
빈곤의 책임	개인의 책임	사회의 책임
낙인 여부	문제와 서비스는 낙인을 수반	낙인 없음
지원형태	서비스는 일시적 개선을 위한 구호품 또는 자선이며, 가능한 한 일찍 종결	서비스는 예방과 재활을 강조하는 제도화로 영구적일 수 있음
기본적 가치	선별주의, 특수성, 치료에 초점	보편주의, 포괄주의, 예방에 초점

출처 : Wilensky & Lebeaux(1965), p. 3의 내용을 참고하여 정리.

2. 급여형태

사회보장의 급여형태는 크게 현금, 물질적 재화, 서비스, 증서, 기회, 권력 등의 여섯 가지로 나눌 수 있다. 이 중 물질적 재화와 서비스를 합하여 현물급여라고 하며, 현금과 현물은 기본적 급여형태로 가장 많이 이용되고 있다. 기본적 급여형태인 현금과 현물급여를 비롯하여 대안적 급여형태인 증서, 기회, 권력에 대해 살펴보면 다음과 같다(송근원 · 김태성, 2007 : 373-384).

1) 현금급여

현금급여(benefits in cash)는 급여가 금전으로 제공되는 것으로, 사회복지급여 중 가장 비중이 크다. 국민연금급여와 공공부조급여 등은 모두 현금으로 제공된다. 현금급여의 장점은 첫째, 현금의 보편적 교환가치로 인해 수급자에게 선택의 자유와 자기결정권(소비자 선택권)을 부여한다. 현금급여는 수급자 선택의 폭을 넓혀 다양한 소비취향을 가능하게 해줄 뿐 아니라 민주사회의 중요한 가치인 자유와 자기결정을 보호해 준다. 둘째, 현금급여는 현물급여에 비해 수급자의 효용(만족)을 높일 수 있다. 급여를 현금으로 지급하고 그 소비를 개인의 자유에 맡기면 상품의 선택권이 다양하여 자신에게 가장 큰 만족을 주는 곳에 그 돈을 소비할 것이고 따라서 개인의 행복도 극대화되기 때문이다. 셋째, 인간의 존엄성을 유지시키는 데 현물급여보다 우월하다. 현금급여는 적어도 소비단계에서 수급자와 비수급자의 구분이 불가능하기 때문에 수치심을 느끼게 하지 않는다. 넷째, 현금급여는 물류비용이나 감독 등 관리운영에 대한 비용이 들지 않기 때문에 운영효율성이 높다.

현금급여의 단점은 수급자가 급여를 용도 외로 사용할 가능성이 있다는 점이다. 즉, 아동수당을 현금으로 지급했을 경우 부모가 아동양육 이외의 비용으로 사용할 수도 있고, 기초생활 수급자가 현금급여를 생활비로 사용하지 않고 음주나 도박으로 사용하더라도 그 소비처를 통제할 수 없다는 것이다.

2) 현물급여

현물급여(benefits in-kind)는 급여가 현금 이외의 형태로 제공되는 것으로, 물질적인 것(주택, 식품, 생필품 등)과 서비스(의료, 교육 등)가 있다. 현물급여의 장점은 첫째, 정책의 목표(대상)효율성(target efficiency)을 높일 수 있다. 현물급여는 소비단계에서 용도 외 사용을 원천적으로 방지하고 정책의 목적을 위해서만 활용할 수 있도록 하기 때문에 목표를 달성하는 데 더 효율적이다. 둘째, 현금급여에 비해 정치적인 측면에서 선호된다. 현물급여는 납세자들이 자신이 낸 세금의 용도와 효과를 비교적 명확하게 알 수 있기 때문에 납세자가 선호하게 되므로 현금급여보다 정치적으로 채택될 가능성이 높다. 셋째, 규모의 경제라는 면에서 현물급여는 대량생산을 통해 저렴한 가격으로 생산하고 효과적으로 분배할 수 있기 때문에 현금급여에 비해 더 효과적이다. 그러나 속성상 규모의 경제효과가 나타나기 어려운 것들은 경쟁체제인 시장에서 현금으로 구입하게 되면 현물급여보다 낮은 가격에서 구입할 수 있다.

현물급여의 단점은 획일적인 급여로 소비자 선택의 자유가 제한되고, 또한 그것을 소비하는 과정에서 수급자에게 수치심을 줄 수 있다는 점이다.

3) 증서(바우처)

증서는 영어의 바우처(voucher)를 의미하며 일정한 용도 내에서 수급자로 하여금 원하는 재화나 서비스를 자유롭게 이용할 수 있도록 하는 이용권이다. 증서의 운영방식은 정부가 수요자에게 서비스 이용의 증표 또는 쿠폰을 지급하고(일부 본인부담), 수요자는 그 서비스를 공급하는 곳을 선택하여 서비스를 이용한 후 증표 또는 쿠폰을 지급하게 되며, 서비스 공급자는 그 증표 또는 쿠폰을 정부에 제시하면 그 서비스 단가만큼 금액을 지급받게 된다.

현금급여와 현물급여는 각각 장단점이 있기 때문에 이러한 두 가지 급여형태의 장단점을 보완하기 위한 급여형태로 증서가 개발되었다. 즉, 현금급여의 장점인 소비자 선택의 자유를 비록 제한적이지만 살릴 수 있고, 동시에 해당 범위 안에서만 사용이 제한되어 있어 사회통제도 기할 수 있다. 또한 현물급여의 장점인 정책의 목표효율성도 높이면서 현물급여보다 수급자의 효용을 증가시킬 수 있으며, 운영비용도 적게 든다. 그리고 증서는 재화나 서비스 공급자들 사이의 경쟁을 유발해 재화나 서비스의 질을 높일 수 있다.

우리나라의 경우 사회서비스 영역에서 소비자 선택을 바탕으로 시장을 형성하기 위해 2007년부터 전자바우처 시스템을 도입하였다. 장애인활동보조와 지역사회서비스투자사업으로 시작해서 산모신생아건강관리, 가사간병방문지원사업, 임신출산진료비지원사업, 노인돌봄(단기가사)사업 등으로 확대하고 있으며

2015년에는 국가바우처 운영체계를 도입하고 국민행복카드를 출시하여 수요자에게 지급하고 있다.

4) 기 회

기회(opportunities)는 의도한 목표를 성취하는 데 도움이 되거나 유리한 조건 등을 부여하는 것을 의미한다. 사회의 불이익 집단들, 즉 소수인종, 여성, 노인, 장애인 등에게 진학, 취업, 승급 등에서 유리한 기회를 주어 시장의 경쟁에서 평등한 기회를 주는 것이다. 이것은 불리한 집단들에 대한 과거의 부정적 차별을 보상하는 차원의 적극적 차별이다. 예를 들면, 여성이나 장애인에게 일자리의 일정 비율을 할당하는 것, 공무원 채용시험에서 제대군인에게 일정한 가산점을 주는 것, 대학입시에서 농어촌 학생이나 장애인에게 특례입학을 허용하는 것, 지방의회의원 비례대표제의 경우 여성의원을 50%로 배정하는 것 등이 이에 속한다.

5) 권 력

권력(power)은 수급자로 하여금 사회보장정책 결정에 대한 권한을 주어 정책의 내용이 그들에게 유리하게 결정되도록 하는 것이다. 수급자가 정책결정에 참여하여 정책의 내용에 영향을 주게 되면 수급자는 실질적으로 많은 이익을 얻을 수 있을 것이다. 권력은 현금이나 증서와 같이 사용될 수는 없어도 물질적 재화, 서비스, 기회보다는 사회경제적 선택의 여지를 더 많이 제공할 수 있다. 예를 들어, 빈민퇴치운동에 빈민이 참여하고, 노사정위원회에 근로자 대표가 참여하는 것 등이 이에 해당된다.

〈표 5-5〉 **급여의 형태와 장단점**

형 태	내용 및 장단점		
현금	• 급여가 금전으로 제공됨 • 급여 중 가장 비중이 높음 • 국민연금급여, 공공부조급여 등	장점	• 선택의 자유와 자기결정권 보호 • 수급자의 효용 극대화 • 인간의 존엄성 유지 • 운영효율성 높음(관리비용 없음)
		단점	• 용도 외 사용 가능성(통제 불가능)
현물	• 급여가 현금 이외의 형태로 제공됨 • 주택, 식품, 의료서비스 등	장점	• 정책의 목표효율성 높음 • 납세자의 정치적 지지가 높음 • 규모의 경제효과 발생(대량생산) • 용도 외 사용 방지 가능
		단점	• 선택의 자유 제한 • 많은 운영비용 소요 • 수급자에 대한 낙인 현상
증서 (바우처)	• 서비스이용권(제한된 범위 내) • 노인종합돌봄서비스 • 장애인활동지원 • 산모 · 신생아 건강관리 지원사업	장점	• 현금과 현물의 장점을 취함 (소비자선택권+목표효율성) • 용도 외 사용 방지 가능
기회	• 불이익 집단들에게 유리한 기회를 주어 시장의 경쟁에서 평등한 기회를 부여함 • 여성 및 장애인에 대한 일자리 비율 할당, 농어촌 학생 입학 특례 등		
권력	• 사회보장정책 결정에 대한 권한을 주어 정책의 내용이 그들에게 유리하게 결정되도록 하는 것 • 수급자(수급권자)의 정책결정 참여 등		

3. 재원조달

사회보장은 국가의 재정상태와 절대적인 관계에 있다. 사회보장제도를 실행하는 데 가장 중요한 것은 제도 수행에 필요한 자원을 어디에서 얼마나 확보하고 어떻게 사용할 것인가를 결정하는 것이다. 아무리 좋은 사회보장제도가 만들어져도 필요한 재원조달이 이루어지지 못할 경우 그 제도는 계획으로만 그칠 가능성이 많다. 따라서 재정은 사회보장제도를 운영하는 데 있어 매우 중요한 요소이다.

재원의 종류는 크게 공공부문의 재원과 민간부문의 재원으로 나눌 수 있다. 공공부문의 재원은 일반조세, 조세지출(조세비용, 조세감면), 사회보장성 조세 등이 있으며, 민간부문 재원은 이용자 부담금, 기업복지, 자발적 기부, 가족 간 이전(비공식 부문) 등이 있다.

〈표 5-6〉 재원의 종류

<table>
<tr><td rowspan="8">공공부문
재원</td><td rowspan="6">일반조세</td><td rowspan="2">소득세</td><td>개인소득세</td></tr>
<tr><td>법인소득세</td></tr>
<tr><td rowspan="2">소비세</td><td>일반소비세(부가가치세)</td></tr>
<tr><td>개별소비세</td></tr>
<tr><td>부(富)세</td><td>재산세, 증여세 등</td></tr>
<tr><td colspan="3">조세지출(조세비용, 조세감면)</td></tr>
<tr><td colspan="3">사회보장성 조세(사회보험료)</td></tr>
<tr><td rowspan="4">민간부문
재원</td><td colspan="3">이용자 부담</td></tr>
<tr><td colspan="3">기업복지</td></tr>
<tr><td colspan="3">자발적 기부</td></tr>
<tr><td colspan="3">가족 간 이전</td></tr>
</table>

> ※ 사회보장비용의 부담원칙(사회보장기본법 제28조)
>
> ① 사회보장비용의 부담은 각각의 사회보장제도의 목적에 따라 국가, 지방자치단체 및 민간 부문 간에 합리적으로 조정되어야 한다.
>
> ② 사회보험에 드는 비용은 사용자, 피용자(被傭者) 및 자영업자가 부담하는 것을 원칙으로 하되, 관계 법령에서 정하는 바에 따라 국가가 그 비용의 일부를 부담할 수 있다.
>
> ③ 공공부조 및 관계 법령에서 정하는 일정 소득 수준 이하의 국민에 대한 사회서비스에 드는 비용의 전부 또는 일부는 국가와 지방자치단체가 부담한다.
>
> ④ 부담능력이 있는 국민에 대한 사회서비스에 드는 비용은 그 수익자가 부담함을 원칙으로 하되, 관계 법령에서 정하는 바에 따라 국가와 지방자치단체가 그 비용의 일부를 부담할 수 있다.

1) 공공부문 재원

(1) 일반조세

일반조세(general revenue)는 과세권자인 국가나 지방자치단체가 재정수입을 조달하기 위해 법률에 규정한 것으로, 직접적인 반대급부 없이 과세요건을 충족한 모든 국민에게 부과 · 징수하여 거둬들이는 조세를 말한다. 일반조세는 사회보장성 조세와 함께 공공부문에서 조달되는 사회보장제도의 재원 중 가장 큰 부분을 차지하고 있다. 일반조세에는 소득세, 소비세, 부세가 있다.

① 소득세

소득세(income tax)는 개인이 얻은 소득에 대하여 부과하는 조세로, 일반예산을 구성하는 조세들 가운데 누진성을 높이는 데 가장 크게 기여하는 조세이다. 소득세는 개인소득세와 법인소득세로 나누어진다. 소득세 중 특히 개인소득세의 소득재분배 효과가 높은 이유는 첫째, 기본적으로 부담능력의 원칙에 따라 부과되므로 저소득층보다 고소득층의 소득세율이 높기 때문이고, 둘째, 개인소득세는 다른 조세에 비해 각종의 조세감면으로 저소득층의 조세부담을 면제, 감면해 주기 때문이며, 셋째, 개인소득세가 일반예산을 구성하는 조세 가운데 가장 규모가 크고 누진적이기 때문이다.

② 소비세

소비세(consumption tax)는 상품을 소비할 때 부과하는 조세로, 소비주체들의 부담능력을 고려하지 않고 상품에 대해 똑같이 부과하기 때문에 소득세에 비해 고소득층의 조세부담률이 저소득층보다 상대적으로 적을 수 있다. 소비세는 일반소비세인 부가가치세와 개별소비세가 있다. 부가가치세는 생산에서 소비에 이르는 각 단계의 부가가치에 대해 부과하는 세금으로 현재 우리나라는 10%의 단일세율을 적용(역진성 문제)하고 있다. 그리고 개별소비세는 고소득자가 주로 소비하는 소비품(사치품, 고가품 등)에 부과하는 세금으로 이는 단일세율로 부과되는 부가가치세의 역진성을 보완할 수 있다.

③ 부세

부세(富稅)란 개인이 소유하는 부에 대해 부과하는 조세로 누진세로 부과한다. 재산세, 상속세, 증여세 등 여러 형태가 있는데 가장 중요한 조세는 재산세이다.

(2) 조세지출

조세지출(tax expenditure)은 특정 분야에 혜택을 주기 위해 정부가 거두어야 할 세금을 받지 않거나 납부한 세금을 되돌려 주는 것을 의미하는 것으로 조세비용이라고도 한다. 즉, 국가가 세금을 거둬들여 지출하는 대신에 비과세, 감면, 공제 등을 통해 사회보장의 목표를 달성하는 방법이다. 실질적인 조세수입 감소를 통해 특정목표를 달성하기 때문에 조세지출은 공공부문의 재원이 된다. 아동이나 부양가족 수에 따른 소득공제, 교육비 세액공제, 근로소득에 대한 면세점 상향 등이 여기에 속한다. 조세지출의 가장 큰 장점은 조세를 부과하고 이것을 다시 대상자를 선별해 급여하는 데 드는 비용을 줄임으로써 국가운영의 효율성을 높일 수 있다. 그러나 조세감면의 경우 일반적으로 납세액이 많은 고소득층에게 많은 이득을 주기 때문에 소득분배에 역진적인 특성을 가진다.

(3) 사회보장성 조세

사회보장성 조세(social security tax)는 사회보장과 같은 특별한 목적을 위해 부과되는 조세로 사회보험료(social insurance fee)의 명칭으로 부과되며, 사회보장의 재정에서 중요한 역할을 한다. 보험료는 사업주와 가입자가 공동으로 부담하는 것이 원론적인 형태이며 정부가 일부를 부담하기도 한다. 가입자가 내는 보험료를 기여금(contribution)이라고 하고, 국가와 사업주가 부담하는 것을 부담금이라고 한다. 현재 우리나라에는 국민연금, 국민건강보험, 고용보험, 산업재해보상보험, 노인장기요양보험의 5대 사회보험과 공무원연금, 군인연금, 사립학교교직원연금, 별정우체국연금의 4대 직역연금에 사회보험료가 부과되고 있다. 사회보험료는 사회보장 및 소득보장에 사용하기 때문에 일반조세에 비해 조세저항이 약하고, 급여에 대한 권리성은 크다.

2) 민간부문 재원

(1) 이용자 부담

이용자 부담(user fee)은 사회보장제도의 이용료 중 본인이 일정한 액수(비율)를 부담하는 것이다. 이용자 부담의 장점은 다음과 같다. 첫째, 불필요한 사회복지서비스의 남용을 막을 수 있다. 둘째, 이용자에게 부담금을 징수함으로써 부족한 사회보장 재원을 보충하여 정부부담의 한계를 극복할 수 있다. 셋째, 서비스를 유료로 제공하면 사회보장서비스의 질적 향상을 도모할 수 있다. 넷째, 무료로 서비스가 주어질 경우에 발생하는 자존심의 손상을 줄이고 자기 존중감(self-respect)을 높일 수 있다. 이러한 이유로 복지선진국에서도 일부 사회복지 재화나 서비스를 이용자 본인부담으로 제공하고 있다. 그러나 저소득층의 부담이 고소득층에 비해 상대적으로 커 소득재분배를 악화시킬 수 있다는 점과, 부담액수가 크지 않더라도 저소득층에게 부담이 되어 필요한 서비스의 이용이 제한될 수 있다는 점이 단점으로 지적되고 있다.

이용자 부담의 예로는 사회복지관 프로그램 이용 시 부담하는 실비이용료,

건강보험이나 노인장기요양보험, 그리고 바우처사업 등을 이용할 경우 이용자의 일부 본인부담금 등이다.

(2) 자발적 기여

자발적 기여(voluntary contribution)는 민간(개인, 재단, 기업 등)의 자발적인 기부금으로서 기부자가 직접 자선단체에 기부하거나 공동모금단체를 통해 기부하는 것을 말한다. 자발적 기여의 주된 동기는 자선이나 박애지만 기부금에 대한 정부의 세금 면제정책이 큰 뒷받침이 되고 있다. 기부금은 경제상황에 따라 영향을 받기 때문에 다른 재원에 비해 안정성이 부족하다는 단점이 있다.

(3) 기업복지

기업복지(occupational welfare)는 직원의 후생복지를 위한 사용자의 지출로 기업연금, 법정퇴직금, 출산휴가, 장학금, 사내 탁아제도 등이 있다. 기업복지가 민간재원에서 중요한 위치를 차지하는 이유는 피고용자에게 임금을 지급하는 대신에 기업복지 급여를 지급하는 것이 세제상 유리하고, 기업복지의 제공을 통하여 우수한 인력을 유치할 수 있으며, 피고용자의 기업에 대한 소속감과 관심을 높일 수 있기 때문이다.

(4) 가족 간의 이전

가족 간 이전(inter-family transfer)은 국가의 개입이 미치지 못하는 영역에 가족이나 친지, 이웃 등이 비공식적으로 지원하는 재원으로, 크게 소득이전과 비경제적인 측면에서의 서비스 이전으로 나눌 수 있다. 소득이전은 가족 간의 현금이전이나 의료비 대납, 위급한 상황에서 도움을 주는 경우 등이고, 서비스 이전은 자식들의 노인 부양, 위급한 상황에서의 지지서비스를 제공하는 경우 등이 있다. 이러한 비공식적 가족 간의 이전은 국가복지가 발전되기 이전에는 가장 중요한 역할을 하였으나 국가 복지가 발전하면서 점차 그 역할이 줄어드는 추세이다.

4. 전달체계

전달체계는 사회보장의 급여 혹은 서비스를 전달하는 방식으로, 국가마다 차이는 있지만 대부분 국가와 지방자치단체가 시행하는 것이 일반화되어 있다. 사회보장기본법 제29조에는 "① 국가와 지방자치단체는 모든 국민이 쉽게 이용할 수 있고 사회보장급여가 적시에 제공되도록 지역적 · 기능적으로 균형 잡힌 사회보장 전달체계를 구축하여야 한다. ② 국가와 지방자치단체는 사회보장 전달체계의 효율적 운영에 필요한 조직, 인력, 예산 등을 갖추어야 한다. ③ 국가와 지방자치단체는 공공부문과 민간부문의 사회보장 전달체계가 효율적으로 연계되도록 노력하여야 한다"고 규정되어 있어 국가와 지방자치단체의 사회보장 전달체계에 대한 역할을 규정하고 있다. 또한 동법 제25조 제5항에는 "사회보험은 국가의 책임으로 시행하고, 공공부조와 사회서비스는 국가와 지방자치단체의 책임으로 시행하는 것을 원칙으로 한다"고 규정함으로써 사회보장의 운영 원칙을 밝히고 있다. 따라서 사회보험은 국가가 전달체계의 주체가 되고, 공공부조와 사회서비스는 국가와 지방자치단체가 함께 전달주체가 된다.

구체적으로 살펴보면, 국민연금과 국민건강보험(노인장기요양보험 포함)은 보건복지부가 소관부서가 되고 그 산하에 있는 국민연금공단과 국민건강보험공단이 각각 전달체계가 되며, 고용보험과 산재보험은 고용노동부가 소관부서가 되고 그 산하에 있는 지방고용노동청과 근로복지공단이 각각 전달체계가 된다. 그리고 공공부조와 사회서비스는 보건복지부가 소관부서가 되고 그 산하에 지부조직이 없어 행정안전부의 지침을 받는 시 · 도, 시 · 군 · 구, 읍 · 면 · 동 등 지방자치단체가 전달체계를 담당하고 있다. 즉, 보건복지부가 지방자치단체에 지침을 시달하고 예산을 지원하는 체계로 운영되고 있다.

Chapter 6

국제사회보장

1. 사회보장 관련 국제기구

제2차 세계대전 이후 사회보장은 국제적으로 널리 확산되었다. 이 과정에서 국제기구는 사회보장에 관한 조약이나 협약 혹은 권고 등의 형태를 발표함으로써 각 국가들이 사회보장제도를 도입할 수 있는 기반 마련의 근거를 제공하고 있다. 사회보장 관련 국제기구는 국제연합(UN), 국제노동기구(ILO), 세계노동조합연맹(WFTU), 국제사회보장협회(ISSA), 유럽협의회(CE), 유럽연합(EU), 경제협력개발기구(OECD) 등이 있다. 이러한 국제기구들은 사회보장에 관해 국제적으로 연대하여 대처하기도 하고, 국제적 사회보장 기준을 제시함으로써 개별국가의 사회보장법 제정과 개정에 영향을 미치고 있다. 사회보장 관련 국제기구들과 그 역할 등을 정리해 보면 다음과 같다.

1) 국제연합(UN)

국제연합(The United Nations)[1]은 제2차 세계대전이 끝난 후 1945년 10월 24일에 출범된 세계평화와 각국의 경제적 및 사회적 자립을 돕는 국제기구다. 미국 뉴욕에 본부를 두고 있으며 창립 당시에는 회원국이 51개국이었고 오늘날에는 전 세계 대부분의 나라인 193개국이 가입해 있다. 국제연합은 총회에서 주요 선언이나 권고협약 등을 채택함으로써 사회보장 분야뿐 아니라 여러 분야에 국제적인 기준을 설정하고 있다. 특히 UN 산하의 유엔아동기금(UNICEF, 1946)은 아동인권위원회와 협력하에 개발도상국의 아동구호사업을 하고 있다.

2) 국제노동기구(ILO)

국제노동기구(ILO : International Labour Organization)는 노동자의 노동조건 개선 및 지위 향상을 위해 설치된 국제연합의 전문기구이다. 1919년 10월에 베르사유조약(Treaty of Versailles)에 의해 국제연맹의 독립기구로 설립되었으며, 그 후 1946년 ILO와 UN 간에 관계협정이 승인되어 ILO는 최초의 UN 전문기구가 되었다. 우리나라는 1991년 12월 UN 회원국이 되면서 동시에 ILO에도 152번째로 가입하였다(노동부, 2002). ILO는 제2차 세계대전 후에는 UN의 경제사회이사회와 협력하여 노동조건뿐 아니라 사회보장과 관련해서도 활발한 운동을 전개함으로써 사회보장의 발전과 국제화에 중요한 공헌을 한 단체이다.

ILO는 국제노동총회, 이사회, 국제노동사무국으로 성립되며, 그 목적은 각국의 노동조건, 생활상태의 자료를 수집하여 노동조건의 국제적 기준을 설정하고 정부 대표, 노동자 대표, 사용자 대표로 구성된 국제노동총회에서 자유로운 토의에 의하여 조약(treaties)과 권고(recommendations)를 채택한다. 조약은 그것을 비준한 국가에 대해서는 법적인 구속력이 있으나, 권고의 경우 단지 행동지침으로 법적인 구속력이 없으며 국제적 의무도 부과하지 않는다(강희갑 외, 2013 : 55). ILO가 사회보장에 관하여 채택한 주요 선언과 조약으로는 1944년의 '필라델피아 선언'과 1952년 '사회보장의 최저기준에 관한 조약', 1962년의 '사회보장 내

---

1) 국제연합(UN)은 과거 제1차 세계대전의 전승국들이 전쟁을 막기 위해 설립했던 국제연맹의 역할을 대신하여 제2차 세계대전 종전 이후 연합국들을 중심으로 보다 적극적으로 평화를 보장하고 안정적인 국제질서를 유지하기 위해 1945년 10월 24일 설립되었다. 우리나라는 1991년 9월 18일 161번째로 회원국이 되었으며 북한(160번째)과 동시 가입하였다.

외국인 균등대우 조약', 1964년의 '업무재해 조약', 1967년의 '질병, 노령, 유족급여 조약' 등이 있다.

3) 세계노동조합연맹(WFTU)

세계노동조합연맹(WFTU : The World Federation of Trade Unions)은 1945년에 설립된 노동조합의 연합체인 비정부 민간기구이다. 1945년 2월 제2차 세계대전 종료 직전에 세계 42개국의 노동조합 대표 204명이 런던에 모여 '세계노동조합회의'를 개최하여 투쟁강령을 채택하였다. 동년 10월 3일에는 파리에서 56개국의 노동조합의 대표 346명이 참석하여 제2차 노동조합회의가 개최되었는데 이때 '세계노동조합연맹'이 결성되었다. ILO가 UN 관련 국가 간 기구인 데 반해 세계노동조합연맹은 노동조합의 연합체이기 때문에 사회보장에 대한 태도는 훨씬 진보적이고 노동자의 편에 유리한 내용을 채택할 것을 주장하고 있다. 1961년에는 '사회보장헌장'을 채택하여 노동자의 기본적 권리를 선언하였다.

※ 1945년 세계노동조합회의 투쟁강령

세계의 어느 노동자도 실업이나 빈곤의 공포 없이 인간으로서의 품위를 가지는 조건으로 평화롭고 안전하게 생활할 것을 희망하고, 또 이러한 생활을 할 권리가 보장되어야 한다. 이를 위해 "노동자가 자기 자신의 노동으로 정상적인 생활을 확보할 수 없는 정도의 사고를 극복하기 위하여 사회보장제도가 각국에서 수립되어야 하며, 필요한 사람에게 무료의 포괄적 의료와 정형시설을 갖추고, 무료의 요양소와 휴양소를 설치하고, 소년의 복지제고, 가족수당의 지급, 유치원과 탁아소 등의 설치를 규정하였다. 그리고 사회보험 기타의 비용은 주로 국가와 사용자의 갹출금에 의한 자금에서 공급되어야 하고 관리에는 노동조합이 참가하여야 한다(강희갑 외, 2013 : 62).

4) 국제사회보장협회(ISSA)

국제사회보장협회(ISSA : International Social Security Association)는 사회보장제도의 각 분야를 망라하는 주요 이슈를 선도하는 유일한 국제기구로서, 1927년 10월에 질병보험을 확대 · 강화하기 위해 창설된 각국의 사회보장 관계기관의 국제적 단체이며 본부는 스위스 제네바에 있다. ILO와 밀접한 관계를 갖고 협력하여 사회보장 분야의 국제적인 연락기구로서 각종 국제회의를 개최하거나, 회원국들에게 전문적인 가이드라인이나 전문지식을 제공하고, '세계 각국의 사회보장제도(social security programs throughout the world)'라는 사회보장에 관한 전 세계 국가들의 사회보장 관련 자료를 수집하고 편집하여 정기적으로 출판함으로써 국제사회보장의 발전에 기여하고 있다. 현재 163개국에서 320개 이상의 사회보장기관들을 회원으로 두고 있으며,[2] 우리나라의 경우 국민건강보험공단과 국민연금공단, 근로복지공단이 가입하였다.

5) 유럽협의회(CE)

유럽협의회(CE : Council of Europe)는 유럽의 민주주의 및 인권 증진, 사회경제적 발전과 유럽통합을 목적으로 1949년 5월 5일에 설립된 유럽의 국제기구이다. 유럽회원국들의 사회보장제도를 발전시키기 위해 1961년 유럽사회헌장을 채택하여 사회보장 권리를 기본적인 사회적 권리로 규정하고, 최소한 ILO의 사회보장최저기준조약 수준으로 사회보장제도를 유지해야 한다고 선언하였다. 그리고 1964년에는 유럽사회보장법전을 제정하였다.

6) 유럽연합(EU)

유럽연합(EU : European Union)은 유럽국가들 간의 재화, 사람, 자본 및 서비스의 자유화를 통한 자유로운 공동시장과 궁극적 정치통합을 목적으로 1993년 11월 1일에 설립된 기구로, 사회보장법과 노동법의 통일화도 추진하고 있다.

2) www.issa.int/en_GB/ssptw

7) 경제협력개발기구(OECD)

경제협력개발기구(OECD : Organization for Economic Cooperation and Development)는 회원국의 경제성장과 금융 안정을 촉진하고 세계 경제발전에 기여할 목적으로 1961년 9월 30일 설립된 경제 부문 국제기구다. 경제 협의체이지만 오늘날에는 경제 분야에만 머무르지 않고 ILO, WHO 등과 밀접한 관계를 구축하면서 정치, 사회, 노동, 환경 등 다양한 분야에 대해 종합적으로 연구·논의하고 협력을 추진하는 기능을 하고 있다. 현재 회원국은 38개국으로 우리나라는 1996년 12월에 29번째 회원국으로 가입하였다.

〈표 6-1〉 사회보장 관련 국제기구의 종류와 역할(요약)

종 류	설립일자	역 할
국제연합 (UN)	1945. 10. 24.	• UN은 세계평화와 각국의 경제적 및 사회적인 자립을 돕는 국제기구임(회원국 193개국) • 총회에서 주요 선언이나 권고 협약 등을 채택함으로써 사회보장 분야뿐 아니라 여러 분야에 국제적인 기준을 설정하고 있음
국제노동기구 (ILO)	1919. 10.	• ILO는 노동자의 노동조건 개선 및 지위 향상을 위해 설치된 국제연합의 전문기구임 • 조약이나 권고를 채택함으로써 노동조건의 국제기준을 설정할 뿐 아니라 UN의 경제사회이사회와 협력하여 사회복지에 대하여도 활발한 활동을 전개하고 있음 • 정부대표, 노동자대표, 사용자대표로 구성된 국제노동총회에서 자유로운 토의에 의하여 조약과 권고를 채택함
세계노동조합 연맹 (WFTU)	1945. 10. 3.	• WFTU는 노동조합의 연합체인 비정부 민간기구임 • 1945에 세계노동조합회의를 개최하여 투쟁강령을 채택하였고, 1961년에는 사회보장헌장을 채택하여 노동자의 기본적 권리를 선언하였음
국제사회보장 협회 (ISSA)	1927. 10.	• ISSA는 사회보장제도의 각 분야를 망라하는 주요 이슈를 선도하는 유일한 국제기구로 질병보험을 확대·강화하기 위해 창설된 각국의 사회보장 관계기관의 국제적 단체임 • 사회보장 관련 자료들을 수집하고 정기적으로 출판(세계 각국의 사회보장제도)함으로써 국제사회보장 발전에 기여하고 있음 • 우리나라는 국민건강보험공단, 국민연금공단, 근로복지공단이 가입하였음

유럽협의회 (CE)	1949. 5. 5.	• CE는 유럽의 민주주의 및 인권 증진, 사회경제적 발전과 유럽 통합을 목적으로 출범한 유럽의 국제기구임 • 1961년 유럽사회헌장을 채택하여 사회보장 권리를 기본적 사회적 권리로 규정하고, 1964년에는 유럽사회보장법전을 제정하였음
유럽연합 (EU)	1993. 11. 1.	• EU는 유럽국가들 간의 재화, 사람, 자본 및 서비스의 자유화를 통한 자유로운 공동시장과 궁극적 정치통합을 목적으로 설립된 기구임 • 사회보장법과 노동법의 통일화도 추진하고 있음
경제협력개발 기구 (OECD)	1961. 9. 30.	• OECD는 경제 부문의 국제기구임 • 오늘날에는 경제분야뿐 아니라 ILO, WHO 등과 밀접한 관계를 구축하면서 정치, 사회, 노동, 환경 등과 같은 다양한 분야에 대해 종합적으로 연구 · 논의하고 협력을 추진하는 역할을 하고 있음

2. 사회보장 관련 국제선언

제2차 세계대전에 의한 국민생활의 황폐화와 이로 인한 보편적인 기본적 인권의식의 고양을 배경으로 하여 국제사회는 사회보장의 권리를 승인하고 이를 실현하기 위한 국제선언을 다수 채택하였다. 국제선언은 모든 국가와 국민이 달성해야 할 공통의 기준을 선언한 것으로, 법적인 구속력을 가지는 것이 아니다. 주요 선언을 살펴보면 다음과 같다.[3)]

1) 대서양 헌장(1941년)

대서양 헌장은 제2차 세계대전 기간인 1941년 8월 미국의 루스벨트 대통령과 영국의 처칠 수상의 대서양 회담에서 작성된 헌장으로, 독일의 나치즘을 타파하고, 제2차 세계대전 후 세계를 재건할 방침에 대한 내용을 담았다. 제2차 세계대전이 서구의 모든 사람들을 위협하는 것을 경험하면서 서구국가들은 어느 누구도 곤경에 빠지지 않을 수 없으며, 사회보장이 빈곤계층에만 한정되는

3) 사회보장에 관한 국제선언은 강희갑(2013 : 64-68)과 박진화(2025 : 94-97)의 내용을 참고하여 기술하였다.

것이 아니라는 인식을 갖게 되었다. 또한 나치·파쇼정권과 전쟁을 치르면서 전쟁 후 소련의 공산주의 팽창정책에 대한 대안으로 서방세계의 새로운 민주국가 내용을 제시할 필요가 있었다. 이러한 인식에 기초하여 제시된 것이 대서양 헌장(the Atlantic Charter)이다(채구묵, 2017 : 21).

이 헌장에는 여덟 가지의 공통원칙을 국내 정책에 반영하기로 하였는데 그 제4항에 "보다 나은 근로기준과 경제적 혜택, 그리고 사회보장을 모든 사람에게 보장해 줄 것을 목적으로 하며, 경제 분야에 있어서 모든 국가의 완전한 협력을 이룩할 것"을 규정하였고, 제5항에 '공포와 결핍으로부터의 자유'라는 슬로건(slogan)을 제시하고 선언하였다. 대서양 헌장은 서방국가들이 사회보장을 받을 권리를 국민의 기본권으로 인정하게 함으로써 제2차 세계대전 후 사회보장 정책을 추진하는 계기가 되었다. 1942년 영국의 베버리지 보고서도 이러한 대서양 헌장의 정신을 반영하여 제정되었다고 할 수 있다.

2) 필라델피아 선언(1944년)

필라델피아 선언은 1944년 4월부터 5월까지 필라델피아에서 개최된 ILO의 제26회 대회에서 사회보장에 관한 중요한 권고안이 채택된 선언이다. ILO는 제2차 세계대전 후의 주된 정책목표를 사회보장에 두었는데, 이는 전쟁 중의 경험에 의하여 전후의 장기계획으로서 종래의 사회보장, 사회부조의 재편성이 필요하다고 인정했기 때문이다. 필라델피아 선언은 구미의 선진 자본주의 제국의 전후정책의 국제적 표현이었다고 할 수 있다.

이 선언문에는 소득보장에 관한 권고, 의료보호에 관한 권고, 군대 및 유사직업 또는 전시고용으로부터 풀려난 자에 대한 소득보장 및 의료보호에 관한 권고 등 3개를 채택하였다. 소득보장 권고와 의료보호 권고에 대한 주요 내용은 다음과 같다.

(1) 소득보장 권고

소득보장 권고의 내용은 "노령을 포함하여 노동이 불가능하거나 사망에 의하여 소득이 보장되지 않는 경우에 합리적 수준의 소득을 보장하여 궁핍을 구제하고 빈곤을 방지하지 않으면 안 된다"고 규정하고, "소득보장은 가능한 한 강제적 사회보험의 기초 위에서 이를 조직하도록 하고, 사회보장제도의 적용을 받지 못하는 궁핍에 대해서는 공공부조에 의하여 충족되지 않으면 안 된다"고 하여 공공부조는 보완적인 수단으로 취급하고 있다. 그러나 사회보험과 공공부조를 모두 소득보장의 한 수단으로 취급하였다는 데 큰 의의가 있다.

사회보험의 적용을 받는 사고로는 질병, 출산, 폐질, 노령, 사망, 실업, 업무상 재해 등으로 열거하고, 재원은 노 · 사 · 정의 3자 갹출제를 주장하였다. 공공부조에 관해서는 자녀의 생활유지와 빈곤한 폐질자 · 노령자 및 미망인에 대한 것으로 나누어 일정한 원칙을 제시하고 있다.

(2) 의료보호 권고

의료보호 권고는 비교적 새로운 것으로서 모든 계층을 위한 광범위한 의료서비스를 설치하는 것이 목적이었다. 이는 "필요할 때 수시로 필요로 하는 모든 사람들에게 의료가 주어지고 그것은 수급자의 실제상 또는 장래의 필요를 만족시키기에 충분한 것이 될 수 있는 기본 후생이 되어야 한다"고 하여 조직화되고 완전한 의료서비스, 사회보험 또는 공적 서비스의 방법을 제시하였다.

3) 세계인권선언(1948년)

세계인권선언[4)]은 1948년 12월 국제연합(UN)의 제3회 총회에서 채택되었다. 제2차 세계대전 전야의 인권 무시, 인권의 존중과 평화 확보 사이의 깊은 관계를 고려하여 기본적 인권 존중을 그 중요한 원칙으로 하는 국제연합헌장의 취지에 따라 보호해야 할 인권을 구체적으로 규정할 것을 목적으로 하여 채택되었으며, 개인의 자유와 권리를 상세히 명시하면서 인권과 기본적 자유가 모든 사람과 모든 장소에서 똑같이 적용된다는 사실을 세계 최초로 인정한 선언이다.

4) 선언문은 법적 구속력이 없으므로 세계인권선언문을 법적 구속력과 도덕적 권위를 갖춘 조약으로 만들어 그 실시를 의무화하고자 한 것이 1966년 12월 16일 국제연합 총회의 결의로 채택된 「국제인권규약」이다.

전문(前文)과 본문 30개 조로 되어 있는데. 그중 제22조는 사회보장에 대한 권리로 "모든 인간은 사회의 일원으로서 사회보장을 받을 권리를 갖고 또한 국가적 노력과 국제적 협력을 통하여 그리고 또 각국의 조직 및 자원에 맞추어 자신의 존엄과 자유로운 인격의 발전을 실현시킬 수 있는 경제적 · 사회적 · 문화적 권리를 향유한다"고 규정하고 있다. 또 제25조는 생활보장에 대한 권리로 "모든 인간은 의식주, 의료 및 필요한 사회후생시설을 포함하여 자신 및 가족의 건강과 복지를 유지함에 충분한 생활수준을 보유할 권리를 가지며, 또한 실업, 불구, 질병, 배우자 상실, 노령 또는 불가항력적인 생활불능의 경우에 생활보장을 받을 권리를 갖는다고 규정하고 있다.

4) 아동권리선언(1959년)

아동권리선언(Declaration on the Rights of Children)은 아동의 권리와 자유를 보장하기 위한 목적으로 1959년에 유엔총회에서 선포된 선언이다. 제1차 세계대전 이후 전쟁이 아동에게 미친 참상의 깊은 반성으로 1924년 9월 국제연맹[5] 총회에서 세계 최초로 아동권리선언을 채택했다. 이것은 제네바 선언(5개조)으로 알려지고 있으며 아동의 발달보장, 요보호아동의 보호, 아동구제의 우선성, 착취로부터의 보호, 아동육성의 목표달성에 노력해야 할 것을 강조하였다. 이후 1959년 11월 20일에는 제네바 선언을 재검토하고 확대함으로써 전문과 10개조로 된 아동권리선언을 채택해 출생권, 생존권, 발달권, 행복추구권, 교육권, 레크리에이션권을 선언하였다. 이 선언은 아동과 청소년의 권리 신장에 국제적으로 기여한 의의가 있다. 우리나라는 국제연합의 아동권리선언이 채택된 1959년 5월 5일에 어린이헌장을 선포하였다.

5) 국제연맹은 제1차 세계대전 직후인 1920년에 미국 윌슨 대통령의 제창에 따라 국제평화 유지와 협력의 촉진을 목적으로 창설한 국가 간의 연합체로 스위스 제네바에 본부를 두고 국제분쟁의 평화적 처리에 크게 공헌하였으나, 1945년 국제연합의 창설로 1946년 해체되었다.

5) 사회보장헌장(1961년)

사회보장헌장은 세계노동조합연맹이 1961년 모스크바에서 개최된 제5회 세계노동자대회에서 채택한 헌장이다. 이 헌장은 전문에서 "사회보장은 모든 노동자의 기본적 권리를 구성하고 있다"고 선언함으로써 사회보장에 관한 노동조합의 입장을 밝힌 헌장이다. 노동능력이 감소되거나 일시적 · 영구적으로 상실된 경우의 노동자에 대한 완전한 생계보장과 불의의 사회적 재앙에 대비한 노동자의 보호 및 예방적 대책 마련을 사회보장의 목적으로 하였다. 사회보장헌장에는 사회보장 기본 원칙 여덟 가지가 제시되었다(박승두, 2005 : 230-239).

① 자신의 노동에 의해 생활하여야 하는 자로서 일시적 혹은 항구적으로 일할 자리를 찾지 못하거나 노동력을 상실한 자와 그 부양가족은 모두 사회보장의 권리를 법률로써 보장받아야 한다.
② 사회보장은 질병, 출산, 장해, 노령, 사망, 자녀나 부양가족으로 인한 경비의 증가, 산업재해, 직업병, 실업 등 그 원인과 이유에 불문하고 보호나 사회적 원호가 필요한 모든 위험이 고려되어야 한다.
③ 모든 국민에 대하여 국가의 사회 · 보건서비스를 통하거나 사회보장제도에 의한 무료의 예방조치, 의료 및 재활을 보증하여야 한다.
④ 모든 사람에 대하여 생계비, 임금 및 필수적인 사회적 사회복지 수요의 증대에 따른 현금 및 필수적인 사회적 사회복지 수요의 증대에 따른 현금 및 현물의 급여에 의하여 기본적인 생활수준을 보장하여야 한다.
⑤ 사회보장의 권리는 인종, 국적, 종교, 성별, 연령, 직업 등에 의하여 차별받지 않으며 모든 사람은 평등하게 대우받아야 한다.
⑥ 입법은 권리행사를 방해받지 않도록 가능한 한 알기 쉽게 규정되어야 하며, 노동자는 사회보장 관련 결정에 대하여 소송을 제기할 권리를 가져야 한다.
⑦ 사회보장의 재원은 주로 사용자로부터 특별한 이윤으로부터 공제하여 적립하여 충당하여야 하며 국가로부터도 지원을 받아야 한다.
⑧ 사회보장은 민주적 방법으로 운영되어야 한다.

여덟 가지 사회보장 기본 원칙을 정리해 보면, ① 적용대상의 포괄성 원칙, ② 사회적 위험의 포괄성 원칙, ③ 의료의 사회화 원칙, ④ 최저생활보장 원칙,

⑤ 무차별평등의 원칙, ⑥ 권리구제에 대한 원칙, ⑦ 노동자 무갹출 원칙, ⑧ 민주적 운영의 원칙으로 정리할 수 있다.

6) 장애인권리선언(1975년)

장애인권리선언(Declaration of the Rights of Disabled Persons)은 국제연합헌장과 세계인권선언의 정신에 입각하여 심신 장애인의 권리를 보호하고 존중하자는 취지를 담고 있는 선언으로서, 1975년 12월 9일 국제연합총회에서 만장일치로 채택되었다. 이 선언은 국제연합헌장을 통해 선언된 인권과 기본적 자유, 평화에 관한 원칙, 인간의 존엄성과 가치에 관한 원칙, 사회정의에 관한 원칙 등에 대한 신념을 다시 한번 확인하면서, 장애인이 다양한 활동 분야에서 최대한 자신의 능력을 개발할 수 있도록 도와주고, 모든 장애인에 대한 경제 · 사회적 생활보장과 고용 보장 등의 권리를 강조하고 있다.

7) 유럽사회보장법전(1964년)과 유럽사회헌장(1989년)

유럽사회보장법전은 유럽 17개국으로 구성된 유럽협의회에서 사회보장에 관한 최고 기준에 해당하는 유럽 수준의 사회보장법전이다. 이 법전은 6개 부분을 규정하고 있는데, 의료급여의 내용에는 급여의 제한이 없는 진찰, 급여의 제한이 없는 약제, 급여기간이 1건당 52주까지 보장되는 입원치료, 보존적 치과진찰과 치과보철, 상병급여 기간의 무제한, 실업급여 기간은 12개월 중 최소 21주, 가족급여로서 16세까지 현금급여 지급, 장례급여는 임금의 20일분을 지급하는 것을 내용으로 하고 있다.

이후 1989년 12월 유럽협의회에서 제정되고 회원국들이 채택한 유럽사회헌장은 노동자의 기본적인 사회적 권리를 보장하기 위한 내용으로 유럽연합의 노동력에 특별히 적용되는 원칙에 기반한 인권 헌장이다. 이 헌장의 내용을 살펴보면, 노동자의 자유로운 이동권(제1~3조), 공정한 고용과 보수, 직업선택의 자유(제4~6조), 노동조건 등 개선(제7~9조), 각 국가에 적합한 법률이나 관행에 의한 사회보장과 사회적 보호 및 지원을 받을 권리(제10조), 단결권과 단체교섭권

(제11~14조), 직업훈련을 받을 권리(제15조), 남녀평등대우(제16조), 노동자에 대한 정보 제공, 협의 및 참여(제17~18조), 작업장에서의 건강과 안전 보장(제19조), 아동 · 청소년 · 노인 · 장애인 보호(제20~26조) 등이다.

〈표 6-2〉 **사회보장 관련 국제선언의 종류와 내용(요약)**

종 류	내 용
대서양 헌장 (1941년)	• 제2차 세계대전 기간인 1941년 8월 미국의 루스벨트 대통령과 영국의 처칠 수상의 대서양 회담에서 작성된 헌장으로, 독일의 나치즘을 타파하고 제2차 세계대전 후 세계를 재건할 방침에 대한 내용을 담았음 • 사회보장권을 비롯한 여덟 가지의 공통원칙을 규정하고, '공포와 결핍으로부터의 자유'라는 슬로건(slogan)을 제시하고 선언함 • 이 헌장은 사회보장의 권리를 국민의 기본권으로 인정하게 함으로써 제2차 세계대전 후 서방국가들이 사회보장정책을 추진하는 중요한 계기가 됨
필라델피아 선언 (1944년)	• 필라델피아에서 개최된 ILO 총회가 채택한 사회보장의 중요 권고안 선언임 • 사회보장원칙 및 전쟁에서 생기는 제반 문제를 심의하여 소득보장에 관한 권고, 의료보호에 관한 권고, 군대 및 전시고용으로부터 풀려난 자에 대한 소득보장 및 의료에 관한 권고를 채택함
세계인권선언 (1948년)	• 제3회 유엔총회에서 채택되어 인권과 기본적 자유가 모든 사람과 모든 장소에서 똑같이 적용된다는 사실을 세계 최초로 인정한 선언임 • 모든 국민의 사회보장을 받을 권리, 경제적 · 사회적 · 문화적 권리, 생활보장에 대한 권리를 선언함
아동권리선언 (1959년)	• 아동의 권리와 자유의 보장을 목적으로 유엔총회에서 선포된 선언임 • 출생권, 생존권, 발달권, 행복추구권, 교육권, 레크리에이션권을 선언 • 이 선언은 아동과 청소년의 권리 신장에 국제적으로 기여함
사회보장헌장 (1961년)	• 세계노동조합연맹이 모스크바 제5회 세계노동자대회에서 채택한 헌장임 • 사회보장은 '모든 노동자의 기본적 권리로 구성하고 있다'고 선언함 • 노동자의 보호 및 예방적 대책 마련을 사회보장의 목적으로 하고 기본원칙 여덟 가지를 제시함
장애인권리선언 (1975년)	• 국제연합헌장과 세계인권선언의 정신에 입각하여 심신 장애인의 권리를 보호하고 존중하자는 취지를 담고 있는 선언임 • 장애인이 다양한 활동 분야에서 최대한 자신의 능력을 개발할 수 있도록 도와주고, 모든 장애인에 대한 경제 · 사회적 생활보장과 고용 보장 등에 대한 권리를 강조함
유럽사회보장 법전(1964년) 유럽사회헌장 (1989년)	• 유럽사회보장법전은 유럽협의회에서 제정된 사회보장에 관한 최고 기준에 해당하는 사회보장법전임 • 유럽사회헌장은 노동자의 기본적 사회권에 관한 헌장으로 유럽연합의 노동력에 특별히 적용되는 원칙에 기반한 인권 헌장임

3. 사회보장 관련 국제조약(규약, 협약, 협정)

조약(Treaty)은 국제적 권리와 의무의 발생을 목적으로 국제법상의 주체인 국가 간에, 또는 국가와 국제기구 사이에 맺은 문서에 의한 국제적 합의로 규약(Covenant), 협약(Convention), 협정(Agreement) 등 여러 명칭으로 불리며 법적 구속력이 있다. 따라서 사회보장 관련 국제조약은 비준에 의한 국내법화를 거쳐서 비준국가의 사회보장제도에 커다란 영향을 미치게 된다. 이 장에서는 국제노동기구와 국제연합에서 채택한 조약(규약, 협약)과, 국가 간 사회보장 분야를 규율하는 사회보장협정에 대해 살펴보기로 한다.[6)]

1) 국제노동기구(ILO)의 사회보장 조약

(1) 사회보장 최저기준에 관한 조약(1952년)

ILO가 채택한 사회보장에 관한 대표적인 조약은 1952년의 '사회보장 최저기준에 관한 조약'이다. 특히 102호 조약은 각국의 서로 다른 기준을 일원화함과 함께 미발달한 제도의 기준을 제고함으로써 사회보장의 최저기준을 설정하였다. 이때 설정된 사회보장 최저기준의 3대 원칙은 대상의 보편성, 비용부담의 공평성, 급여수준의 적절성이다. 그리고 사회보장급여를 분류하여 ① 의료급여(medical care), ② 질병(상병)급여(sickness benefit), ③ 실업급여(unemployment benefit), ④ 노령급여(old-age benefit), ⑤ 산업재해급여(employment injury benefit), ⑥ 가족급여(family benefit), ⑦ 출산급여(maternity benefit), ⑧ 장애급여(invalidity benefit), ⑨ 유족급여(survivors' benefit)의 9개로 규정하고 각 부문에 대해 적용과 기준을 제시하고 있으며, 사회보장급여의 각 부문별로 비준을 허용하였다.

이 조약은 ILO의 사회보장 관련 조약에서뿐만 아니라 국제사회보장 역사에 있어서도 기념비적인 의의를 가지고 있다. 이 조약은 그 당시 사회보장이 어느 정도 발달한 나라에게는 사회보장제도를 정비할 기준으로서, 사회보장이 매우

6) 사회보장 관련 국제조약은 박진화(2025 : 97-102)의 내용을 참고로 하여 기술하였다.

미흡한 나라들에게는 도달해야 할 목표로서 작용함으로써 각국의 사회보장제도 발전에 많은 영향을 미쳤다(장동일, 2006).

(2) 사회보장 내 외국인 균등대우 조약(1962년)

ILO는 1962년에 사회보장 내 외국인 균등대우 조약을 채택함으로써 이 조약의 비준국은 사회보장범위 및 수급권에 있어서 자국의 영토 내에 있는 다른 모든 비준국의 국민에 대하여 자국의 사회보장 법규에 의해 자국의 국민과 동등한 대우를 해줄 것을 규정하였다.

이 외에도 업무재해조약(1964년), 질병 · 노령 · 유족급여 조약(1967년), 의료 및 상병급여 조약(1969년), 사회보장 수급권 유지에 관한 조약(1982년) 등이 있다.

2) 국제연합(UN)의 규약 및 협약

(1) 국제인권규약(1966년)

국제인권규약(International Covenants on Civil and Political Rights)은 1948년 12월 10일 유엔총회에서 당시 가입국 58개 국가 중 50개 국가가 찬성하여 채택된 세계인권선언에서 제창된 이상을 실현하기 위하여 만들어졌다. 선언문은 법적 구속력이 없으므로 세계인권선언문을 법적 구속력과 도덕적 권위를 갖춘 조약으로 만들어 그 실시를 의무화하고자 국제인권규약이 만들어진 것이다. 국제인권규약은 A규약과 B규약으로 나누어져 있으며, 1966년 12월 제21차 유엔총회에서 채택된 후 10년이 지난 1976년에 전 회원국에 발효되었다. 우리나라는 1990년 4월에 A, B규약에 모두 가입하여 비준하였다.

① A규약(Part A)

A규약(Part A)은 경제적 · 사회적 · 문화적 권리에 관한 국제규약(International Covenant on Economic, Social and Cultural Rights)으로 1966년 12월에 채택되고, 1976년 1월에

발효되었다. A규약 체약국(contracting state)들은 생존권적 기본권을 대상으로 노동기본권, 사회보장권, 생활향상권, 교육권 등을 입법 조치할 것을 내용으로 하고, 유엔인권이사회에 보고할 것을 의무화하였다. A규약 제1조는 자결권, 제6~8조는 노동권, 제10~11조는 사회보장수급권, 제12조는 건강권, 제13조는 교육권 등을 규정하고 있다.

② B규약(Part B)

B규약(Part B)은 시민적·정치적 권리에 관한 국제규약(International Covenant on Civil and Political Rights)으로 1966년 12월에 채택되고 1976년 3월에 발효되었다. B규약은 자유권적 기본권을 전제로 하여 실시 확보를 위해 인권심사위원회와 필요에 따라 특별조정위원회를 설치할 것을 의무화하였다. 또한 선택의정서 참가국에 대해서는 개인이 인권심사위원회에 직접 청원할 수 있는 길을 열어놓았다.

(2) 아동권리협약(1989년)

아동권리협약(Convention on the Rights of the Child)은 전 세계 아동의 경제, 사회, 문화에 대한 권리를 규정하는 국제협약으로, 아동(만 18세 미만)의 권리를 포괄적으로 규정하고 있다. 이 협약은 1989년 11월 유엔총회에서 채택되었으며, 우리나라는 1990년 9월에 협약에 서명하고 1991년 11월 20일에 비준하여 조약당사국이 되었다.

아동권리협약은 아동을 '보호대상'이 아닌 '권리의 주체'로 규정하고 있다. 국제인권 A규약과 B규약에 인정되는 제반 권리를 아동의 권리로 규정하고, 거기에 추가해 의견표명권, 놀이·여가의 권리 등 아동에게 필요한 인권을 확보하기 위한 구체적인 사항을 규정하고 있다. '무차별의 원칙'과 '아동의 최선 이익 우선 원칙'을 제시하였고, 아동의 4대 권리를 '생존의 권리', '발달의 권리', '보호의 권리', '참여의 권리'로 규정하였다.

(3) 장애인권리협약(2006년)

장애인권리협약(Convention on the Rights of Persons with Disabilities)은 2006년 12월 제61차 유엔총회에서 채택되었다. 이 협약은 장애인이 인권과 기본적인 자유를 완전하고 동등하게 누릴 수 있도록 보호하고, 또한 장애인의 천부적인 존엄성에 대한 존중을 촉진하는 것으로, 21세기 최초의 국제 인권법에 따른 인권조약이다. 우리나라는 2008년에 협약비준 동의안에 의결하였다. 협약의 주요 내용을 살펴보면, 평등(차별금지), 여성 장애인과 장애아동에 대한 보호, 시설 접근성 및 서비스에 대한 접근성, 사법적 접근성, 위험상황 및 인도적 차원의 위급상황으로부터의 자유, 자립생활 지원, 이동권 · 교육권 · 건강권, 근로 · 정치 · 문화생활 등의 보장 등이다.

3) 사회보장협정

(1) 개요

사회보장협정은 사회보장에 관해 상호주의에 입각하여 정부가 주로 입법부의 동의 없이 단독으로 외국 정부와 맺는 약정 또는 정부 간의 협정으로, 이는 국제법상 실질적 의의를 갖는 조약의 하나이다. 사회보장협정은 협정 당사국 간의 사회문제에 관한 분야에서 특히 사회보장보험료의 납부의무에 관하여 협력할 것을 결의하고, 그들 각자의 영역 간에 이동하거나 또는 그들 각자의 영역 안에서 근로하는 자의 복지를 증진시키기를 희망하며, 양국 국민들이 그들 각자의 사회보장법령에 의하여 협약의 적용대상이 되는 문제에 관하여 동등한 권리를 누리도록 보장하는 협정이다. 사회보장협정은 대부분 연금을 포함한 사회보험에 관한 것으로, 우리나라는 국민연금법[7]만 대상으로 하고 있으나 미국과는 산재보험법, 독일과는 고용보험법이 포함되었다.

---

7) 국민연금법 제127조(외국과의 사회보장협정) 대한민국이 외국과 사회보장협정을 맺은 경우에는 이 법에도 불구하고 국민연금의 가입, 연금보험료의 납부, 급여의 수급요건, 급여액의 산정, 급여의 지급 등에 관하여 그 사회보장협정에서 정하는 바에 따른다.

(2) 목적

사회보장협정을 체결하는 목적은 다음과 같다.

첫째, 이중가입을 배제하기 위함이다. 단기간 동안 협정국가에서 근로하거나 자영업을 하는 사람들이 양국 중 한 국가의 사회보장제도에만 가입하도록 하는 것으로, 양국의 연금제도에 이중으로 보험료를 부담하는 문제를 해결하여 이들의 재정적 부담을 덜어주고자 하는 것이다.

둘째, 가입기간을 합산하기 위함이다. 협정대상국으로 이민을 가거나 장기 체류할 경우 양국의 연금가입기간을 합산하는 것으로, 이민자와 같이 장기 체류하는 사람들이 양국으로부터 연금혜택을 받을 수 있는 기회를 확대하기 위해서다. 가령 우리나라 국민연금에 7년을 가입하고, 캐나다 연금에 15년을 가입한 자는 우리나라 최소 가입요건(10년)으로 인해 연금을 받을 수 없으나, 협정을 맺게 되면 총 22년의 가입기간이 인정되어 7년에 해당하는 우리나라 연금을 받을 수 있게 된다.

셋째, 동등한 대우를 받기 위함이다. 협정대상국 국민에게는 연금수급권 취득, 급여지급 등에 있어 자국민과 동일하게 대우한다는 것이다.

넷째, 연금급여의 송금을 보장하기 위함이다. 협정당사국 간에는 연금급여를 해외로 제한 없이 자유롭게 송금 가능하게 하는 것이다.

(3) 협정유형

협정은 ① 가입기간 합산 협정과 ② 보험료 면제 협정의 두 가지 유형이 있다. 가입기간 합산 협정은 사회보험료 이중가입 배제와 양국 가입기간 합산을 모두 포괄한 규정이다. 이 협정에 따라 양국에 가입기간이 분산되어 있는 장기 해외체류자는 협정 체결국의 각 연금가입 기간을 합산하여 연금수급을 위한 최소가입기간을 충족하게 되면 기여한 기간에 따라 양국에서 각각 연금을 수령할 수 있게 된다. 보험료 면제 협정은 사회보험료 이중가입 배제만을 규정하는 것으로, 이는 파견 노동자가 본국의 연금제도에 가입되어 있는 경우 그 기간 동안 파견국가에서의 연금보험료 납입을 면제하는 것이다.

(4) 협정체결국가

우리나라는 1999년부터 본격적으로 사회보장협정 체결을 추진해왔다. 미국, 독일, 캐나다 등 우리나라 기업이 많이 진출한 국가나 재외동포 수가 많은 국가를 우선으로 협정을 체결하여 기업과 파견근로자 등이 혜택을 받을 수 있도록 하고 있다. 2025년 기준으로 양국 가입기간을 합산하여 연금수급권까지 보호하는 가입기간 합산 협정을 체결한 국가는 32개국이고, 사회보험료 이중가입 배제만을 규정한 보험료 면제 협정을 체결한 국가는 9개국이다.

〈표 6-3〉 **사회보장협정 체결국가**

협정 유형	체결국가
가입기간 합산 협정 (32개국)	캐나다('99.5), 미국('01.4), 독일('03.1), 헝가리('07.3), 프랑스('07.6), 호주('08.10), 체코('08.11), 아일랜드('09.1), 벨기에('09.7), 폴란드 · 슬로바키아 · 불가리아('10.3), 루마니아('10.7), 오스트리아('10.10), 덴마크('11.9), 인도('11.11), 스페인('13.4), 튀르키예 · 스웨덴('15.6), 브라질('15.11), 핀란드('17.2), 퀘벡('17.9), 페루('19.1), 룩셈부르크('19.9), 슬로베니아('19.10), 크로아티아('19.11), 우루과이('21.11), 뉴질랜드('22.3), 베트남('24.1), 필리핀('24.4), 노르웨이('24.6). 아르헨티나('25.2)
보험료 면제 협정 (9개국)	영국('00.8), 네덜란드('03.10), 일본('05.4), 이탈리아('05.4), 우즈베키스탄('06.5), 몽골('07.3), 중국('13.1), 스위스('15.6), 칠레('17.2)

출처 : 국민연금공단 홈페이지(사회보장협정).

〈표 6-4〉 사회보장 관련 국제조약의 종류와 내용(요약)

<table>
<tr><th>종 류</th><th colspan="2">내 용</th></tr>
<tr><td rowspan="2">ILO의 조약</td><td colspan="2">▶ 사회보장 최저기준에 관한 조약(1952년)
• ILO가 채택한 사회보장에 관한 대표적인 조약으로 특히 102호 조약에서 각국의 서로 다른 기준을 일원화함과 함께 미발달한 제도의 기준을 제고하였음
• 사회보장급여를 9가지로 분류
① 의료급여(medical care) ② 질병(상병)급여(sickness benefit)
③ 실업급여(unemployment benefit) ④ 노령급여(ole-age benefit)
⑤ 산업재해급여(employment injury benefit) ⑥ 가족급여(family benefit)
⑦ 출산급여(maternity benefit) ⑧ 장애급여(invalidity benefit)
⑨ 유족급여(survivors' benefit)</td></tr>
<tr><td colspan="2">▶ 사회보장 내 외국인 균등대우 조약(1962년), 업무재해조약(1964년), 질병 · 노령 · 유족급여조약(1967년), 의료 및 상병급여조약(1969년) 등</td></tr>
<tr><td rowspan="5">UN의 규약 협약</td><td colspan="2">▶ 국제인권규약(1966년)
• 1948년에 채택된 세계인권선언에서 제창된 이상을 실현하기 위해 만들어진 규약으로, 법적 구속력이 없는 세계인권선언문을 법적 구속력과 도덕적 권위를 갖춘 조약으로 만들어 그 실시를 의무화하고자 만들어졌음</td></tr>
<tr><td>A규약</td><td>경제적 · 사회적 · 문화적 권리에 관한 규약(생존권적 기본권)</td></tr>
<tr><td>B규약</td><td>시민적 · 정치적 권리에 관한 규약(자유권적 기본권)</td></tr>
<tr><td colspan="2">▶ 아동권리협약(1989년)
• 전 세계 아동의 경제 · 사회 · 문화에 대한 권리를 규정하는 국제협약으로 아동(18세 미만)의 권리를 포괄적으로 규정하고 있음
• 국제인권 A규약과 B규약에 인정되는 제반 권리를 아동의 권리로 규정, 추가로 의견표명권, 놀이 · 여가의 권리 등을 규정
• 무차별의 원칙과 아동의 최선이익 우선의 원칙을 제시함
• 아동의 4대 권리 규정(생존의 권리, 발달의 권리, 보호의 권리, 참여의 권리)</td></tr>
<tr><td colspan="2">▶ 장애인권리협약(2006년)
• 장애인이 인권과 기본적인 자유를 완전하고 동등하게 누릴 수 있도록 보호하고, 장애인의 천부적인 존엄성에 대한 존중을 촉진하는 21세기 최초의 국제 인권법에 따른 인권조약임</td></tr>
<tr><td rowspan="3">사회 보장 협정</td><td colspan="2">• 사회보장에 관해 상호주의에 입각하여 정부가 주로 입법부의 동의 없이 단독으로 외국정부와 맺는 약정 또는 정부 간의 협정임
• 사회보장보험료(대부분 국민연금)의 납부의무에 관한 내용과 양국 국민들이 사회보장법령에 의하여 동등한 권리를 보장하도록 함</td></tr>
<tr><td>가입기간합산 협정
(협정국 32개국)</td><td>사회보험료 이중가입 배제와 가입기간 합산을 모두 포괄한 협정</td></tr>
<tr><td>보험료 면제 협정
(협정국 9개국)</td><td>사회보험료 이중가입 배제만을 규정한 협정</td></tr>
</table>

Part 02

한국의 사회보장제도

Chapter 7

국민연금제도

1. 의의 및 목적

국민연금(national pension)은 국민의 노령, 장애 또는 사망에 대하여 연금급여를 실시함으로써 국민의 생활 안정과 복지 증진에 이바지하는 것을 목적으로 하는 제도이다. 즉, 가입자인 국민이 노령에 달하거나 장애 또는 사망하게 되는 경우 국민연금공단을 통하여 본인이나 그 유족에게 일정액의 연금을 지급함으로써 소득능력 상실 시에도 사회적 차원에서 대응하여 기본생활을 보장하는 보편적 노후소득보장제도이다. 국민연금제도는 기여를 조건으로 하는 보험원칙이 적용되고, 법률로 가입이 강제되며 급여가 저소득층에 유리하게 되어 있어 소득재분배 기능이 있다. 또한 국가의 지급보장으로 안정성을 확보하고, 물가변동에 따른 실질가치가 보장되는 장점이 있다.

2. 도입배경 및 발전과정

1) 도입배경과 확대 과정

1960년대 추진된 경제개발계획으로 산업화, 도시화, 핵가족화, 노령화가 빠른 속도로 진행되고, 이로 인해 발생된 사회문제의 해결방안으로 1973년 국민복지연금법이 제정되어 1974년 1월부터 시행될 예정이었다. 그러나 1973년에 발생한 유류파동에 따른 경제 불황으로 인해 시행이 무기한 연기되었다.[1] 이후 경제가 다시 회복되고 노동시장 확대와 출생률 저하 등으로 국민연금제도에 대한 필요성이 증가되면서 1986년 기존의 국민복지연금이 국민연금법으로 변경되어 입법화되었다.[2] 법 제정 후 기금운용 등 효율적 관리운영을 위해 1987년 9월 18일 특수법인인 '국민연금관리공단'을 설립하고 1988년 1월부터 국민연금제도가 시행되었다. 적용대상은 우선 상대적으로 관리가 용이한 상시근로자 10인 이상 사업장 근로자 및 사업주를 대상으로 하였다. 보험료는 9%로 정하고 시행 시 우선 3%로 시작한 뒤 5년마다 2차례 3%씩 인상하여 1998년에는 최종 9%가 되도록 하였으며, 소득대체율[3]은 70%(40년 가입기준)로, 연금수급연령은 60세로 정하였다.

이후 1992년 1월에는 5인 이상 사업장으로 그 적용범위가 확대되었고, 1995년 7월에는 농어민과 농촌지역 주민으로 제도가 확대되었으며, 1999년 4월부터는 도시지역 주민(자영자)으로 그 대상이 확대 적용됨으로써 비로소 '전 국민 연금시대'가 열리게 되었다. 또한 2003년 7월부터는 5인 미만의 영세사업장, 근로자 1인 이상 법인, 전문직종 사업장을 포괄함은 물론 임시·일용직과 시간제 근로자의 가입자격을 완화하였고, 2006년 1월에는 1인 이상의 전 사업장으로 확대됨으로써 사업장 적용범위 확대가 완료되었다.

---

1) 국민복지연금법의 시행이 불발되었지만 1980년대 중반 국민연금법 검토의 출발점이 되었다는 데 중요한 의미가 있다(국민연금사편찬위원회, 2015).

2) 국민복지연금법에서 '복지'라는 단어를 삭제한 이유는 복지라는 단어가 사회복지의 시혜적 의미를 내포하여 보험의 원리에 기초한 연금제도에 맞지 않는다는 인식 때문이었다(국민연금공단, 2008a).

3) 생애평균소득 대비 국민연금급여의 비율

〈표 7-1〉 국민연금제도의 적용범위 확대과정

	1988. 1.	1992. 1.	1995. 7.	1999. 4.		2003. 7.	2006. 1.
구 분	국민연금 제도 시행	사업장 적용범위 확대	농어촌지역 연금 확대 적용	도시지역 연금 확대 적용	전국민연금시대실현	영세사업장 적용범위 확대	사업장 적용범위 확대 완료
사업장 가입자	근로자 10인 이상 사업장	근로자 5~9인 사업장	–	–		근로자 5인 미만 사업장 등	근로자 1인 이상 사업장
지역 가입자	–	–	농어촌지역 주민(군지역)	도시지역 주민(자영자)		–	–

2) 제도개혁 과정

(1) 제1차 제도개혁 : 1998년 12월 31일(일부개정)

1992년 1월에 5인 이상 사업장으로 적용범위가 확대되고, 1995년 7월에는 농어촌지역 주민(군지역)으로 제도가 확대된 후 5인 미만의 영세사업장과 도시지역 주민(자영자) 등이 미적용 대상으로 남게 되었다. 이에 이들 모두에 대해 적용범위를 확대하고, 연금재정 안정성 확보를 위한 연금급여 수준 및 수급연령을 조정하기 위해 1998년 12월 31일에 개정을 통해 제1차 제도개혁이 실시되었다. 주요 개정 내용을 살펴보면 다음과 같다.

첫째, 적용대상 범위를 1999년 4월 1일부터 도시지역 주민(자영자)에게로 확대하고, 또한 5인 미만의 사업장 근로자와 임시 · 일용직 근로자 및 시간제 근로자도 단계적으로 적용범위에 포괄하기로 함으로써 전 국민의 연금시대를 실현하였다.

둘째, 연금재정의 안정성 제고를 위해 급여수준인 소득대체율을 시행 초기의 70%에서 60%로 하향 조정하였다. 또한 연금수급 개시연령을 2013년부터 5년 간격으로 1세씩 상향 조정하여 2033년에는 최종적으로 65세가 되도록 하였다.

셋째, 연금수령 가입기간을 20년에서 10년으로 단축하였다. 지금까지는 연금가입기간이 20년이 되어야만 연금을 수령할 수 있었지만 55세 이상인 실직근로자에게 조기노령연금의 실질적인 혜택이 돌아갈 수 있도록 최저가입기간을 10년으로 조정하였다.

(2) 제2차 제도개혁 : 2007년 7월 23일(전부개정)

제1차 제도개혁 후에도 여전히 국민연금의 장기 재정안정화 문제와 납부예외자 등 미적용자들의 국민연금 사각지대 문제들이 과제로 남아 이를 해결하기 위해 국민연금 개혁 법안이 국회에 제출되었다. 개혁 법안이 국회에서 논의되는 과정에서 노후소득보장의 사각지대를 해소한다는 명목으로 2007년 4월 기초노령연금법이 먼저 제정되고, 2007년 7월에 제2차 제도개혁을 위한 국민연금법이 개정되었다. 제2차 제도개혁 내용은 다음과 같다.

첫째, 국민연금기금의 소진연도를 좀 더 늦추기 위해 소득대체율을 제1차 개정에서 조정한 60%에서 40%로 인하하기로 하였다. 이를 위해 우선 2008년에는 50%로 하고, 2009년부터 매년 0.5%씩 단계적으로 인하하여 2028년에 최종적으로 40%가 되도록 하였다.

둘째, 출산과 군복무 기간에 대한 기간을 연금가입 기간으로 인정해 주는 연금크레딧제도가 도입되었다. 연금크레딧이란 사회적으로 가치 있는 행위 혹은 불가피한 사유로 인해 보험료를 납부하지 못하는 기간이 발생하여 연금수급권이 발생하지 않거나 급여액이 적절한 수준에 미치지 못하는 것을 방지하기 위해 그 기간을 연금가입 기간으로 인정해 주는 제도이다(김수완, 2006 : 30).

먼저 출산장려를 위해 도입된 출산크레딧은 출산에 대한 가입기간을 인정해 주는 제도로, 첫째 자녀는 해당이 없으며, 둘째 자녀 12개월, 셋째 자녀부터는 자녀당 18개월씩 최장 50개월까지 추가로 국민연금 가입기간으로 인정하였다. 해당 기간의 소득인정액은 국민연금의 A값[4] 전액을, 재원은 국가가 전부 또는 일부를 부담(국고와 연금기금이 함께 부담)하기로 하고, 추가가입기간은 노령연금 산정 시 부(父) 또는 모(母)의 가입기간에 반영하도록 하였다. 그리고 군복무크레딧은 군복무 기간의 6개월을 국민연금 가입기간으로 인정해 주는 제도로(병역의

4) A값이란 국민연금 전체 가입자의 최근 3년간 월평균소득의 평균액(2025년 기준 월 3,089,062원)

무를 수행한 기간이 6개월 미만일 경우 해당되지 않음), 해당 기간의 소득인정액은 국민연금 A값의 1/2을, 재원은 국가가 전부 부담하기로 하였다.

셋째, 유족연금 수급조건의 남녀차별을 폐지하였다. 이전에는 남성의 유족연금 수급자격으로 배우자 사망 당시 60세 이상이거나 장애등급 2급 이상이어야 하는 요건을 폐지하고, 남녀 모두 공통으로 최초의 수급기간을 5년에서 3년으로 하고 수급개시연령을 50세에서 55세로 변경하였다.

넷째, 분할연금 수급권을 강화했다. 분할연금 지급정지 사유인 '재혼' 사유를 삭제하여 분할연금 수급자가 재혼 시에도 계속 지급받을 수 있게 하였다.

다섯째, 중복급여의 조정제도를 개선하였다. 2개 이상의 급여 수급권(예 노령연금과 유족연금)이 발생하는 경우 선택에 의해 하나만 지급되던 방식에서 선택하지 아니한 급여가 유족연금일 경우 본인의 노령연금에다 선택하지 아니한 유족연금의 20%를 추가로 지급하도록 하였다(2017년 법 개정으로 현재는 30%로 변경되었음). 또한 선택하지 아니한 급여가 반환일시금일 경우 사망일시금 상당액을 추가 지급하는 것으로 되었다.

(3) 제3차 제도개혁 : 2025년 4월 2일(일부개정)[5]

2007년 이후 18년 만에 단행된 제3차 개정에서는 국민연금의 지속가능성을 제고하고 노후소득보장 기능 강화에 초점을 맞추었다. 주요 개정 내용은 다음과 같다.

첫째, 보험료율을 현행 9%에서 13%로 인상하였다. 보험료율은 1988년 제도 도입 당시 3%였으나 1993년 6%, 1998년 9%로 조정된 이후 계속 유지 되어 왔다. 인상된 보험료는 2026년부터 매년 0.5%씩 단계적으로 인상하여 2033년에 13%에 도달하도록 하였다.

둘째, 명목소득대체율을 43%로 인상하였다. 명목소득대체율은 은퇴 전 소득 대비 연금액의 비율을 나타내는 지표로 국민연금 도입 당시 70%, 1999년 60%,

---

5) 2025년 4월 2일 개정된 국민연금법은 2026년 1월 1일부터 시행된다. 따라서 출산크레딧은 이 법 시행 이후 첫째 자녀를 얻은 사람부터 적용하고, 군복무크레딧도 이 법 시행 이후 「병역법」에 따른 복무기간을 마친 사람부터 적용한다.

2008년 50%로 낮아졌으며, 법률부칙에 따라 매년 0.5%씩 인하되어 2028년까지 40%로 조정될 예정이었다. 이에 따라 2025년 기준 41.5%인 명목소득대체율은 2026년에는 41%로 조정되어야 하나 개정을 통해 2026년부터 43%로 고정되도록 하였다.

셋째, 출산크레딧을 첫째 자녀부터 지원토록 확대하고 최대 50개월까지만 인정하는 상한 규정도 폐지하였다. 현재는 둘째 자녀 12개월, 셋째 자녀 이상은 18개월씩 추가 가입 기간으로 인정하였으나 개정을 통해 첫째 자녀도 12개월을 가입 기간으로 인정하고, 상한 규정을 폐지함으로써 출산 가구에 대한 보상 수준과 다자녀에 대한 인센티브를 좀 더 강화하였다.

〈표 7-2〉 **출산크레딧 인정기간**

자녀 수	1자녀	2자녀	3자녀	4자녀	5자녀 ~
인정기간 (추가)	12개월	12개월 (12개월)	24개월 (18개월)	42개월 (18개월)	자녀당 18개월씩 추가
합 계	12개월	24개월	42개월	60개월	상한 규정 없음

넷째, 군복무크레딧은 현재 6개월의 인정 기간을 최대 12개월로 확대하였다. 병역의무 수행 기간이 6개월 이상인 경우에 6개월만 가입 기간으로 인정하던 크레딧을 최대 12개월(복무기간이 6개월 이상 12개월 미만일 경우는 실제 군복무 기간)까지 인정함으로써 사회적으로 가치 있는 활동인 군복무 수행의 중요성도 인식하고, 군복무에 따른 개인의 소득 활동 제약에 대한 보상도 강화하였다.

다섯째, 국민연금제도에 대한 국민의 신뢰를 회복하기 위하여 국가가 연금급여 지급을 보장한다는 점을 보다 명확히 규정하였다. 현행 국민연금법(제3조의2)은 연금급여가 안정적 · 지속적으로 지급되도록 필요한 시책을 수립할 국가의 의무를 규정하고 있으나, 개정을 통해 '국가는 연금급여의 안정적이고 지속적인 지급을 보장하여야 하며, 이에 필요한 시책을 수립 · 시행하여야 한다'고 규정함으로써 연금제도에 대한 국민의 신뢰를 좀 더 높일 수 있도록 하였다.

3) 공적연금 연계제도

공적연금 연계제도란 국민연금과 직역연금 간에 연금 수령을 위한 가입(재직) 기간을 채우지 못하고 이동하는 경우 각각 일시금으로만 받아야 했던 것을 연금 간 가입기간을 합하여 최소연계기간(10년 또는 20년)을 충족하면 지급연령부터 두 연금을 모두 수급할 수 있도록 연계하는 제도이다. 그동안 4개의 직역연금(공무원연금, 사립학교교직원연금, 군인연금, 별정우체국직원연금) 간에는 재직기간을 합산할 수 있어 연금의 연계가 가능하였으나, 국민연금과 직역연금 간에는 상호연계가 되지 않아 연금수급을 위한 최소가입기간[6]을 채우지 못하는 경우 각각 납입금에 대해 일시금으로만 받을 수 있어 공적연금의 사각지대가 발생하였다. 이러한 문제를 해결하기 위해 2009년 2월 6일 「국민연금과 직역연금의 연계에 관한 법률」이 제정되어 2009년 8월 7일부터 국민연금의 가입기간과 직역연금의 재직기간을 연계하는 공적연금 연계제도가 실시되었다.

2016년 1월 1일 이후부터는 직역연금 중 군인연금을 제외한 나머지 연금의 최소가입기간이 20년에서 10년으로 변경됨에 따라 직역연금이 군인연금(20년)일 경우를 제외하면 최소연계기간이 10년 이상이면 연금으로 수급할 수 있게 되었다. 즉, 국민연금 가입기간과 공무원연금 등의 가입기간이 각각 10년이 되지 않더라도 두 연금의 가입기간이 합해서 10년 이상이면 노령연금 지급연령부터 각각에 대해 연금을 수령할 수 있게 된 것이다. 연계의 기본원칙은 각 연금제도의 기본 틀을 변경하지 않고 가입기간만 연계하며, 급여는 각 연금의 가입기간에 기초하여 각기 산정하여 지급하게 된다.

---

6) 국민연금 10년, 군인연금 20년, 공무원 · 사학 · 별정우체국직원연금 10년(2016년 1월 1일부터)

〈표 7-3〉 국민연금제도의 주요 연혁

날 짜	주요 내용
1973. 12. 24.	• 국민복지연금법 제정(석유파동으로 시행연기)
1986. 12. 31.	• 국민연금법 제정(국민복지연금법 전면 개정)
1988. 1. 1.	• 국민연금제도 시행(상시근로자 10인 이상 사업장) ① 소득대체율 70% ② 보험료 9%(수정적립방식) – 시행 초기 3%, 5년 간격으로 3%씩 상향(1998년부터 9%가 되게 함)
1992. 1. 1.	• 사업장 적용범위 확대(상시근로자 5인 이상)
1995. 7. 1.	• 농어민과 농촌지역 주민에 대한 제도 확대
1998. 12. 17.	• 국민연금법 개정(1차) ① 적용범위 확대(도시지역 주민) ② 소득대체율 하향(70% ⇒ 60%) ③ 연금수급연령 상향(60세 ⇒ 65세) – 2013년부터 5년 간격으로 1세씩 상향조정(2033년부터 65세가 되게 함)
1999. 4. 1.	• 도시지역 주민(자영자)으로 대상 확대(전 국민 연금 실현)
2003. 7. 1.	• 사업장 적용범위 확대(근로자 1인 이상 법인 · 전문직종 사업장)
2006. 1. 1.	• 사업장 적용범위 확대 완료(근로자 1인 이상 전 사업장)
2007. 7. 23.	• 국민연금법 개정(2차) ① 소득대체율 하향(60% ⇒ 40%) – 2008년 50%, 2009년부터는 매년 0.5%씩 하향, 2028년 40% ② 연금크레딧제도 신설(출산, 군복무) ③ 유족연금 수급조건 남녀차별 폐지 – 남녀 모두 최초 수급 3년, 수급개시연령 55세 ④ 분할연금 수급권 강화 – 재혼 시 분할연금을 지급하지 않는다는 '재혼' 사유 삭제 ⑤ 중복급여 조정제도 개선
2025. 4. 2.	• 국민연금법 개정(3차) ① 보험료율 인상(9% ⇒ 13%) – 2026년부터 매년 0.5%씩 단계적으로 인상하여 2033년에 13% 도달 ② 소득대체율 인상(40% ⇒ 43%/2026년) ③ 연금크레딧 확대 – 출산크레딧 : 첫째 자녀 12개월 인정, 50개월 상한선 폐지 – 군복무크레딧 : 인정기간 6개월에서 최대 12개월로 확대

3. 적용대상

1) 가입대상

국민연금 가입대상은 국내에 거주하는 국민으로서 18세 이상 60세 미만인 자이다. 다만, 공무원연금법, 군인연금법, 사립학교교직원연금법 및 별정우체국법을 적용받는 공무원, 군인, 교직원 및 별정우체국 직원, 그 밖에 대통령령으로 정하는 자는 제외한다. 그리고 국민연금법의 적용을 받는 사업장에 사용되고 있거나 국내에 거주하는 외국인의 경우도 당연히 국민연금의 당연가입자가 된다. 다만, 우리나라와 사회보장협정을 맺은 나라에서 파견된 근로자는 양국의 사회보장협정에서 정하는 바에 따른다.

※ 외국과의 사회보장협정(법 제127조)
대한민국이 외국과 사회보장협정을 맺은 경우에는 이 법에도 불구하고 국민연금의 가입, 연금 보험료의 납부, 급여의 수급 요건, 급여액의 산정, 급여의 지급 등에 관하여 그 사회보장협정에서 정하는 바에 따른다.

2) 가입자 종류

국민연금 가입자는 사업장가입자, 지역가입자, 임의가입자 및 임의계속가입자로 구분한다.

(1) 사업장가입자

국민연금에 가입된 사업장(당연적용사업장)[7]에 종사하는 18세 이상 60세 미만의 근로자와 사용자로서 국민연금에 가입된 자를 말한다. 국민연금에 가입된 사업장에 종사하는 18세 미만의 근로자도 사용자의 동의 없이 당연가입자가

7) 당연적용사업장(시행령 제19조 제1항)
① 1인 이상의 근로자를 사용하는 사업장
② 주한외국기관으로서 1인 이상의 대한민국 국민인 근로자를 사용하는 사업장

된다. 다만, 본인이 원하지 않을 경우 사업장가입자가 되지 않을 수 있다. 그리고 국민기초생활보장법에 따른 생계급여 수급자 또는 의료급여 수급자의 경우 본인의 희망에 따라 사업장가입자가 되지 아니할 수 있다.

(2) 지역가입자

사업장가입자가 아닌 자로서 국민연금에 가입된 자를 말한다. 국내에 거주하는 18세 이상 60세 미만의 국민으로서 사업장가입자가 아닌 사람은 당연히 지역가입자가 된다.

※ 지역가입자 적용제외(법 제9조)

- 다음에 해당하는 자의 배우자로서 별도의 소득이 없는 자
  - 국민연금 가입대상 제외자
  - 사업장가입자, 지역가입자, 임의계속가입자
  - 노령연금 수급권자 및 퇴직연금 등 수급권자
- 퇴직연금 등 수급권자. 다만, 수급권자가 「국민연금과 직역연금의 연계에 관한 법률」에 따라 연계신청을 한 경우는 그러하지 아니하다.
- 18세 이상 27세 미만인 자로서 학생이거나 군 복무 등의 이유로 소득이 없는 자(연금보험료를 납부한 사실이 있는 자는 제외)
- 국민기초생활보장법에 의한 생계급여 수급자 및 의료급여 수급자
- 1년 이상 행방불명된 자

(3) 임의가입자

사업장가입자 및 지역가입자 이외의 자로서 18세 이상 60세 미만인 자가 국민연금공단에 가입신청을 하여 가입된 경우를 말한다. 임의가입자는 강제가입과 달리 신청과 탈퇴가 본인의 신청에 의해 이루어진다.

(4) 임의계속가입자

1개월 이상 가입기간이 있는 국민연금 가입자 또는 가입자였던 자로 60세가

된 자가 국민연금공단에 계속가입 신청을 하여 가입된 경우를 말한다. 즉, 60세에 도달하여 국민연금 가입자로서의 자격을 상실하였으나, 가입기간이 부족하여 연금을 받지 못하거나 또는 가입기간을 연장하여 더 많은 연금을 받고자 하는 경우 65세에 달할 때까지 신청에 의하여 임의계속가입자로 가입할 수 있다. 임의가입자와 마찬가지로 신청에 의해 탈퇴가 가능하다.

3) 가입자 현황

2025년 6월 기준 국민연금 가입자 현황을 살펴보면, 국민연금 총 가입자는 21,721천 명이며, 이 중 사업장가입자는 14,659천 명(67.5%), 지역가입자는 6,283천 명(28.9%), 임의가입자는 314천 명(1.4%), 임의계속가입자는 465천 명(2.2%)이다.

〈표 7-4〉 국민연금 가입자 현황(2020~2025년 6월)

(단위 : 천 명)

구 분	2020년	2021년	2022년	2023년	2024년	2025년 6월
계	22,107	22,348	22,498	22,385	21,984	21,721
사업장가입자	14,320	14,581	14,786	14,8125	14,676	14,659
지역가입자	6,898	6,8271	6,846	6,7145	6,513	6,283
임의가입자	362	397	365	325	316	314
임의계속가입자	527	543	501	534	479	465

출처 : 국민연금공단(국민연금통계).

4. 급여내용

1) 급여의 구성

국민연금 급여는 기본연금액과 부양가족연금액으로 구성되어 있다. 기본연금액은 A값(균등부분)과 B값(소득비례부분)으로 구성되어 있으며 노령연금, 장애연금, 유족연금의 산정기초가 된다. A값은 연금수급 전 3년간 전체 가입자의 평균소득월액의 평균액이며(소득재분배 기능을 함), B값은 가입자 개인의 가입기간 중 매년 기준소득월액을 연금수급 전년도의 현재가치로 재평가한 생애 평균 기준소득월액이다. 산정된 기본연금액에서 노령연금과 유족연금은 가입기간에 따른 지급률을 곱하고, 장애연금은 장애등급에 따른 지급률을 곱해서 산정한 후 부양가족이 있는 경우 부양가족연금액을 합산한다.

국민연금 급여액 산정 방식 = (기본연금액 × 지급률) + 부양가족연금액
• 기본연금액 구성 = A값 + B값 – A값(균등부분) : 연금수급 전 3년간 전체 가입자의 평균소득월액의 평균액 – B값(소득비례부분) : 가입자 개인의 가입기간 중 기준소득월액의 평균액 ※ B값은 가입자 개인의 가입기간 동안의 기준소득월액을 매년 보건복지부장관이 고시하는 연도별 재평가율에 의하여 연금수급 전년도의 현재 가치로 환산한 후 그 합계액을 가입자의 전체 가입 월수로 나누어 산정함 • 노령연금 지급률 : 가입기간 10년 기준 50%에 10년 초과 1년마다 5%씩 가산 • 장애연금 지급률 : 장애 1급 100%, 2급 80%, 3급 60%, 4급 225%(일시금으로 지급) • 유족연금 지급률 : 가입기간 10년 미만 40%, 10~20년 미만 50%, 20년 이상 60%

부양가족연금은 수급권자에 의해 생계를 유지하고 있는 자에게 지급하는 가족수당 성격의 급여로 ① 배우자, ② 19세 미만이거나 장애상태[8]에 있는 자녀(배우자가 혼인 전에 얻은 자녀 포함), ③ 60세 이상이거나[9] 장애상태에 있는 부모(부 또는 모의 배우자, 배우자의 부모 포함)가 있는 경우에 기본연금액에 더하여 지급한다.[10]

---

8) 장애연금 수급권자 구분에 따른 장애등급 1급 또는 2급에 해당하는 상태이거나, 장애인복지법에 따른 장애인 중 장애의 정도가 심한 장애인으로서 대통령령으로 정하는 장애 정도에 해당하는 상태

9) 2013년 이후 출생년도에 따라 1~5세 상향조정(부모의 연령은 노령연금 지급연령과 같음)

10) 2025년 기준 부양가족연금액은 배우자 연간 300,330원, 자녀와 부모는 1인당 연간 200,160원

2) 급여의 종류

국민연금급여는 노령연금, 장애연금, 유족연금, 반환일시금 및 사망일시금으로 구분된다.

(1) 노령연금

노령연금은 국민연금의 기초가 되는 급여로 가입기간, 연령 등에 따라 노령연금, 조기노령연금, 분할연금으로 구분된다. 노령연금의 수급개시연령은 2012년까지는 60세, 2013년부터는 61세에서 5년마다 1세씩 상향 조정되어 운영되고 있다.

〈표 7-5〉 출생연도별 노령연금 수급연령

출생연도	지급연도	수급개시연령		
		노령연금	조기노령연금	분할연금
1952년생 이전	2012년 이전	60세	55세	60세
1953~1956년생	2013~2017년	61세	56세	61세
1957~1960년생	2018~2022년	62세	57세	62세
1961~1964년생	2023~2027년	63세	58세	63세
1965~1968년생	2028~2032년	64세	59세	64세
1969년생 이후	2033년 이후	65세	60세	65세

출처 : 법률 제8541호 부칙 제8조.

① 노령연금

노령연금은 가입기간이 10년 이상이고 60세(수급연령 상향규정 적용 : 60~65세)가 된 때부터 생존하는 동안 지급되는 연금이다. 연금액은 가입기간이 20년 이상일 경우 기본연금액의 100%에 해당하는 금액을 지급하고, 가입기간이 10년 이상 20년 미만일 경우에는 10년 기준 기본연금액의 50%에 해당하는 금액에 10년 초과 1년마다 5%씩 가산한 금액을 지급한다(1년 미만이면 매 1개월마다 5/12%씩 가산). 부양가족이 있는 경우에는 산정된 기본연금액에 부양가족연금액을 합산하여 지급한다.

〈표 7-6〉 가입기간에 따른 노령연금액

가입기간 10년	가입기간 15년	가입기간 20년 이상
기본연금액의 50% + 부양가족연금액	기본연금액의 75% + 부양가족연금액	기본연금액의 100% + 부양가족연금액

노령연금 수급권자가 대통령령으로 정하는 '소득이 있는 업무',[11] 즉 연금수급 전 3년간 전체 가입자의 평균소득월액의 평균액(A값 : 2025년 월 3,089,062원)을 초과하는 소득이 있는 업무에 종사하면 60세 이상 65세 미만인 기간(수급개시연령부터 5년간 적용)에는 노령연금액(부양가족연금액 제외)에서 초과소득구간별 감액률을 적용하여 감액 지급한다.[12] 이때 감액하는 금액은 노령연금액의 1/2을 초과할 수 없다.

〈표 7-7〉 A값 초과소득구간별 감액률

A값 초과소득월액	감액산식	감액금액
100만 원 미만	초과소득월액의 5%	5만 원 미만
100만 원 이상 200만 원 미만	5만 원+ (100만 원 초과 소득월액의 10%)	5~15만 원 미만
200만 원 이상 300만 원 미만	15만 원+ (200만 원 초과 소득월액의 15%)	15~30만 원 미만
300만 원 이상 400만 원 미만	30만 원+ (300만 원 초과 소득월액의 20%)	30~50만 원 미만
400만 원 이상	50만 원+ (400만 원 초과 소득월액의 25%)	50만 원 이상

출처 : 국민연금공단 홈페이지(알기 쉬운 국민연금).

11) 대통령령으로 정하는 '소득이 있는 업무'란 사업소득과 근로소득 합산 금액을 당해연도 종사 개월 수로 나눈 금액이 전년도 연말 기준으로 산정된 연금수급 전 3년간의 전체 가입자의 평균소득월액의 평균액(A값)을 초과하는 소득이 있는 업무를 말한다(시행령 제45조).

12) 2015년 7월 29일 이전 수급권자는 연령별 감액률을 적용하고, 2015년 7월 29일 이후 수급권자부터는 소득구간별 감액률을 적용한다.

※ 노령연금 연기제도(지급의 연기에 따른 연금액 가산 제도)/법 제62조

- 노령연금 수급권자로서 60세 이상 65세 미만인 자가 원하는 경우 65세 전까지의 기간(최대 5년)에 대해 지급 연기를 신청할 수 있도록 함으로써 이자를 가산하여 연금수령액을 늘리고자 하는 제도임(53년생 이후는 출생연도별 노령연금 수급개시연령 적용)
- 가산금액 : 매월 0.6%(연 7.2%)씩 가산
- 연기비율 : 노령연금액의 50%, 60%, 70%, 80%, 90%, 100% 중에서 수급권자가 선택

② 조기노령연금

조기노령연금은 가입기간이 10년 이상인 가입자로서 55세(수급연령 상향규정 적용 : 55~60세) 이상인 자가 소득이 없거나 '소득이 있는 업무'(월평균 소득액이 A값을 초과하는 업무)에 종사하지 않으면 노령연금 수급개시연령 전(최대 5년)이라도 본인의 희망(신청)에 의해 지급되는 연금이다. 연금수급 중 60세 이전에 '소득이 있는 업무'에 종사하게 되면 그 기간 동안은 연금지급이 정지된다.

조기노령연금은 일찍 청구하는 1년에 기본연금액의 6%(최대 5년 30%)가 감액된다. 즉, 신청연령이 노령연금 수급개시연령보다 5세 전인 경우 기본연금액의 30%를 감액하고, 4세 전 24%, 3세 전 18%, 2세 전 12%, 1세 전 6%를 감액한다. 또한 가입기간이 10년 이상 20년 미만일 경우에는 노령연금의 가입기간별 지급율을 적용하여 감액한다. 조기노령연금에도 부양가족연금이 가산된다.

〈표 7-8〉 조기노령연금 지급률 예시(노령연금 수급개시연령이 63세일 경우)

가입기간	신청연령	지급률
10년	58세(5세 전)	(기본연금액의 50%) × 70% + 부양가족연금
12년	59세(4세 전)	(기본연금액의 60%) × 76% + 부양가족연금
14년	60세(3세 전)	(기본연금액의 70%) × 82% + 부양가족연금
16년	61세(2세 전)	(기본연금액의 80%) × 88% + 부양가족연금
18년	62세(1세 전)	(기본연금액의 90%) × 94% + 부양가족연금

③ 분할연금

분할연금은 혼인기간이 5년 이상인 자가 이혼한 경우 배우자가 노령연금 수급권자가 되고 본인이 60세(수급연령 상향규정 적용 : 60~65세)에 도달하면 혼인기간에 해당하는 노령연금액(부양가족연금액 제외)을 균등하게 나누어 받는 연금이다. 재혼 여부에 관계없이 지급하며, 분할연금을 청구할 권리는 배우자가 노령연금 수급권자가 되고 본인이 60세(수급연령 상향규정 적용 : 60~65세)에 도달한 때부터 5년 이내에 청구하여야 한다.

(2) 장애연금

장애연금은 가입자 또는 가입자였던 자가 질병이나 부상으로 신체상 또는 정신상의 장애가 있는 경우 장애결정 기준일부터 그 장애가 계속되는 기간 동안 장애 정도에 따라 지급하는 연금이다. '장애결정 기준일'이란 첫째, 초진일부터 1년 6개월이 지나기 전에 완치일이 있는 경우는 완치일, 둘째, 초진일부터 1년 6개월이 지날 때까지 완치일이 없는 경우에는 초진일부터 1년 6개월이 되는 날의 다음 날을 말한다. 수급권자는 해당 질병 또는 부상의 초진일 당시 연령이 18세(18세 전에 가입한 경우에는 가입자가 된 날) 이상이고, 노령연금의 지급연령 미만이어야 한다.

장애연금액은 장애등급에 따라 다르게 지급된다. 장애등급 1급은 기본연금액의 100%, 2급은 기본연금액의 80%, 3급은 기본연금액의 60%에 해당하는 금액으로 하고, 각각 부양가족연금액을 합산하여 연금으로 지급한다. 그리고 4급은 기본연금액의 225%에 해당하는 금액을 일시보상금으로 지급한다.

〈표 7-9〉 **장애등급별 장애연금액**

1급(연금)	2급(연금)	3급(연금)	4급(일시보상금)
기본연금액의 100% + 부양가족연금액	기본연금액의 80% + 부양가족연금액	기본연금액의 60% + 부양가족연금액	기본연금액의 225%

(3) 유족연금

① 수급권자

유족연금은 다음의 어느 하나에 해당되는 사람이 사망하면 그에 의해 생계를 유지하고 있던 유족에게 지급하는 연금이다.

- 노령연금 수급권자
- 가입기간이 10년 이상인 가입자 또는 가입자였던 자
- 연금보험료를 낸 기간이 가입대상 기간의 3분의 1 이상인 가입자 또는 가입자였던 자
- 사망일 5년 전부터 사망일까지의 기간 중 연금보험료를 낸 기간이 3년 이상인 가입자 또는 가입자였던 자(가입대상 기간 중 체납기간이 3년 이상인 사람은 제외)
- 장애등급 2급 이상인 장애연금 수급권자

② 유족의 범위

유족의 범위는 노령연금 수급권자가 사망할 당시 그에 의하여 생계를 유지하고 있던 배우자, 자녀, 부모, 손자녀, 조부모로 순위에 따라 최우선 순위자에게만 지급한다. 같은 순위의 유족이 2명 이상이면 그 유족연금액을 똑같이 나누어 지급한다.

1순위 : 배우자
2순위 : 자녀(25세 미만이거나 장애상태에 있는 사람)
3순위 : 부모(배우자의 부모 포함, 60세 이상이거나 장애상태에 있는 사람)
4순위 : 손자녀(19세 미만이거나 장애상태에 있는 사람)
5순위 : 조부모(배우자의 조부모 포함, 60세 이상이거나 장애상태에 있는 사람)
※ 부모 및 조부모의 유족연금 수급연령은 수급연령 상향규정(60~65세)을 적용한다.

③ 수급권 소멸사유 및 정지

유족연금 수급권은 다음의 사유에 해당되면 소멸된다.

- 수급권자가 사망한 때
- 배우자인 수급권자가 재혼한 때
- 자녀나 손자녀인 수급권자가 파양된 때
- 장애상태에 해당하지 아니한 자녀인 수급권자가 25세가 된 때, 또는 장애상태에 해당하지 아니한 손자녀인 수급권자가 19세가 된 때

한편 유족연금의 수급권자인 배우자에 대하여는 수급권이 발생한 때부터 3년 동안 유족연금을 지급한 후 55세가 될 때까지 지급을 정지한다. 다만, 그 수급권자가 장애상태인 경우이거나, 25세 미만인 자녀나 장애상태인 자녀의 생계를 유지한 경우, 또는 대통령령으로 정하는 소득이 있는 업무에 종사하지 않는 경우에는 지급을 정지하지 않는다.

④ 유족연금액

유족연금은 가입기간에 따라 계산된 금액에 부양가족연금액을 더하여 지급한다. 가입기간이 10년 미만은 기본연금액의 40%, 10년 이상 20년 미만은 기본연금액의 50%, 20년 이상인 경우 기본연금액의 60%를 지급한다.

〈표 7-10〉 **가입기간에 따른 유족연금액**

10년 미만	10년 이상 20년 미만	20년 이상
기본연금액의 40% + 부양가족연금액	기본연금액의 50% + 부양가족연금액	기본연금액의 60% + 부양가족연금액

(4) 반환일시금 · 사망일시금

반환일시금은 가입자 또는 가입자였던 자가 가입기간이 10년 미만으로 60세가 된 때, 사망한 때, 국적을 상실하거나 국외로 이주한 때 본인이나 그 유족의 청구에 의해 일시금으로 지급하는 제도이다. 유족의 범위 및 청구의 순위는 유

족연금의 경우를 준용한다. 반환일시금의 지급액은 가입자 또는 가입자였던 자가 납부한 연금보험료에 대통령령으로 정하는 이자를 더한 금액으로 한다.

사망일시금은 가입자 또는 가입자였던 사람, 노령연금 수급권자, 장애등급이 3급 이상인 장애연금 수급권자 등이 사망한 때에 유족연금의 수급요건을 충족하는 유족이 없으면 그 배우자 · 자녀 · 부모 · 손자녀 · 조부모 · 형제자매 또는 4촌 이내 방계혈족(傍系血族)의 순으로 일시금을 지급하는 제도이다. 즉, 사망일시금은 유족연금 또는 반환일시금을 받지 못할 경우 장제부조적 · 보상적 성격으로 지급하는 급여이다. 지급금액은 가입자 또는 가입자였던 사람의 사망인 경우 반환일시금에 상당하는 금액을, 노령연금 수급권자와 장애등급이 3급 이상인 장애연금 수급권자의 사망인 경우는 수급권자가 사망할 때까지 지급받은 연금액이 산정된 반환일시금(가입자 또는 가입자였던 사람으로 준용)보다 적은 경우 그 차액을 지급한다.

3) 중복급여의 조정

(1) 국민연금급여 간 조정

수급권자에게 2개 이상의 급여수급권이 생기면 수급권자의 선택에 따라 그 중 하나만 지급하고 다른 급여의 지급은 정지된다. 그럼에도 불구하고 본인의 노령연금과 유족연금 중 선택하지 않은 연금이 유족연금일 경우 본인의 노령연금에다 유족연금의 30%를 추가로 지급한다(선택한 급여가 반환일시금일 때는 제외).

(2) 국민연금과 타 법률 간의 조정

장애연금 또는 유족연금의 수급권자가 이 법에 따른 장애연금 또는 유족연금의 지급사유와 같은 사유로 근로기준법, 산업재해보상보험법, 선원법, 어선원 및 어선 재해보상보험법에 해당하는 급여를 받을 수 있는 경우에는 국민연금법에 의한 장애연금액이나 유족연금액은 그 2분의 1에 해당하는 금액을 지급한다.

4) 급여지급 현황

2025년 6월 기준 급여종류별 수급자 현황을 살펴보면, 총 수급자는 7,365,014명이다. 이 중 노령연금 수급자가 6,212,252명(84.3%)이고, 장애연금 수급자가 72,041명(1.0%)이며, 유족연금 수급자는 1,080,721명(14.7%)이다.

〈표 7-11〉 **국민연금 급여종류별 수급자 현황(2020~2025년 6월)**

(단위 : 명)

구 분	2020년	2021년	2022년	2023년	2024년	2025년 6월
계	5,588,154	5,864,373	6,424,917	6,626,552	7,155,257	7,365,014
노령연금	4,468,126	4,894,452	5,396,729	5,543,769	6,015,091	6,212,252
장애연금	78,079	77,726	76,718	75,616	76,865	72,041
유족연금	841,817	892,195	951,470	1,007,167	1,063,301	1,080,721

출처 : 국민연금공단(국민연금통계).

또한 2025년 6월 기준 연금종별 월평균/최고 지급액 현황을 살펴보면, 전체 가입자에게 지급한 월평균 급여액은 679,331원이고, 최고 지급액은 3,185,040원으로 나타났다.

〈표 7-12〉 **연금종별 월평균/최고 지급액(2025년 6월)**

(단위 : 원)

구 분	계	노령연금					장애연금	유족연금
		20년 이상	10~19년	소득종사	조기연금	분할연금		
평균	679,331	1,119,818	442,386	1,269,320	732,034	262,038	540,000	376,140
최고	3,185,040	3,185,040	2,134,610	2,842,920	2,612,410	2,177,050	2,237,340	1,518,250

출처 : 국민연금공단(국민연금통계).

5. 재 정

국민연금의 재정은 연금보험료, 국고보조금, 그리고 국민연금기금의 운용수익금으로 이루어진다.

1) 연금보험료

보험료율은 기준소득월액의 13%(2026년 9.5%~2033년 13%)[13]로, 사업장 가입자는 본인과 사용자가 각각 절반씩 나누어 부담하고(사용자가 일괄 납부), 지역가입자와 임의가입자 및 임의계속가입자는 본인이 모두 부담하고 납부한다. 보험료 및 급여 산정의 기초가 되는 기준소득월액은 가입자가 신고한 전년도 소득월액으로, 매년 상한액과 하한액 범위 내에서 정해지며 전년도 기준소득월액은 당해 연도 7월부터 이듬해 6월까지의 보험료에 적용한다.

연금보험료 = 기준소득월액(상 · 하한액 적용) × 보험료율(9.5%/2026년)

▶ 기준소득월액 : 국민연금 보험료 및 연금급여 산정의 기초가 되는 금액
- 산정방식 : 가입자의 전년도 연간소득총액 ÷ 총 근무일수 × 30일
- 정기결정 : 매년 5월 국민연금소득총액 신고를 통해 7월에 결정
- 적용기간 : 당해연도 7월부터 이듬해 6월까지의 연금보험료에 적용
- 2025년 7월~2026년 6월까지 적용할 기준소득월액의 상 · 하한액
  – 상한액 : 월 637만 원(월 보험료 573,300원)
  – 하한액 : 월 40만 원(월 보험료 36,000원)

2) 국고보조금

국민연금법(제87조)에 의해 국가는 매년 국민연금사업을 관리 · 운영하는 데 필요한 비용의 전부 또는 일부를 부담하고 있다.

13) 보험료율은 2025년 4월 2일 개정을 통해 9%에서 13%로 인상하기로 하고, 2026년 9.5%에서 매년 0.5%씩 단계적으로 상향하여 2033년에 13%에 도달하도록 하였다.

3) 국민연금기금 운용수익금

보건복지부장관은 국민연금사업에 필요한 재원을 원활하게 확보하고, 이 법에 따른 급여에 충당하기 위한 책임준비금으로서 국민연금기금을 설치한다. 기금은 연금보험료, 기금운용 수익금, 적립금, 공단의 수입지출 결산상의 잉여금의 재원으로 조성한다. 조성된 기금은 보건복지부장관이 관리운용하며, 재정의 장기적인 안정을 유지하기 위해 그 수익을 최대로 증대시킬 수 있도록 국민연금운용위원회에서 의결한 바에 따라 국민연금기금을 복지부문, 금융부문, 기타부문 등에 투자한다. 금융부문은 국내주식, 해외주식, 국내채권, 해외채권, 대체투자 및 기타 금융상품으로 나누어 운용되고 있다. 보건복지부장관은 매년 기금 운용계획을 세워서 기금운용위원회 및 국무회의의 심의를 거쳐 대통령의 승인을 받아야 한다.

국민연금기금 적립금(지출금액 공제 후) 규모는 2025년 6월 말 기준(누계) 1,269.2조 원에 이르고 있으며, 이 중에서 1,267.6조 원(99.9%)이 금융부문에 집중 투자 운영되고 있다. 투자비율을 살펴보면, 해외주식이 446.5조 원(35.2%)으로 투자비율이 가장 높고, 국내채권 329.2조 원(25.9%), 대체투자 207.3조 원(16.3%), 국내주식 189.1조 원(14.9%) 순으로 나타났다.

〈표 7-13〉 국민연금기금 적립금 운용 현황(2020~2025년 6월)

(단위 : 조 원)

구 분			2020년	2021년	2022년	2023년	2024년	2025년 6월
적립금 규모(누계)			833.7	948.7	890.4	1,035.8	1,212.8	1,269.2
운용	금융부문	계	833.1	948.1	889.8	1,035.2	1,212.2	1,267.6
		국내주식	176.7	165.8	125.3	148.0	139.7	189.1
		국내채권	326.1	340.0	311.2	326.0	344.3	329.2
		해외주식	192.7	256.6	240.9	320.4	431.0	446.5
		해외채권	44.9	63.9	63.3	73.6	88.2	89.7
		대체투자	90.7	119.3	146.2	164.2	206.9	207.3
		단기자금	2.0	2.5	2.0	2.5	3.4	3.7
	복지 · 기타부문		0.6	0.6	0.6	0.6	0.6	1.6

출처 : 국민연금공단 국민연금기금운용본부.

국민연금기금이 설치된 1988년 이후부터 2024년까지의 기금 연평균 운용수익률은 6.82%이며, 이에 따른 운용수익금은 738조 원에 달하고 있다.

〈표 7-14〉 국민연금기금 운용수익률 및 운용수익금

구 분	기금설치 후	최근 3년	2025년(잠정)
	1988~2024년	2022~2024년	2025년 1~6월
운용수익률	6.82%	6.98%	4.08%
운용수익금	738조 원	207조 원	49.8조 원

출처 : 국민연금공단 국민연금기금운용본부.

한편 제5차 국민연금 재정추계(2023. 3. 31)에 의하면, 재정추계 시점에서 약 20년간은 제도가 미성숙한 단계에서 성숙한 단계로 접어드는 과정에 있게 되므로 지출보다는 수입이 많은 구조를 유지하게 되지만, 점차 지출이 증가하면서 2041년에는 재정수지가 적자로 전환되고, 2057년에는 기금이 소진되는 것으로 예측되었다. 이에 기금 소진을 늦추기 위해 2025년 4월 2일 모수개혁을 실시하였고(2026년 1월부터 시행), 개정된 보험료율(13%)과 소득대체율(43%)을 반영하면 제5차 국민연금 재정추계보다 재정수지 적자 전환 시점은 7년이 늘어난 2048년이 되고, 기금 소진 시점은 8년이 늘어난 2065년으로 전망되고 있다.

〈표 7-15〉 국민연금기금 재정수지 전망

구 분		적자 전환 시점	기금 소진 시점
개정 전 (제5차 재정추계)	보험료율(9%) 소득대체율(50~40%)	2041년	2057년
개정 후 (2026년 1월 시행)	보험료율(13%) 소득대체율(43%)	2048년 (+7년)	2065년 (+8년)

출처 : 국회예산정책처(2025. 6).

※ 공적연금의 재정 방식(적립방식과 부과방식)	
적립방식(funded system)	부과방식(pay-as-you-go system)
• 장래에 지급하게 될 연금 급여를 가입자가 보험료를 납부하는 기간 동안 연기금으로 적립하였다가 지급하는 방식 • 현세대 보험료 → 후일의 현세대에게 지급 • 적립기금 축적 및 보험료를 서서히 인상할 수 있다는 장점이 있으나 인플레이션에 취약하다는 단점이 있음	• 매년 그해의 연금 급여를 예상하여 현재의 근로세대에게 보험료를 징수하여 그해의 연금 급여 지출로 모두 써버리는 방식 • 현세대 보험료 → 현재의 은퇴세대에게 지급 • 연금수리추계가 불필요하고 인플레이션의 영향을 받지 않는다는 장점과, 인구구조의 변화에 영향을 많이 받는다는 단점이 있음

6. 운영체계

1) 보건복지부

국민연금제도의 운영에 대한 정책결정의 책임을 지고 있는 기관은 보건복지부이다. 보건복지부장관은 5년마다 국민연금재정 수지를 계산하고, 국민연금의 재정전망과 연금보험료의 조정 및 국민연금기금의 운용계획 등이 포함된 국민연금 운용 전반에 관한 계획을 수립하여 국무회의의 심의를 거쳐 대통령의 승인을 받아야 하며, 승인받은 계획을 국회에 제출하고 공시하여야 한다(법 제4조 제2항).

2) 국민연금공단

국민연금공단은 국민연금사업을 효율적으로 수행하기 위해 보건복지부장관의 위탁을 받아 설립된 기관이다. 국민연금공단의 업무는 다음과 같다(법 제25조).

- 가입자에 대한 기록의 관리 및 유지
- 연금보험료의 부과
- 급여의 결정 및 지급
- 가입자, 가입자였던 자, 수급권자 및 수급자를 위한 자금의 대여와 복지시설의 설치 · 운영 등 복지사업
- 가입자 및 가입자였던 자에 대한 기금증식을 위한 자금 대여사업
- 가입대상과 수급권자 등을 위한 노후준비서비스 사업
- 국민연금제도 · 재정계산 · 기금운용에 관한 조사연구
- 국민연금에 관한 국제협력
- 그 밖에 이 법 또는 다른 법령에 따라 위탁받은 사항
- 그 밖에 국민연금사업에 관하여 보건복지부장관이 위탁하는 사항

3) 국민연금심의위원회

국민연금심의위원회는 국민연금사업에 관한 사항을 심의하기 위해 보건복지부 소속하에 있는 심의기구로 위원장은 보건복지부차관이다. 국민연금심의위원회의 심의사항은 다음과 같다(법 제5조).

- 국민연금제도 및 재정 계산에 관한 사항
- 급여에 관한 사항
- 연금보험료에 관한 사항
- 국민연금기금에 관한 사항
- 그 밖에 국민연금제도의 운영과 관련하여 보건복지부장관이 회의에 부치는 사항

4) 국민연금기금운용위원회

국민연금기금운용위원회는 국민연금기금운용에 관한 사항을 심의 · 의결하기 위하여 보건복지부 소속하에 두는 최고의사결정기구로 위원장은 보건복지부장관이다. 국민연금기금운용위원회의 심의 · 의결 사항은 다음과 같다(법 제103조).

- 기금운용지침에 관한 사항
- 기금을 관리기금에 위탁할 경우 예탁 이자율의 협의에 관한 사항
- 기금운용계획에 관한 사항
- 기금의 운용내용과 사용내용에 관한 사항
- 그 밖에 기금의 운용에 관하여 중요한 사항으로서 운용위원회 위원장이 회의에 부치는 사항

Chapter 8

국민건강보험제도

1. 의의 및 목적

국민건강보험(National Health Insurance)이란 사회보험방식을 통하여 국민의 건강을 확보하고, 소득유지와 생활의 안정을 함께 도모하는 사회보장제도이다. 국민건강보험법 제1조를 보면 "이 법은 국민의 질병 · 부상에 대한 예방 · 진단 · 치료 · 재활과 출산 · 사망 및 건강증진에 대하여 보험급여를 실시함으로써 국민보건 향상과 사회보장 증진에 이바지함을 목적으로 한다"고 규정하고 있다. 따라서 국민건강보험제도는 기본적인 진료비 보장과 질병치료는 물론 건강진단 · 재활 및 예방의 범위까지 포함하는 적극적이고 포괄적인 의미를 가지는 제도이다.

국민건강보험의 기능은 크게 세 가지로 살펴볼 수 있다. 첫째, 의료보장 기능이다. 피보험대상자 모두에게 필요한 기본적 의료를 적정한 수준까지 보장함으로써 그들의 의료문제를 해결하고 누구에게나 균등하게 적정수준의 급여를 제공한다. 둘째, 사회연대 기능이다. 건강보험은 사회보험으로서 건강에 대한 사회공동의 책임을 강조하여 비용(보험료)부담은 소득과 능력에 따라 부담하고 가입자 모두에게 균등한 급여를 제공함으로써 사회적 연대를 강화하고 사회통합을 이루는 기능을 가지고 있다. 셋째, 소득재분배 기능이다. 질병은 개인의 경제생활에 지장을 주어 소득을 떨어뜨리고 다시 건강을 악화시키는 악순환을 초래하기 때문에 각 개인의 경제적 능력에 따른 일정한 부담으로 재원을 조성하고 개별부담과 관계없이 필요에 따라 균등한 급여를 제공하여 질병의 치료부담을 경감시키는 건강보험은 소득재분배 기능을 수행한다(국민건강보험공단 내부자료).

2. 도입배경 및 발전과정

1) 의료보험제도 도입과 확대과정(조합주의 방식)

우리나라의 의료보험제도는 1963년의 의료보험법 제정으로부터 시작된다. 1962년 3월 20일 보건사회부(현재의 보건복지부) 산하에 '사회보장제도 심의위원회'가 발족되었는데, 이 위원회는 4개 반으로 편성되었고, 그중 의료보험반이 국민건강조사를 실시하고 외국의 제도를 참고하여 의료보험법 초안을 만들었다. 이후 이 안은 국회를 통과하였으나 법률 제정과정에서 가입방법이 강제가입제에서 임의가입제로 바뀌었다. 또한 적용대상이 사업장근로자와 그 부양가족으로 한정되어 사회보험의 가장 큰 특성인 강제가입과 적용대상의 포괄성을 결여하였기 때문에 사회보험으로서의 의의를 상실하였다. 이후 1970년 8월 개정에 의해 적용대상을 근로자 외에 공무원, 군인, 자영자 등 전 국민으로 확대했으며, 근로자, 공무원, 군인에 대해서는 강제가입 형태를 취했으나 시행령을 제정하지 못해 시행하지 못하였다(채구묵, 2017 : 277).

이후 1976년 12월에 의료보험법이 전면 개정되면서 1977년 7월 1일부터 500인 이상 사업장 근로자를 당연적용 대상으로 하여 강제가입 의료보험이 실시되었다.[1)] 이때는 직장별로 의료보험조합을 별도로 구성하고 독립채산제방식에 따른

1) 1963년의 의료보험법은 임의가입제였기 때문에 우리나라 의료보험법의 시작은 강제가입을 적용한 1976년으로 본다.

조합방식을 채택하였으므로 의료보험을 실시하기 위해 486개의 조합이 설립되었다. 그리고 1977년 12월 31일에는 공무원 및 사립학교교직원을 대상으로 하는 공무원 및 사립학교교직원 의료보험법이 제정되어 1979년 1월부터 실시되었다. 이후 사업장 근로자의 당연적용대상 범위는 1979년 4월에 300인 이상 사업장, 1980년 10월에 100인 이상 사업장, 1982년 12월에 16인 이상 사업장, 1988년 7월에 5인 이상 사업장으로 확대되었다. 한편 전두환 정부의 국민복지 3대 정책[2] 중 하나인 의료보험 확대방안으로 1988년 1월부터 농어촌지역 의료보험이 실시되었고, 이듬해 1989년 7월부터는 도시지역 의료보험이 실시되었다. 이로서 우리나라 전 국민에 대한 의료보험이 실시되었다.

피용자제도		자영자제도
300인 이상 사업장 임의적용 근거 마련	1963	
	1970	자영업자에 대한 임의적용 근거 마련
300인 이상 사업장 당연 적용	1977	
공무원 및 사립학교 교직원 당연 적용 300인 이상 사업장 당연 적용	1979	
100인 이상 사업장 당연 적용	1981	지역의료보험 1차 시범사업 실시(홍천, 옥구, 군위) 직종의료보험조합 설립
16인 이상 사업장 당연 적용	1982	지역의료보험 2차 시범사업 실시 (강화, 보은, 목포)
5인 이상 사업장 당연 적용	1988	농어촌지역 자영자 당연 적용
	1989	도시지역 자영자 당연 적용

전 국민 의료보험 실현(1989)

|그림 8-1| **의료보험제도의 연혁**

출처 : 국민건강보험 홈페이지(제도소개).

---

2) 1980년대 중반 민주화운동이 고양되고 경제안정화 기조가 자리를 잡자 전두환 대통령은 1986년 8월 11일 기자회견을 통해 국민연금제도와 최저임금제의 실시, 의료보험의 전 국민 확대라는 소위 '3대 복지입법'을 국민에게 약속하였다. 이에 따라 국민연금제도는 1986년 12월에 법 제정을 하고 1988년 1월에 시행하였고, 최저임금제도 1986년 12월 법 제정을 거쳐 1988년 1월 시행에 들어갔다. 의료보험은 1987년 12월 법 개정이 이루어졌으나 노태우 정부 시기인 1989년 7월에 전 국민 의료보험 시대를 열게 되었다(양재진, 2008).

2) 국민의료보험제도 도입과정(부분통합)

1989년 7월부터 전 국민에 대한 의료보험화가 되었지만 의료보험제도는 의료보험법에 기반을 둔 직장의료보험조합(139개)과 지역의료보험조합(227개), 그리고 공무원 및 사립학교교직원 의료보험법에 기반을 둔 공무원 및 사립학교교직원 의료보험관리공단(1개)에 의해 운영되었다. 이에 따라 의료보험 통합에 대한 논의가 꾸준히 전개되어 1997년 12월 31일 국민의료보험법이 제정되었다. '국민의료보험관리공단' 출범 후 1998년 10월부터 실시된 국민의료보험은 직장의료보험조합은 일단 제외하고, 먼저 1개의 공무원 및 사립학교교직원 의료보험조합과 227개의 지역의료보험조합만 통합하는 부분통합을 하였다.

3) 국민건강보험제도 도입과정(완전통합)

김대중 정부 출범 후 1999년 2월 8일에 국민건강보험법이 제정되고 2000년 7월 1일부터 시행되었다. 이에 따라 139개의 직장의료보험조합과 국민의료보험관리공단이 통합되어 국민건강보험공단으로 업무가 단일화되었다. 이로써 그동안 조합주의와 통합주의 간에 계속해 오던 논쟁은 끝나고 완전 통합주의 방식으로 변경되었다. 그러나 이때 재정에 대한 부분은 통합하지 않고 당분간 각각 분리하여 관리하기로 하였고, 이후 2003년 7월 1일에 보험재정도 일원화되었다.

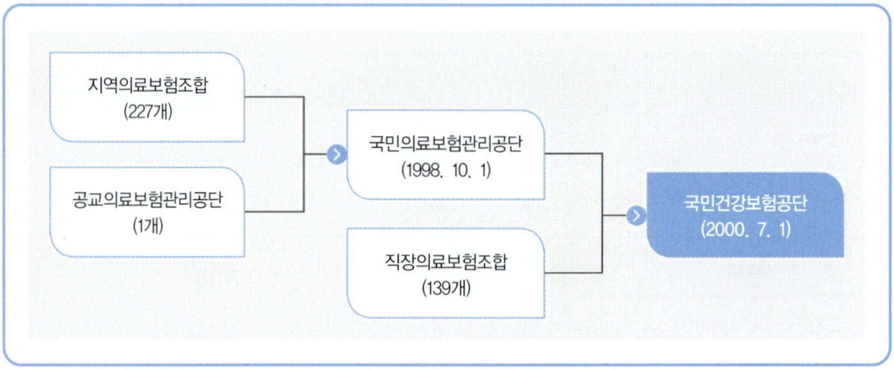

|그림 8-2| 국민건강보험공단의 설립과정

출처 : 국민연금공단 홈페이지(제도소개).

〈표 8-1〉 **국민건강보험제도의 주요 연혁**

<table>
<tr><th>날 짜</th><th>주요 내용</th><th>비고</th></tr>
<tr><td>1963. 12. 16.</td><td>의료보험법 제정(임의적용)</td><td rowspan="11">조합
주의</td></tr>
<tr><td>1976. 12. 22.</td><td>의료보험법 개정(강제적용)</td></tr>
<tr><td>1977. 7. 1.</td><td>의료보험제도 시행(500인 이상 사업장부터 실시, 486개 조합 설립)</td></tr>
<tr><td>1977. 12. 31.</td><td>공무원 및 사립학교교직원 의료보험법 제정</td></tr>
<tr><td>1979. 1. 1.</td><td>공무원 및 사립학교교직원 의료보험법 시행</td></tr>
<tr><td>1979. 4. 7.</td><td>사업장 적용범위 확대(300인 이상 사업장)</td></tr>
<tr><td>1980. 10. 31.</td><td>사업장 적용범위 확대(100인 이상 사업장)</td></tr>
<tr><td>1982. 12. 21.</td><td>사업장 적용범위 확대(16인 이상 사업장)</td></tr>
<tr><td>1988. 1. 1.</td><td>농어촌지역의료보험 실시</td></tr>
<tr><td>1988. 7. 22.</td><td>사업장 적용범위 확대(5인 이상 사업장)</td></tr>
<tr><td>1989. 7. 1.</td><td>도시지역 자영자 포함(전 국민 의료보험법 실시)</td></tr>
<tr><td>1997. 12. 31.</td><td>국민의료보험법 제정</td><td rowspan="2">조합
+
통합</td></tr>
<tr><td>1998. 10. 1.</td><td>국민의료보험법 시행(국민의료보험관리공단 출범)
- 공무원 및 사립학교교직원 의료보험조합(1개)+지역의료보험조합(227개)</td></tr>
<tr><td>1999. 2. 8.</td><td>국민건강보험법 제정</td><td rowspan="5">통합
주의</td></tr>
<tr><td>2000. 7. 1.</td><td>국민건강보험법 시행
- 직장의료보험조합(139개)과 국민의료보험공단 통합
- 국민건강보험공단으로 업무 단일화(완전 통합)</td></tr>
<tr><td>2000. 12. 29.</td><td>사업장 적용범위 확대(1인 이상 사업장, 2001년 1월부터 실시)</td></tr>
<tr><td>2003. 7. 1.</td><td>직장재정과 지역재정 통합(국민건강보험의 실질적인 통합)</td></tr>
<tr><td>2009. 5. 2.</td><td>4대 사회보험료 통합 징수(2011년 1월부터 실시)</td></tr>
</table>

3. 의료보장제도의 유형

1) 사회보험방식(SHI : Social Health Insurance)

사회보험방식은 국가가 기본적으로 의료보장에 대한 책임을 지지만, 의료비에 대한 국민의 자기 책임을 일정 부분 인정하는 체계이다. 즉, 정부기관이 아닌 다수의 건강보험조합이 보험자가 되어(조합주의, 다보험자 체계) 갹출된 보험료로 재원을 마련하여 의료를 보장하는 방식이다. 정부에 대해 상대적으로 자율성을 지닌 기구를 통한 자치적 운영을 근간으로 하며, 의료공급자가 국민과 보험자간에서 보험급여를 대행한다. 독일의 비스마르크가 창시(1883년의 질병보험)하여 비스마르크 방식이라고도 하며, 독일, 프랑스, 오스트리아, 벨기에 등이 사회보험방식으로 의료보장을 제공하는 대표적인 국가이다.

2) 국민건강보험방식(NHI : National Health Insurance)

국민건강보험방식은 사회보험방식과 마찬가지로 갹출된 보험료를 재원으로 하여 운영을 하지만 다수의 보험자를 통해 운영되는 사회보험방식과 달리 정부기관이 단일한 보험자가 되어(통합주의, 단일 보험자 체계) 국가 전체의 건강보험을 관리 · 운영한다. 국가가 피보험자인 국민에게 직접 또는 의료기관을 통하여 보험급여를 실시하며, 이 방식의 의료보장체계를 채택한 대표적인 국가는 한국과 대만을 들 수 있다.

3) 국민보건서비스방식(NHS : National Health Service)

국민보건서비스방식은 국민의 의료문제는 국가가 모두 책임져야 한다는 관점에서 정부가 일반조세로 재원을 마련하고 모든 국민에게 무상으로 의료를 제공하여 국가가 직접적으로 의료를 관장하는 방식이다. 이 경우 의료기관의 상당 부분이 사회화 내지 국유화되어 있으며, 영국의 비버리지가 제안한 이래 영국, 스웨덴, 이탈리아 등의 유럽에 확산되었다.

4. 적용대상

1) 가입대상

국내에 거주하는 모든 국민은 국민건강보험의 가입자 또는 피부양자가 된다. 다만, 의료급여법에 따라 의료급여를 받는 사람과 「독립유공자예우에 관한 법률」 및 「국가유공자 등 예우 및 지원에 관한 법률」에 따라 의료보호를 받는 사람은 제외한다. 따라서 기초생활수급자나 유공자 등으로 보험료를 납부하지 않는 의료급여 대상자를 제외한 모든 국민은 국민건강보험의 가입자가 된다. 가입제외 대상자의 경우도 보험료를 납부하지는 않지만 국가 및 지방자치단체의 재정으로 조성된 의료급여기금에서 급여비용을 부담하므로 국민건강보험 가입자와 같은 건강보장급여를 받을 수 있다.

2) 가입자의 종류

가입자는 직장가입자와 지역가입자로 구분한다.

(1) 직장가입자

직장가입자는 모든 사업장의 근로자 및 사용자와 공무원 및 교직원과 그 피부양자로 구성된다. 피부양자는 직장가입자의 배우자, 직계존속(배우자의 직계존속 포함), 직계비속(배우자의 직계비속 포함) 및 그 배우자, 형제 · 자매(30세 미만, 65세 이상, 장애인, 국가유공자 등) 중 직장가입자에 의해 주로 생계를 의존하는 사람으로서 소득 및 재산이 보건복지부령으로 정하는 기준 이하에 해당하는 사람을 말한다.[3)]

---

3) 직장가입자의 피부양자 요건(시행규칙 제2조 제1항 제2호 관련 별표 1의2)
   ① 소득합계액이 연간 2,000만 원 이하(사업소득이 없을 것)이고, 재산세 과세표준의 합이 5억 4천만 원 (형제 · 자매 등의 경우는 1억 8천만 원) 이하일 것
   ② 재산세 과세표준의 합이 5억 4천만 원을 초과하면서 9억 원 이하일 경우는 소득합계액이 연간 1천만 원 이하일 것

※ 직장가입자 제외 대상(법 제6조 제2항)
• 고용기간이 1개월 미만인 일용근로자 • 병역법에 따른 현역병, 전환 복무된 사람 및 군 간부 후보생 • 선거에 당선되어 취임하는 공무원으로서 매월 보수 또는 보수에 준하는 급료를 받지 아니하는 사람 • 그 밖에 사업장의 특성, 고용 형태 및 사업의 종류 등을 고려하여 대통령령으로 정하는 사업장의 근로자 및 사용자와 공무원 및 교직원

(2) 지역가입자

지역가입자는 직장가입자와 그 피부양자를 제외한 가입자를 말한다. 지역가입자의 경우 피부양자도 모두 가입자가 되는데 직장가입자처럼 피부양자라는 명칭을 쓰지 않고 세대주와 세대원이라는 명칭을 사용한다.

3) 가입자 현황

우리나라의 의료보장 적용인구 현황을 살펴보면, 2024년 기준 건강보험 가입자와 의료급여 수급권자를 합한 의료보장 적용 총 인구는 52,993천 명이다. 이 중 건강보험 가입자는 51,439천 명(직장가입자 35,771천 명, 지역가입자 15,669천 명)으로 의료보장 적용 총 인구의 97.1%를 차지하고 있으며, 의료급여 수급자는 1,554천 명으로 2.9%이다.

〈표 8-2〉 **의료보장 적용인구 현황(2018~2024년)** (단위 : 천 명, 천 세대)

구 분		2018년	2019년	2020년	2021년	2022년	2023년	2024년
의료보장		52,557	52,880	52,871	52,927	52,927	52,964	52,993
건강보험		51,072	51,391	51,345	51,412	51,410	51,453	51,439
	직장	36,990	37,227	37,160	37,180	36,633	36,365	35,771
	지역 (세대수)	14,082 (8,053)	14,164 (8,377)	14,195 (8,590)	14,232 (8,817)	14,777 (9,314)	15,089 (9,584)	15,669 (10,035)
의료급여 등		1,485	1,489	1,526	1,515	1,517	1,511	1,554

출처 : 보건복지부 홈페이지(건강보험정책).

5. 급여내용

1) 급여의 종류

국민건강보험급여의 종류는 요양급여, 요양비, 건강검진, 부가급여, 장애인보조기기급여가 있다.

(1) 요양급여

요양급여는 가입자 및 피부양자의 질병·부상·출산 등에 대해 요양기관이 실시하는 의료서비스로 현물급여이다. 요양급여를 실시하는 범위는 ① 진찰·검사, ② 약제·치료재료의 지급, ③ 처치·수술 및 그 밖의 치료, ④ 예방·재활, ⑤ 입원, ⑥ 간호, ⑦ 이송 등이다. 요양급여의 대상(약제 제외)은 보건복지부장관이 비급여 대상으로 정한 것을 제외한 일체의 것으로 하고, 약제의 경우는 요양급여대상으로 보건복지부장관이 결정하여 고시한 것으로 그 범위를 정해놓고 있다.

요양급여(간호와 이송은 제외)를 실시하는 요양기관은 ① 의료법에 따라 개설된 의료기관, ② 약사법에 따라 등록된 약국, ③ 약사법 제91조에 따라 설립된 한국희귀의약품센터, ④ 지역보건법에 따라 설치된 보건소·보건의료원 및 보건지소, ⑤ 농어촌 등 보건의료를 위한 특별조치법에 따라 설치된 보건진료소이다.

(2) 요양비

요양비는 가입자나 피부양자가 보건복지부령으로 정하는 긴급하거나 그 밖의 부득이한 사유로 요양기관과 비슷한 기능을 하는 기관으로서 보건복지부령으로 정하는 기관(준요양기관)에서 질병·부상·출산 등에 대하여 요양을 받거나, 요양기관이 아닌 장소에서 출산한 경우에 그 요양급여에 상당하는 금액을 지급하는 현금급여를 말한다. 준요양기관은 보건복지부장관이 정하는 요양비

명세서나 요양 명세를 적은 영수증을 요양을 받은 사람에게 내주어야 하며, 요양을 받은 사람은 그 명세서나 영수증을 공단에 제출하여야 한다.

(3) 건강검진

건강검진은 가입자와 피부양자에 대한 질병의 조기 발견과 그에 따른 요양급여를 실시하는 현물급여이다. 건강검진은 일반건강검진, 암검진, 영유아검진으로 나누어진다. 일반건강검진을 받을 수 있는 사람은 직장가입자, 세대주인 지역가입자, 20세 이상인 지역가입자와 20세 이상인 피부양자이며, 암검진은 암의 종류별 검진주기와 연령기준 등에 해당하는 사람을 대상으로 한다.[4] 그리고 영유아건강검진은 6세 미만의 지역가입자 및 직장가입자의 피부양자가 그 대상이다. 건강검진은 2년마다 1회 이상 실시하되 비사무직 직장가입자는 1년에 1회 실시한다. 다만, 암검진은 암관리법 시행령에서 정한 바에 따르며, 영유아건강검진은 영유아의 나이 등을 고려하여 보건복지부장관이 정하여 고시하는 바에 따라 검진주기와 검진횟수를 다르게 할 수 있다.

(4) 부가급여

부가급여는 임신·출산(유산 및 사산 포함)한 가입자 또는 피부양자와 2세 미만 영유아의 법정대리인(출산한 가입자 또는 피부양자가 사망한 경우)을 대상으로 임신·출산 진료비 및 영유아 진료비 등을 이용권(전자바우처/국민행복카드) 형태로 지원하는 급여이다. 이용권의 사용 한도는 100만 원(다태아 140만 원)이며, 사

---

4) 암의 종류별 검진주기와 연령기준 등(암관리법 시행령 제8조 제2항 별표 1)

암의 종류	검진주기	연령기준 등
위암	2년	40세 이상의 남·여
간암	6개월	40세 이상의 남·여 중 간암발생 고위험군
대장암	1년	50세 이상의 남·여
유방암	2년	40세 이상의 여성
자궁경부암	2년	20세 이상의 여성
폐암	2년	54세 이상 74세 이하의 남·녀 중 폐암 발생 고위험군

용 기간은 이용권을 발급받은 날부터 임신 · 출산한 가입자 또는 피부양자는 출산일(유산 및 사산의 경우 그 해당일)부터 2년이 되는 날까지, 2세 미만 영유아의 법정대리인은 2세 미만 영유아의 출생일부터 2년이 되는 날까지이다.

※ 이용권 사용범위
1. 임신 · 출산한 가입자 또는 피부양자의 진료에 드는 비용 2. 임신 · 출산한 가입자 또는 피부양자의 약제 · 치료재료의 구입에 드는 비용 3. 2세 미만 영유아의 진료에 드는 비용 4. 2세 미만 영유아에게 처방된 약제 · 치료재료의 구입에 드는 비용

(5) 장애인보조기기 급여

장애인보조기기 급여는 장애인에 대한 특례로 장애인복지법에 의해 등록된 장애인 가입자 및 피부양자가 구입한 보조기기에 대해 지원하는 현금급여를 말한다.

2) 본인일부부담금 및 본인부담상한제

(1) 본인일부부담금

본인일부부담금은 요양급여를 받은 자가 비용의 일부를 부담하는 제도로 거의 모든 국가에서 이 제도를 채택하고 있다. 본인일부부담금 제도를 두는 이유는 서비스의 남용을 억제하고(도덕적 해이 방지), 수익자와 비수익자 간의 형평성을 도모하며, 수익자 부담분을 사회보장 재원으로 재충당할 수 있다는 데 있다(원석조, 2017 : 209).

본인일부부담률 및 부담액은 입원과 외래로 구분되어 적용되고 있다. 입원의 경우 의료기관 유형과 지역에 관계없이 일반환자는 요양급여비용 총액의 20%, 15세 이하는 요양급여비용 총액의 5%를 부담하게 되고(2세 미만의 영유아는 면제), 외래의 경우는 의료기관 유형별, 지역별(동지역 및 읍 · 면지역), 연령 등에 따라 부담률과 부담액이 다르게 적용되고 있다.

〈표 8-3〉 **입원 및 외래진료의 본인일부부담률 및 부담액**

<table>
<tr><th colspan="3">구 분</th><th>본인일부부담률 및 부담액</th></tr>
<tr><td colspan="3">입 원</td><td>• 일반환자 : 요양급여비용 총액의 20%
• 분만(자연분만, 제왕절개분만) : 면제
• 15세 이하(2세 미만 영유아 제외) : 요양급여비용 총액의 5%
• 2세 미만 영유아 : 면제</td></tr>
<tr><td rowspan="7">외래</td><td colspan="2">상급종합병원
(모든 지역)</td><td>• 일반환자 : 진찰료 총액 + 나머지 진료비의 60%
• 임신부 : 요양급여비용 총액의 40%
• 1세 이상 6세 미만 : 일반환자 본인부담률의 70%(진찰료는 전액부담)
• 1세 미만 : 요양급여비용 총액의 20%</td></tr>
<tr><td colspan="2">종합병원</td><td>• 일반환자 : 요양급여비용 총액의 50%(동지역), 45%(읍 · 면지역)
• 임신부 : 요양급여비용 총액의 30%
• 1세 이상 6세 미만 : 일반환자 본인부담률의 70%
• 1세 미만 : 요양급여비용 총액의 15%</td></tr>
<tr><td colspan="2">병 원</td><td>• 일반환자 : 요양급여비용 총액의 40%(동지역), 35%(읍 · 면지역)
• 임신부 : 요양급여비용 총액의 20%
• 1세 이상 6세 미만 : 일반환자 본인부담률의 70%
• 1세 미만 : 요양급여비용 총액의 10%</td></tr>
<tr><td rowspan="2">의 원</td><td>65세 미만</td><td>• 일반환자 : 요양급여비용 총액의 30%
• 1세 이상 6세 미만 : 일반환자 본인부담률의 70%
• 1세 미만 : 요양급여비용 총액의 5%</td></tr>
<tr><td>65세 이상</td><td>• 요양급여비용 총액에 따라 차등 적용
– 15,000원 이하 : 1,500원
– 15,000원 초과~20,000원 이하 : 요양급여비용 총액의 10%,
– 20,000원 초과~25,000원 이하 : 요양급여비용 총액의 20%,
– 25,000원 초과~요양급여비용 총액의 30%</td></tr>
<tr><td colspan="2">보건소
보건지소
보건진료소</td><td>• 정률제 : 요양급여비용 총액이 12,000원 초과하는 경우
– 6세 이상 : 요양급여비용 총액의 30%
– 6세 미만 : 요양급여비용 총액의 21%
• 정액제 : 요양급여비용 총액이 12,000원 미만인 경우
– 보건소 및 보건지소는 진료내용 및 투약일수에 따라 500원~2,200원
– 정액제 적용 시 보건진료소는 모든 경우에 900원</td></tr>
</table>

출처 : 건강보험심사평가원 홈페이지(제도 · 정책).

(2) 본인부담상한제

본인부담상한제는 가입자 및 피부양자가 일정 기간 동안 요양기관에서 요양급여를 받고 납부한 본인일부부담금의 연간(1. 1~12. 31) 합계액이 일정 금액을 초과한 경우 보험자(국민건강보험공단)가 그 초과금액의 일부를 가입자에게 환급하는 제도이다. 이 제도는 고액 중증질환자의 과다한 진료비 지출로 인한 가계의 경제적 부담을 덜어주기 위해 2004년 7월 1일부터 시행되었다. 다만, 건강보험 비급여 항목, 선별급여, 2 · 3인실 상급병실료, 치과 임플란트, 추나요법 등에 대한 비용은 본인부담상한액 산정에서 제외된다. 본인부담액 상한액은 지역가입자의 세대별 보험료 부담수준 또는 직장가입자의 개인별 보험료 부담수준(상한액기준보험료)을 기준으로 7단계의 구간으로 구분하여 차등 적용되며 요양병원 입원일수 120일 초과 여부에 따라서도 상한액이 다르게 적용된다.

〈표 8-4〉 구간(소득분위)별 본인부담액 상한액(2025년 기준)

(단위 : 만 원)

구 분	상한액기준보험료 구간						
	1구간 (1분위)	2구간 (2~3분위)	3구간 (4~5분위)	4구간 (6~7분위)	5구간 (8분위)	6구간 (9분위)	7구간 (10분위)
요양병원 120일 초과 입원	141	178	240	396	569	684	1,074
그 밖의 경우	89	110	170	320	437	525	826

출처 : 국민건강보험법 시행령 제19조 제4항 [별표 3].

3) 진료비 지불방식

의료기관이 건강보험 가입자인 환자에게 제공한 요양급여에 대한 진료비 지불방식에는 행위별 수가제(Fee for Service), 포괄수가제(DRG : Fee for Diagnosis Related Group), 인두제(Capitation Fee), 총액계약제(Global Budget) 등이 있다.

첫째, 행위별 수가제는 의료기관이 피보험자에게 제공한 개별 의료행위마다 가격이 지불되는 제도로, 진료행위 항목별 진료량에 항목별 수가(단가)를 곱한 것을 합산한 금액을 의료기관에 지불하는 방식이다.

둘째, 포괄수가제는 질병군에 따라 미리 정해진 표준화된 진료비를 의료기관에 지급하는 제도로, 환자가 수술 등으로 병원에 입원할 경우 퇴원할 때까지 진료받은 진료의 종류나 양에 관계없이 정해진 일정액의 진료비만을 지급하는 제도이다.

셋째, 인두제는 의사가 담당하는 환자 수에 비례하여 일정 금액을 지급하는 방식으로, 주민이 의사를 선택하고 등록을 마치면 해당 의사는 등록된 환자 수에 따라 국가로부터 일정 수입을 지급받게 된다.

넷째, 총액계약제는 보험자와 의사단체(보험의협회) 간에 진료비 총액을 추계하고 계약을 체결하는 방식으로, 의사단체는 행위별 수가제 등에 의해 각 의사에게 진료비를 배정하게 된다.

〈표 8-5〉 **진료비 지불방식의 종류와 내용**

종 류	내 용
행위별 수가제	• 개별 의료행위마다 가격이 지불되는 체계 - 과잉진료 유도, 진료비 부당청구 가능성이 있음 - 독일, 프랑스, 미국, 한국 등에서 운영
포괄수가제	• 질병군에 따라 미리 정해진 표준화된 진료비를 의료기관에 지급 - 진료비 절감효과가 크나 진료의 질 저하의 문제점이 있음 - 독일, 프랑스, 미국, 한국 등이 행위별 수가제와 함께 사용함
인두제	• 의사가 담당하는 환자 수에 비례하여 일정 금액을 지급하는 방식 - 주민이 의사를 선택하고 등록을 마치면 해당 의사는 등록된 환자 수에 따라 국가로부터 일정 수입을 지급받게 됨 - 기본적이고 비교적 단순한 1차 의료에 적용 - 진료비 절감효과가 크나 진료의 질 저하의 문제점 - 영국 등에서 주치의(가정의) 제도로 운영
총액계약(예산)제	• 보험자와 의사단체(보험의협회) 간에 진료비 총액을 추계하고 계약을 체결하는 방식 - 의사단체는 행위별 수가제 등에 의해 각 의사에게 진료비 배정 - 특정 부분에 국한해서 운영 - 의료서비스의 질을 낮추고 과소진료가 가능 - 독일 등에서 부문별로 운영되는 방식

우리나라는 행위별 수가제를 기본적으로 채택하고 있으며 부분별로 포괄수가제를 채택하고 있다. 포괄수가제는 1997년부터 5년간 시범사업을 거쳐 2002년부터 선택참여 방식의 본 사업 후 2013년 7월부터 7개의 질병군(수정체수술, 편도수술, 충수절제술, 탈장수술, 항문수술, 자궁수술, 제왕절개분만)에 확대 적용하고 있다. 또한 2009년부터는 4대 중증질환(암, 뇌, 심장, 희귀난치성질환)을 포함한 603개의 복잡한 질환까지 포함하는 신포괄수가제가 시행되고 있다. 신포괄수가제란 기존의 포괄수가제에 행위별 수가제의 성격을 반영한 혼합모형 지불제도로 입원기간 동안 발생한 입원료, 처치 등 진료에 필요한 기본적 서비스는 포괄수가로 묶고, 의사의 수술과 시술 등은 행위별 수가로 별도 보상하는 제도이다.

〈표 8-6〉 **포괄수가제와 신포괄수가제 비교**

구 분	포괄수가제	신포괄수가제
대상 기관	• 전체 의료기관 – 7개 질병군 진료가 있는 의료기관	• 87개 의료기관 – 국민건강보험공단 일산병원 – 국립중앙의료원, 지역거점 공공병원 등
적용 환자	• 7개 질병군 입원환자 – 백내장수술, 편도수술, 맹장수술, 항문수술, 탈장수술, 제왕절개분만, 자궁수술	• 4대 중증질환(암, 뇌, 심장, 희귀난치성질환)을 포함한 603개 질병군 입원환자
장점	• 포괄수가(묶음) • 의료자원의 효율적 사용	• 포괄수가(묶음)+행위별 수가(건당) • 의료자원의 효율적 사용+적극적 의료서비스

출처 : 건강보험심사평가원 홈페이지(제도 · 정책).

4) 진료비 현황

우리나라의 2023년 건강보험 진료비 현황을 살펴보면, 건강보험 적용 인구는 51,453천 명이고, 총 진료비는 110조 8,029억 원으로 나타났다. 이 중 65세 이상 진료비는 48조 9,011억 원으로 전체 진료비의 44.1%를 차지하고 있다. 전체 국민의 1인당 연평균 진료비는 2,155천 원으로 65세 이상의 진료비(5,434천 원)가 65세 미만의 진료비(1,460천 원)보다 3.7배나 높게 나타났다.

〈표 8-7〉 건강보험 진료비 현황(2019~2023년)

구 분		2019년	2020년	2021년	2022년	2023년
건강보험 적용인구 (천 명)	전 체	51,391	51,345	51,412	51,410	51,453
	65세 이상 비율(%)	7,463 (14.5)	7,904 (15.4)	8,320 (16.2)	8,751 (17.0)	9,216 (17.9)
진료비 (억 원)	전 체	864,775	869,545	935,011	1,024,277	1,108,029
	65세 이상 비율(%)	358,247 (41.4)	374,737 (43.1)	406,129 (43.4)	441,187 (43.1)	489,011 (44.1)
1인당 연평균 진료비 (천 원)	전 체	1,681	1,688	1,857	2,060	2,155
	65세 이상	4,910	4,870	5,085	5,347	5,434
	65세 미만	1,145	1,125	1,250	1,403	1,460

출처 : 국민건강보험공단(2024). 2023년 건강보험통계연보.

6. 재 정

국민건강보험의 재정은 보험료와 정부지원금으로 이루어진다.

1) 보험료

보험료율은 8% 범위 내에서 매년 건강보험정책심의위원회의 의결을 거쳐 대통령령으로 정한다. 또한 보험료는 상한액과 하한액이 정해져 있으며 매년 자동 조정된다.[5)]

(1) 직장가입자

직장가입자의 월별보험료는 보수월액보험료와 소득월액보험료로 구분한다. 먼저 보수월액보험료는 직장가입자가 지급받는 보수월액에 보험료율을 곱하여

5) 2025년 기준 직장가입자의 보수월액보험료 상한액은 9,008,340원(본인부담액 4,504,170원), 직장가입자의 소득월액보험료 및 지역가입자의 월별보험료 상한액은 4,504,170원, 직장가입자와 지역가입자의 월별보험료 하한액은 19,780원이다.

얻은 금액으로 하되 사용자와 가입자가 50%씩 부담한다. 그리고 소득월액보험료는 직장가입자의 보수월액에 포함된 보수를 제외한 연간소득이 대통령령으로 정하는 금액을 초과하는 경우 그 초과소득을 12로 나누어 소득월액으로 하고 보험료율을 곱하여 산정하되 보험료는 본인이 전액 부담한다.

1. 보수월액보험료 = 보수월액 × 보험료율(7.19%/2026년 기준)
• 보수월액은 직장가입자의 연간 보수총액을 그해 근무한 개월 수로 나눈 금액 • 보수란 직장가입자가 근로의 대가로 받은 봉급, 급료, 보수, 세비, 상여금, 수당, 그 밖의 유사한 금품 등의 총액을 말함 • 직장가입자가 전년도 신고한 보수월액으로 당해 연도의 건강보험료를 부과한 후 당해 연도의 보수총액을 신고받아 차액을 정산함
2. 소득월액보험료 = (연간 보수 외 소득 - 대통령령으로 정한 금액) × 1/12 × 보험료율
• 소득월액이란 직장가입자의 보수를 제외한 연간 소득(이자, 배당, 사업, 연금, 기타 소득)이 대통령령으로 정한 금액(2,000만 원)을 초과하는 경우 초과 금액을 12로 나누어 산정된 금액

산정된 보험료는 사업장 근로자의 경우 근로자와 사용자가 각각 50%씩 부담하고, 공무원의 경우는 해당 공무원과 국가가 각각 50%씩 부담한다. 다만 직장가입자가 교직원으로서 사립학교에 근무하는 교원이면 교원이 50%, 사립학교가 30%, 국가가 20%를 부담한다.

(2) 지역가입자

지역가입자의 월별보험료는 가입자의 소득과 재산을 기준으로 세대단위로 산정하고 세대전원이 연대하여 납부한다. 지역가입자의 월별보험료 산정방식은 다음과 같다.

첫째, 소득에 대한 보험료는 가입자의 이자소득, 배당소득, 사업소득, 근로소득, 연금소득, 기타소득의 합계액으로 산정한 소득월액에 건강보험료율을 곱하여 산정한다(정률제). 다만 소득월액 28만원 이하 세대인 경우 소득보험료는 소득월액최저보험료를 적용한다.

둘째, 재산에 대한 보험료는 가입자의 토지, 주택, 건축물, 선박, 항공기의 재산세 과세표준 합산금액과 전월세 금액을 합산한 금액에서 기본공제를 뺀 금액을 등급별로 구분하여 산정한 재산보험료 부과점수에 부과점수당 금액을 곱하여 산정한다(점수제).

소득월액 28만 원 이하 세대	월별 건강보험료 = (소득월액최저보험료) + {재산(기본공제액 차감)의 보험료 부과점수 × 부과점수당 금액}
소득월액 28만 원 초과 세대	월별 건강보험료 = (소득월액 × 건강보험료율) + {재산(기본공제액 차감)의 보험료 부과점수 × 부과점수당 금액}

- 소득월액 : 연간소득(이자 · 배당 · 사업 · 근로 · 연금 · 기타소득의 합산액) ÷ 12
- 소득월액최저보험료 : 19,780원(2025년)
- 재산 : 토지 · 주택 · 건축물 등의 과세표준액 + 전월세 금액
- 재산기본공제액 : 최대 1억 원(기본공제 5천만 원 + 주택부채 최대 5천만 원)
- 재산보험료 부과점수 : 60등급 체계(1등급 22점~60등급 2,341점)
- 부과점수당 금액 : 208.4원(2025년)

(3) 보험료 수입 및 지출 현황

2024년 12월 기준 건강보험료 수입과 급여비 지출 현황을 살펴보면, 연간 보험료 수입은 83조 9,520억 원이고 연간 급여비 지출은 93조 7,685억 원으로 급여비율(보험료 대비)은 111.7%로 보험료 수입을 초과하고 있다(정부지원금 제외).

〈표 8-8〉 **건강보험료 수입과 급여비 지출 현황(2020~2024년)**

(단위 : 억 원, %)

구 분	2020년	2021년	2022년	2023년	2024년
연간 보험료 수입(A)	628,765	664,611	729,663	815,180	839,520
연간 급여비 지출(B)	711,651	767,147	839,872	887,961	937,685
급여비율(B/A)	113.2	115.4	115.1	108.9	111.7

출처 : 국민건강보험공단홈페이지(수입/지출예산).

2) 정부지원금

국민건강보험 재정에 대한 정부의 지원은 국고지원금과 국민건강증진기금 지원금으로 이루어진다. 첫째, 국가는 매년 예산의 범위 안에서 당해 연도 보험료 예상수입액의 14%에 상당하는 금액을 국고에서 국민건강보험공단에 지원한다. 이 재원은 가입자 및 피부양자에 대한 보험급여, 건강보험사업에 대한 운영비, 보험료 경감에 대한 지원 등에 사용한다.

둘째, 국민건강증진법에 따라 국민건강증진기금에서 적립된 기금의 일부(담배부담금)를 국민건강보험공단에 지원한다. 이 재원은 건강검진 등 건강증진에 관한 사업, 가입자와 피부양자의 흡연으로 인한 질병에 대한 보험급여, 가입자와 피부양자 중 65세 이상 노인에 대한 보험급여 등에 사용한다.

2025년 기준 정부의 재정지원금 현황을 살펴보면, 국고지원금이 10조 6,211억 원, 국민건강증진기금(담배부담금) 지원금이 1조 9,882억 원으로 총 12조 6,093억 원이 공단에 지원되었다.

〈표 8-9〉 정부재정지원금 현황(2021~2025년)

(단위 : 억 원)

구 분	2021년	2022년	2023년	2024년	2025년
국고지원금	76,553	86,842	91,494	102,636	106,211
담배부담금	19,166	18,149	18,208	19,022	19,882
지원총계	95,720	104,992	109,702	121,658	126,093

출처 : 국민건강보험공단홈페이지(수입/지출예산).

7. 운영체계

1) 보건복지부

국민건강보험제도의 운영을 관장하고 있는 기관은 보건복지부이다. 보건복지부장관은 건강보험정책심의위원회의 심의를 거쳐 5년마다 국민건강보험종합계획을 수립하고, 종합계획에 따라 매년 연도별 시행계획을 건강보험정책심의위원회의 심의를 거쳐 수립 · 시행하며, 매년 시행계획에 따른 추진실적을 평가한다. 또한 보험료율 및 보험료 부과기준, 요양급여의 범위 등을 결정하며, 국민건강보험공단의 예산 및 규정 등을 승인한다.

2) 국민건강보험공단

국민건강보험공단은 건강보험사업을 직접적으로 관리 운영하는 집행기관으로 건강보험의 보험자이다. 국민건강보험공단은 국민건강보험법 및 시행령에 의해 설립된 특수법인으로, 가입자 및 피부양자의 자격 관리, 보험급여의 관리, 보험료 부과 및 징수업무 등을 수행하고 있다. 특히 2009년 5월 2일 법 개정에 의해 2011년 1월 1일부터는 3개 공단(국민연금공단, 국민건강보험공단, 근로복지공단)에서 각각 수행하던 4대 사회보험료 징수업무(고지, 수납, 체납)를 일원화하여 수행하고 있다. 국민건강보험공단의 업무는 다음과 같다.

- 가입자 및 피부양자의 자격 관리
- 보험료와 그 밖에 이 법에 따른 징수금의 부과 · 징수
- 보험급여의 관리
- 가입자 및 피부양자의 질병의 조기발견 · 예방 및 건강관리를 위하여 요양급여 실시 현황과 건강검진 결과 등을 활용하여 실시하는 예방사업으로서 대통령령으로 정하는 사업
- 보험급여 비용의 지급
- 자산의 관리 · 운영 및 증식사업
- 의료시설의 운영
- 건강보험에 관한 교육훈련 및 홍보
- 건강보험에 관한 조사연구 및 국제협력
- 이 법에서 공단의 업무로 정하고 있는 사항
- 국민연금법, 고용산재보험료징수법, 임금채권보장법 및 석면피해구제법에 따라 위탁받은 업무
- 그 밖에 이 법 또는 다른 법령에 따라 위탁받은 업무
- 그 밖에 건강보험과 관련하여 보건복지부장관이 필요하다고 인정한 업무

3) 건강보험정책심의위원회

건강보험정책심의위원회는 건강보험정책에 관한 사항을 심의 · 의결하기 위해 보건복지부 소속하에 둔 기구이다. 건강보험정책심의위원회는 국민건강종합계획 및 시행계획에 관한 사항, 요양급여의 기준, 요양급여비용에 관한 사항, 직장가입자의 보험료율, 지역가입자의 보험료 부과점수당 금액, 그 밖에 건강보험에 관한 주요 사항으로서 대통령령으로 정하는 사항을 심의 · 의결한다.

4) 건강보험심사평가원

건강보험심사평가원은 요양기관에서 지급한 요양급여 비용을 심사하고 요양급여의 적정성을 평가하기 위해 설립된 기관으로 공단과는 별도의 법인이다. 건강보험심사평가원이 관장하는 업무는 요양급여 비용의 심사, 요양급여의 적정성 평가, 심사기준 및 평가기준의 개발 등과 업무와 관련된 조사연구 등이다. 한편 심사평가원의 업무를 효율적으로 수행하기 위하여 심사평가원에 진료심사평가위원회를 두고 있다.

Chapter 9

노인장기요양보험제도

1. 의의 및 목적

노인장기요양보험(Long-term Care Insurance)이란 고령이나 노인성 질병 등으로 인하여 6개월 이상 동안 혼자서 일상생활을 수행하기 어려운 노인 등에게 신체활동 또는 가사지원 등의 장기요양급여를 사회적 연대 원리에 의해 제공하는 사회보험제도이다. 노인장기요양보험법 제1조에서는 "이 법은 고령이나 노인성 질병 등의 사유로 일상생활을 혼자서 수행하기 어려운 노인 등에게 제공하는 신체활동 또는 가사활동 지원 등의 장기요양급여에 관한 사항을 규정하여 노후의 건강증진 및 생활안정을 도모하고 그 가족의 부담을 덜어줌으로써 국민의 삶의 질을 향상하도록 함을 목적으로 한다"고 규정되어 있다. 이 법에서 사용하는 '노인 등'이란 65세 이상의 노인 또는 65세 미만의 자로서 치매 · 뇌혈관성 질환 등의 노인성 질병을 가진 자를 말한다.

의료보장제도로서 국민건강보험과의 차이점은 국민건강보험은 질환의 진단, 입원 및 외래 치료, 재활치료 등을 목적으로 주로 병 · 의원 및 약국에서 제공하는 서비스를 급여대상으로 하는 반면, 노인장기요양보험은 치매 · 중풍의 노화 및 노인성 질환 등으로 인하여 혼자 힘으로 일상생활을 영위하기 어려운 대상자에게 요양시설이나 재가장기요양기관을 통해 신체활동 또는 가사지원 등의 서비스를 제공한다는 점이다.

2. 도입배경 및 발전과정

우리나라는 2000년에 65세 이상 고령인구 비율이 7.2%가 되면서 고령화사회(aging society)에 진입하였고, 2001년 통계청이 발표한 장래인구추계에는 이 비율이 2019년에는 14.4%가 되어 고령사회(aged society)로, 그리고 2026년에는 20.0%로 본격적인 초고령사회(super-aged society)에 진입할 것으로 예측되었다. 이는 매우 압축적인 증가 속도로, 2000년대 이전에 이미 고령사회에 진입한 OECD 주요국의 사례를 살펴보면, 고령화사회에서 고령사회로의 전환기간이 프랑스 115년(1864~1979), 독일 40년(1932~1972), 일본 25년(1969~1994)인 반면, 우리나라는 20년이 채 되지 않는 것으로 전망되어 고령화 문제가 당시의 중요한 사회적 이슈로 등장했다.

〈표 9-1〉 OECD 주요국의 고령인구 비율 도달연도 및 소요기간

(단위 : 년, 월)

국 가	도달연도				소요기간		
	고령화사회 (7%)	고령사회 (14%)	초고령사회 (20%)	(30%)	7% → 14%	14% → 20%	20% → 30%
한국	2000.11	2017.08	2024.12	2035	17	7	11
일본	1969	1994	2004	2023	25	10	19
프랑스	1864	1979	2018	2063	115	39	45
독일	1932	1972	2008	2046	40	36	38
미국	1942	2014	2029	2093	72	15	64

출처 : 통계청, 2023년/2024년 고령자통계.

이와 같이 인구고령화의 속도가 빠른 만큼 치매 · 중풍 등으로 장기요양을 필요로 하는 노인 또한 급속하게 증가하였으며, 그에 따라 노인요양보호 비용도 급격히 증가하게 되었다. 그러나 산업화 시대 이후 우리 사회는 핵가족화, 여성의 경제활동참여 증가, 부양가치관 등의 변화로 노인에 대한 가정 돌봄은 이미 한계에 도달하였다. 그럼에도 불구하고 중산 · 서민층 노인들이 이용할 수 있는 요양시설은 절대적으로 부족하였고 비용 또한 큰 부담이 되었다. 이러한 노인돌봄 문제를 해결하고 향후 압축적으로 진행될 인구고령화 시대에 대비하기 위해 2001년부터 노인장기요양보험제도가 구체적으로 논의되기 시작했다.

김대중 대통령의 2001년 광복절 경축사에서 노인요양보장제도 도입이 처음으로 제시되었고, 이후 2002년 대통령 선거에서 노무현 후보의 선거공약에 포함됨에 따라 노무현 정부 집권 시기(2003. 2. 25.~2008. 2. 24)에 단계적으로 법안이 추진되었다. 추진 경과를 살펴보면, 2003년 3월에서 2004년 2월까지 '공적노인요양보장추진기획단'이 설치 · 운영되었고, 2004년 3월부터 2005년 2월까지 '공적노인요양보장제도실행위원회'가 구성 · 운영되어 '공적노인요양보장제도 실시모형 최종 보고서'가 제출되었다. 이를 기초로 2005년 10월 19일에서 11월 8일까지 입법 예고가 되고, 2006년 2월 16일 정부안(노인수발보험법)이 국회에 제출되었다. 논의 과정에서 법안 명칭이 노인장기요양보험법으로 변경되어 2007년 4월 2일 국회를 통과하였으며, 이명박 정부가 집권한 2008년 7월 1일부터 제도가 시행되었다.

노인장기요양보험법이 제정되기 전 등급판정도구, 서비스 이용체계, 비용의 심사 및 지불체계 등을 검토하기 위해 시범지역을 정해서 3차의 시범사업을 실시하였다. 먼저 2005년 7월부터 2006년 3월까지 6개 시 · 군 · 구의 65세 이상 기초수급자 노인을 대상으로 1차 시범사업이 실시되었으며, 2006년 4월부터 2007년 4월까지 8개 시 · 군 · 구의 65세 이상 노인을 대상으로 2차 시범사업을 실시하였다. 그리고 2007년 5월부터 2008년 6월까지 13개 시 · 군 · 구의 65세 이상 노인을 대상으로 3차 시범사업을 실시하였다.

한편 제도 도입 시 장기요양등급은 3등급 체계로 시작하였으나 2014년 6월 25일 개정을 통해 5등급 체계(치매특별등급 신설)로 변경되었으며, 2018년부터는 인지지원등급을 신설하여 신체기능과 무관하게 치매노인에게 장기요양서비스를 제공하도록 하였다. 또한 2016년 7월부터는 치매전담형 장기요양기관제도를 도입하여 치매노인들이 안정감을 느낄 수 있는 시설환경을 제공하고 치매전문교육을 받은 전문인력을 배치하여 인지기능을 유지하고 문제행동을 개선할 수 있는 맞춤형 서비스를 제공하도록 하였다.

〈표 9-2〉 **노인장기요양보험제도의 주요 연혁**

날 짜	주요 내용
2001. 8. 15.	광복절 경축사에서 대통령(김대중)이 제도 도입 제시
2002	제16대 대통령 선거 후보(노무현) 공약사항에 포함됨
2003. 3.~2004. 2.	공적노인요양보장추진기획단 설치, 운영
2004. 3.~2005. 2.	공적노인요양보장제도실행위원회 구성, 운영
2005. 7.~2006. 3.	1차 시범사업 실시(6개 시 · 군 · 구 65세 이상 기초수급자 노인 대상)
2006. 4.~2007. 4.	2차 시범사업 실시(8개 시 · 군 · 구 65세 이상 노인 대상)
2007. 4. 2.	노인장기요양보험법 제정
2007. 5.~2008. 6.	3차 시범사업 실시(13개 시 · 군 · 구 65세 이상 노인 대상)
2008. 7. 1.	노인장기요양보험제도 시행(3등급 체계)
2014. 6. 25.	노인장기요양등급체계 변경(3등급 → 5등급), 치매특별등급 신설
2016. 7. 1.	치매전담형 장기요양기관 도입
2018. 1. 1.	인지지원등급 신설

3. 적용대상

1) 가입대상

노인장기요양보험 가입자는 국민건강보험 가입자와 동일하다. 그러므로 국내에 거주하는 모든 국민은 노인장기요양보험의 가입자 또는 피부양자가 된다. 국민건강보험과 마찬가지로 의료급여법에 따라 의료급여를 받는 사람과 「독립유공자예우에 관한 법률」 및 「국가유공자 등 예우 및 지원에 관한 법률」에 따라 의료보호를 받는 사람은 가입대상에서 제외되지만 국가 및 지방자치단체가 장기요양급여 비용을 부담하기 때문에 보험료를 납부하지 않더라도 노인장기요양보험 가입자와 같은 급여를 받을 수 있다.

2) 급여대상

노인장기요양보험 가입자 및 피부양자, 의료급여수급자가 노인장기요양보험 급여를 받기 위해서는 장기요양인정을 받아야 한다. 장기요양인정이란 일정한 절차에 따라 장기요양급여를 받을 수 있는 권리(수급권)를 부여하는 것을 말한다. 장기요양인정 신청자격 및 신청절차는 다음과 같다.

(1) 장기요양인정 신청자격

장기요양인정을 신청하기 위해서는 다음의 두 가지 자격이 모두 요구된다. 첫째, 장기요양보험 가입자 또는 피부양자, 의료급여수급권자이어야 하고, 둘째, 65세 이상의 노인 또는 65세 미만의 자로서 치매 · 뇌혈관성 질환 등의 노인성 질병을 가진 자여야 한다.

(2) 장기요양인정 신청 및 등급판정 절차

본인 및 가족의 장기요양인정 신청	• 장기요양인정을 신청하려는 자는 장기요양인정신청서에 의사나 한의사의 소견서를 첨부하여 국민건강보험공단에 신청한다(의사소견서는 공단이 등급판정위원에 자료를 제출하기 전까지 제출할 수 있다). 다만, 거동이 현저하게 불편하거나 도서 · 벽지 지역에 거주하여 의료기관을 방문하기 어려운 자 등은 의사소견서를 제출하지 않을 수 있다.

↓

방문조사 (인정조사)	• 공단은 신청서를 접수한 후 소속직원(소정의 교육을 이수한 공단직원)으로 하여금 신청인의 심신상태, 신청인에게 필요한 장기요양급여의 종류 및 내용, 그 밖에 장기요양에 필요한 사항을 방문조사하게 한다. • 조사자는 조사일시, 장소 및 조사를 담당하는 자의 인적 사항 등을 미리 신청인에게 통보한다.

↓

장기요양인정 및 등급판정	• 공단은 조사가 완료된 때 조사결과서(인정점수), 신청서, 의사소견서, 그 밖에 심의에 필요한 자료를 등급판정위원회에 제출하여야 한다. • 등급판정위원회는 신청인이 신청자격요건을 충족하고 6개월 이상 동안 혼자서 일상생활을 수행하기 어렵다고 인정하는 경우 심신상태 및 장기요양이 필요한 정도 등 대통령령으로 정하는 등급판정 기준에 따라 수급자로 판정한다. • 등급판정위원회는 신청인이 신청서를 제출한 날부터 30일 이내에 장기요양등급판정을 완료하여야 한다. 다만, 신청인에 대한 정밀조사가 필요한 경우 등 기간 이내에 등급판정을 완료할 수 없는 부득이한 사유가 있는 경우 30일 이내의 범위에서 이를 연장할 수 있다.

↓

장기요양인정서 및 개인별장기요양이용 계획서 송부	• 공단은 등급판정위원회가 장기요양인정 및 등급판정의 심의를 완료한 경우 지체 없이 장기요양등급(1~5등급, 인지지원등급), 장기요양급여의 종류 및 내용, 그 밖에 장기요양급여에 관한 사항으로서 보건복지부령으로 정하는 사항이 포함된 장기요양인정서를 작성하여 수급자에게 송부하여야 한다. • 또한 장기요양급여를 원활히 이용할 수 있도록 장기요양급여 월 한도액 범위 안에서 개인별장기요양이용계획서를 작성하여 이를 함께 송부하여야 한다.

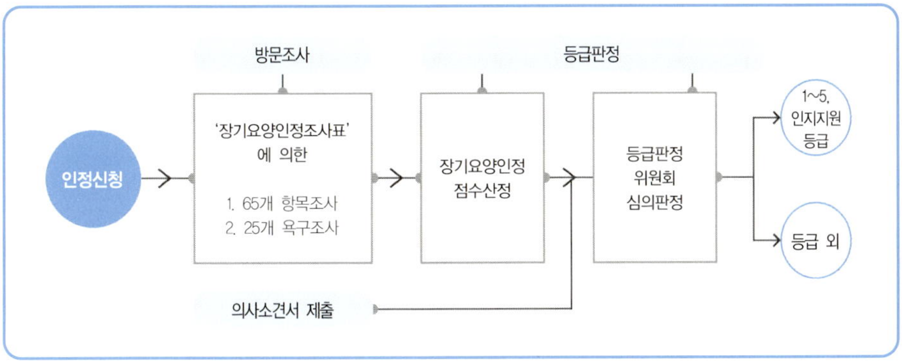

|그림 9-1| **장기요양인정 신청 및 등급판정 절차**

출처 : 국민건강보험공단 홈페이지(제도 소개).

〈표 9-3〉 **장기요양등급별 기능상태 및 인정점수**

등 급	심신의 기능상태	인정점수
1등급	일상생활에서 전적으로 다른 사람의 도움이 필요한 상태	95점 이상
2등급	일상생활에서 상당 부분 다른 사람의 도움이 필요한 상태	75~95점 미만
3등급	일상생활에서 부분적으로 다른 사람의 도움이 필요한 상태	60~75점 미만
4등급	심신의 기능상태 장애로 일상생활에서 일정 부분 다른 사람의 도움이 필요한 상태	51~60점 미만
5등급	치매환자(노인성 질병에 한정)	45~51점 미만
인지지원등급	치매환자(노인성 질병에 한정)	45점 미만

출처 : 국민건강보험공단 홈페이지(제도 소개).

(3) 장기요양인정의 유효기간 및 갱신

장기요양인정 유효기간은 2년으로 한다. 장기요양급여를 계속하여 받고자 하는 경우 공단에 장기요양인정의 갱신을 신청하여야 하고 갱신 신청은 유효기간이 만료되기 전 30일까지 신청을 완료하여야 한다. 갱신된 장기요양인정의 유효기간은 장기요양 1등급의 경우 5년, 2등급부터 4등급까지의 경우 4년, 5등급 및 인지지원등급의 경우 2년으로 한다. 등급판정위원회는 장기요양 신청인의 심신상태 등을 고려하여 장기요양인정 유효기간을 6개월의 범위에서 늘리거나 줄일 수 있다.

3) 적용대상자 현황

2008년 7월부터 노인장기요양보험제도가 실시된 후 신청자와 인정자는 계속 증가하고 있다. 2024년 12월 말 기준 65세 이상 노인은 9,938,000명이고, 이 중 장기요양인정 신청자는 1,477,948명이며, 등급 내 판정을 받은 인정자는 1,165,030명으로 나타났다. 이는 노인인구 대비 11.7%에 해당된다.

〈표 9-4〉 장기요양인정 현황(2020~2024년)

(단위 : 명, %)

구 분	2020년	2021년	2022년	2023년	2024년
65세 이상 노인인구	8,480,208	8,912,785	9,377,049	9,858,810	9,938,000
신청자	1,183,434	1,281,244	1,348,961	1,429,046	1,477,948
등급판정자 (등급자+등급외자)	1,007,423	1,097,462	1,160,850	1,238,495	1,301,069
인정자 (등급내 판정자)	857,984	953,511	1,019,130	1,097,913	1,165,030
판정대비 인정률	85.2	86.9	87.8	88.6	89.5
노인인구 대비 인정률	10.1	10.7	10.9	11.1	11.7

출처 : 국민건강보험공단(2025). 2024년 노인장기요양보험 통계연보.

인정자 1,165,030명을 등급별로 살펴보면, 1등급 55,340명, 2등급 99,420명, 3등급 310,717명, 4등급 536,261명, 5등급 135,448명, 그리고 인지지원등급 27,835명으로 4등급 인정자 수가 가장 많았고(41.2%), 3등급(23.9%), 5등급(10.4%), 2등급(7.6%), 1등급(4.3%) 순으로 나타나고 있다.

〈표 9-5〉 장기요양보험 등급별 인정자 수(2024년 12월 말)

(단위 : 명, %)

계	1등급	2등급	3등급	4등급	5등급	인지지원등급
1,165,030 (100)	55,340 (4.3)	99,429 (7.6)	310,717 (23.9)	536,261 (41.2)	135,448 (10.4)	27,835 (2.1)

출처 : 국민건강보험공단(2025). 2024년 노인장기요양보험 통계연보.

4. 급여내용

1) 급여의 대상과 제공시기

장기요양급여는 1~5등급 및 인지지원등급의 장기요양인정을 받은 사람을 대상으로 하며, 장기요양인정서가 도달한 날부터 장기요양급여를 받을 수 있다. 단, 돌봄가족이 없는 등 대통령령이 정하는 부득이한 사유가 있는 경우에는 장기요양인정신청서를 제출한 날부터 장기요양인정서가 도달하는 날까지의 기간 중에도 장기요양급여를 받을 수 있다.

2) 급여의 종류

장기요양급여의 종류는 현물급여인 재가급여와 시설급여, 그리고 현금급여인 특별현금급여가 있다.

(1) 재가급여

재가급여는 가정에서 타인으로부터 신체활동서비스, 가사활동서비스, 간호 및 진료서비스 등을 받는 급여를 의미한다. 재가급여의 종류는 방문요양, 방문목욕, 방문간호, 주 · 야간보호, 단기보호, 기타 재가보호(복지용구)가 있다. 재가급여를 실시할 수 있는 요양기관은 재가노인복지시설이 있다.

방문요양

장기요양요원이 수급자의 가정 등을 방문하여 신체활동(목욕, 배변, 머리감기, 옷 갈아입기 등) 및 가사활동(취사, 생필품 구매, 청소, 주변 정돈 등)을 지원하는 장기요양급여

방문목욕

장기요양요원이 목욕설비를 갖춘 차량을 이용하여 수급자의 가정을 방문하여 목욕을 제공하는 급여

방문간호

장기요양요원인 간호사 등이 의사, 한의사 또는 치과의사(구강위생에 한함)의 지시서에 따라 수급자의 가정 등을 방문하여 간호, 진료의 보조, 요양에 관한 상담 또는 구강위생 등을 제공하는 장기요양급여

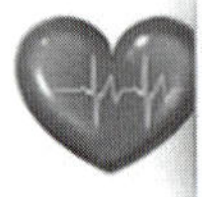

주 · 야간보호 (치매전담형 주 · 야간보호 포함)

수급자를 하루 중 일정한 시간 동안 장기요양기관에 보호하여 신체활동 지원 및 심신기능의 유지 · 향상을 위한 교육 · 훈련 등을 제공하는 급여

단기보호

수급자를 월 9일 이내 기간 동안 장기요양기관에 보호하여 신체활동 지원 및 심신기능의 유지 · 향상을 위한 교육 · 훈련 등을 제공하는 장기요양급여

복지용구

수급자의 일상생활 또는 신체활동 지원에 필요한 용구로서 보건복지부장관이 정하여 고시하는 제품을 제공하거나 대여하여 노인장기요양보험 대상자의 편의를 도모하고자 지원하는 장기요양급여

※ 수동휠체어, 전동 · 수동침대, 욕창예방 매트리스 · 방석, 목욕리프트, 이동욕조, 성인용 보행기 등

출처 : 국민건강보험 홈페이지(제도소개).

(2) 시설급여

시설급여는 노인요양에 필요한 시설과 설비 및 전문인력을 갖추고 있는 노인의료복지시설(요양병원 제외) 등에 장기간 입소하여 신체활동 지원, 심신기능의 유지 · 향상을 위한 교육 · 훈련 등을 제공하는 장기요양급여이다. 시설급여를 제공할 수 있는 요양기관의 종류는 노인요양시설과 노인요양공동생활가정이 있다.[1)]

(3) 특별현금급여

특별현금급여는 도서 · 벽지지역 등 요양시설이 없어 불가피하게 가족 등으로부터 요양을 받는 경우에 지원되는 현금급여이다. 특별현금급여에는 가족요양비, 특례요양비, 요양병원 간병비가 있으며, 현재 가족요양비만 시행되고 있다.

---

1) 노인요양시설은 입소정원 10명 이상인 시설이고, 노인요양공동생활가정은 입소정원 5명 이상 9명 이하인 시설을 말한다(노인복지법 시행규칙 제22조 제1항 관련 별표 4).

① 가족요양비

가족요양비는 수급자가 부득이 가족 등으로부터 방문요양에 상당하는 장기요양급여를 받을 때 해당 수급자에게 지급하는 급여이다. 가족요양비 지급 금액은 재가급여의 이용수준을 고려하여 장기요양위원회의 심의를 거쳐 보건복지부장관이 고시한다.[2] 가족요양비를 지급받기 위해서는 다음의 요건 중 하나에 해당되어야 한다. 첫째, 도서 · 벽지 등 장기요양기관이 현저히 부족한 지역으로 보건복지부장관이 정하여 고시하는 지역에 거주하는 자, 둘째, 천재지변이나 그 밖에 이와 유사한 사유로 인하여 장기요양기관이 제공하는 장기요양급여를 이용하기가 어렵다고 보건복지부장관이 인정하는 자, 셋째, 신체 · 정신 · 성격 등 대통령령으로 정하는 사유(감염병 환자, 정신장애인, 신체적 변형 등으로 인한 대인기피)로 인하여 가족 등으로부터 장기요양을 받아야 하는 자이다.

② 특례요양비

특례요양비는 수급자가 장기요양기관이 아닌 노인요양시설 등의 기관에서 재가 또는 시설 급여에 상당한 장기요양급여를 받은 경우 해당 장기요양급여 비용의 일부를 해당 수급자에게 지급하는 급여이다.

③ 요양병원 간병비

요양병원 간병비는 수급자가 요양병원에 입원한 때 장기요양에 사용되는 비용의 일부를 지급할 수 있도록 한 급여이다.

3) 급여의 월 한도액

장기요양급여는 월 한도액 범위 안에서 제공한다. 월 한도액은 장기요양인정서의 장기요양등급 및 장기요양급여의 종류 등을 고려하여 산정한다. 재가급여의 월 한도액은 등급별로 보건복지부장관이 정하여 고시하고, 시설급여의 월

2) 가족요양비 지급 금액은 재가급여의 이용수준을 고려하여 장기요양위원회의 심의를 거쳐 보건복지부장관이 고시한다. 2025년 기준 가족요양비는 월 233,400원으로 매월 수급자에게 지급한다.

한도액은 등급별로 보건복지부장관이 정하여 고시하는 1일당 급여비용에 월간 일수를 곱하여 산정한다.

〈표 9-6〉 재가급여(복지용구 제외)의 월 한도액(2026년)

(단위 : 원)

1등급	2등급	3등급	4등급	5등급	인지지원등급
2,512,900	2,331,200	1,528,200	1,409,700	1,208,900	676,320

출처 : 국민건강보험공단 홈페이지(제도 소개).

〈표 9-7〉 시설급여 1일 한도액(2026년)

(단위 : 원)

분 류	1등급	2등급	3등급~5등급
노인요양시설	93,070	86,340	81,540
노인요양공동생활가정	74,590	69,210	63,800

주) 노인요양시설은 입소자 2.1명당 요양보호사 1명 이상인 시설임
출처 : 국민건강보험공단 홈페이지(제도 소개).

4) 급여제공의 기본 원칙

장기요양급여는 다음의 세 가지 기본 원칙을 고려하여 제공된다(법 제3조). 첫째, 장기요양급여는 노인 등의 심신상태 · 생활환경과 노인 등 및 그 가족의 욕구 · 선택을 종합적으로 고려하여 필요한 범위 안에서 이를 적정하게 제공하여야 하고, 둘째, 장기요양급여는 노인 등이 가족과 함께 생활하면서 가정에서 장기요양을 받는 재가급여를 우선적으로 제공하여야 하며, 셋째, 장기요양급여는 노인 등의 심신상태나 건강 등이 악화되지 아니하도록 의료서비스와 연계하여 이를 제공하여야 한다.

5. 재 정

노인장기요양보험의 재정은 가입자의 보험료와 정부의 재정지원, 그리고 본인일부부담금으로 이루어진다.

1) 보험료

장기요양보험에 사용되는 재원은 기본적으로 장기요양보험료로 충당한다. 장기요양보험료는 직장가입자 및 지역가입자별로 산정된 월별 건강보험료액(건강보험료의 경감 및 면제 비용이 있는 경우 공제한 금액)에 건강보험료율 대비 장기요양보험료율의 비율을 곱하여 산정한다. 장기요양보험료율은 장기요양위원회의 심의를 거쳐 대통령령으로 정해진다.

장기요양보험료 = 산정된 월별 건강보험료액 × 장기요양보험료율(건강보험료율 대비)
※ 2026년 건강보험료율(소득 대비) : 7.19%, 장기요양보험료율(소득 대비) : 0.9448% • 2026년 건강보험료율 대비 장기요양보험료율 : 13.14%(0.9448% ÷ 7.19%) • 소득이 100만 원일 경우 월 장기요양보험료 : 71,900원 × 13.14% = 9,448원[3]

장기요양보험료도 건강보험료와 마찬가지로 직장가입자는 산정된 보험료를 사용자와 각각 50%씩 부담하고, 지역가입자의 경우 가입자가 전액 부담한다. 건강보험공단은 건강보험료와 장기요양보험료를 통합 징수하되 건강보험료와 장기요양보험료를 구분 고지하여야 하며, 각각 독립회계로 관리한다.

2) 정부의 재정지원

정부의 재정지원은 국가와 지방자치단체의 지원으로 나누어진다. 첫째, 국가

3) 건강보험료액이 경감 및 면제 비용 공제가 적용되었을 경우 건강보험료와 연계된 장기요양보험료도 낮아진다.

는 매년 예산의 범위 안에서 당해 연도 장기요양보험료 예상수입액의 100분의 20에 상당하는 금액을 공단에 지원한다. 둘째, 국가와 지방자치단체는 대통령령으로 정하는 바에 따라 의료급여수급권자의 장기요양급여 비용, 의사소견서 발급비용, 방문간호지시서 발급비용 중 공단이 부담하여야 할 비용 및 관리운영비의 전액을 부담한다. 이 경우 지방자치단체가 부담하는 금액은 보건복지부령으로 정하는 바에 따라 특별시 · 광역시 · 특별자치시 · 도 · 특별자치도와 시 · 군 · 구가 분담한다.

3) 본인일부부담금

요양급여 비용에 대한 본인일부부담금은 재가급여의 경우 당해 장기요양급여 비용의 15%, 시설급여의 경우 20%를 부담한다. 국민기초생활보장법에 따른 의료급여 수급자의 경우 본인일부부담금이 없으며(정부 부담), 그 외의 의료급여 수급권자, 소득 · 재산 등이 보건복지부장관이 정하여 고시하는 일정 금액 이하인 자, 천재지변 등으로 생계가 곤란한 자는 본인일부부담금의 60% 범위 내에서 차등하여 감경한다.

6. 운영체계

1) 보건복지부

장기요양보험제도의 운영을 관장하는 기관은 보건복지부이다. 보건복지부장관은 노인 등에 대한 장기요양급여를 원활하게 제공하기 위하여 5년 단위로 장기요양기본계획을 수립 · 시행하여야 한다. 또한 3년마다 장기요양사업의 실태를 파악하기 위해 장기요양인정에 관한 사항 등을 정기적으로 조사하고 그 결과를 공표한다.

장기요양기본계획 (법 제6조)	• 연도별 장기요양급여 대상인원 및 재원조달 계획 • 연도별 장기요양기관 및 장기요양 전문인력 관리 방안 • 장기요양 요원의 처우에 관한 사항 • 그 밖에 노인 등의 장기요양에 관한 사항으로서 대통령령으로 정하는 사항
실태조사 (법 제6조의2)	• 장기요양인정에 관한 사항 • 장기요양등급판정위원회의 판정에 따라 장기요양급여를 받을 사람의 규모, 그 급여의 수준 및 만족도에 관한 사항 • 장기요양기관에 관한 사항 • 장기요양요원의 근로조건, 처우 및 규모에 관한 사항 • 그 밖에 장기요양사업에 관한 사항으로서 보건복지부령으로 정하는 사항

2) 국민건강보험공단

국민건강보험공단은 보건복지부의 위탁을 받은 공법인으로 보험자로서의 위치를 가지고 다음과 같은 장기요양보험의 사업을 수행한다(법 제48조).

- 장기요양보험 가입자 및 그 피부양자와 의료급여수급권자의 자격관리
- 장기요양보험료의 부과 · 징수
- 신청인에 대한 조사
- 등급판정위원회의 운영 및 장기요양등급 판정
- 장기요양인정서의 작성 및 표준장기요양이용계획서의 제공
- 장기요양급여의 관리 및 평가
- 수급자에 대한 정보제공 · 안내 · 상담 등 장기요양급여 관련 이용지원에 관한 사항
- 재가 및 시설 급여비용의 심사 및 지급과 특별현금급여의 지급
- 장기요양급여 제공내용 확인
- 장기요양사업에 관한 조사 · 연구 및 홍보
- 노인성질환예방사업
- 이 법에 따른 부당이득금의 부과 · 징수 등
- 장기요양급여의 제공기준을 개발하고 장기요양급여 비용의 적정성을 검토하기 위한 장기요양기관의 설치 및 운영
- 그 밖에 장기요양사업과 관련하여 보건복지부장관이 위탁한 업무

3) 장기요양등급판정위원회

장기요양등급판정위원회는 장기요양인정 및 장기요양등급 판정 등을 심의하기 위하여 공단에 소속되어 있다. 등급판정위원회는 위원장 1인을 포함하여 15인의 위원으로 구성하며, 이 가운데 의사 또는 한의사가 1인 이상 반드시 포함되어야 한다. 위원의 임기는 3년으로 한다(공무원인 위원의 임기는 재임기간).

4) 장기요양위원회

장기요양위원회는 장기요양보험정책에 관한 사항을 심의하기 위하여 보건복지부장관에 소속된 기구이다. 장기요양위원회는 장기요양보험료율, 가족요양비, 특례요양비, 요양병원간병비의 지급기준, 재가 및 시설 급여비용, 그 밖에 대통령령으로 정하는 주요 사항을 심의한다. 장기요양위원회는 위원장 1인, 부위원장 1인을 포함한 16인 이상 22인 이하의 위원으로 구성하며, 위원의 임기는 3년으로 한다(공무원인 위원의 임기는 재임기간).

5) 장기요양기관

장기요양기관이란 노인장기요양보험법 제31조에 따라 지정을 받은 기관으로 장기요양급여를 제공하는 기관을 말한다. 재가급여 또는 시설급여를 제공하는 장기요양기관을 운영하려는 자는 보건복지부령으로 정하는 장기요양에 필요한 시설 및 인력을 갖추어 소재지를 관할 구역으로 하는 특별자치시장 · 특별자치도지사 · 시장 · 군수 · 구청장으로부터 지정을 받아야 한다. 장기요양기관으로 지정을 받을 수 있는 시설은 노인복지법 제31조에 따른 노인복지시설[4] 중 대

---

4) 노인복지법 제31조(노인복지시설의 종류)
① 노인주거복지시설 : 양로시설, 노인공동생활가정, 노인복지주택
② 노인의료복지시설 : 노인요양시설, 노인요양공동생활가정
③ 노인여가복지시설 : 노인복지관, 경로당, 노인교실
④ 재가노인복지시설 : 방문요양서비스, 주 · 야간보호서비스, 단기보호서비스, 방문목욕서비스, 그 밖의 서비스
⑤ 노인보호전문기관, ⑥ 노인일자리지원기관, ⑦ 학대피해노인전용쉼터

통령령으로 정하는 시설(재가노인복지시설, 노인의료복지시설)로 한다. 특별자치시장 · 특별자치도지사 · 시장 · 군수 · 구청장은 장기요양기관을 지정한 때에는 지체 없이 지정 명세를 공단에 통보하여야 한다.

〈표 9-8〉 장기요양기관의 종류

구 분	내 용
재가급여 장기요양기관	노인복지법상 재가노인복지시설이 노인장기요양보험법에 의한 재가장기요양기관의 시설 · 인력기준을 갖추어 특별자치시장 · 특별자치도지사 · 시장 · 군수 · 구청장으로부터 지정을 받은 장기요양기관
시설급여 장기요양기관	노인복지법상 노인요양시설 및 노인요양공동생활가정이 특별자치시장 · 특별자치도지사 · 시장 · 군수 · 구청장으로부터 지정을 받은 장기요양기관

노인장기요양보험의 관리운영체계를 살펴보면 다음 그림과 같다.

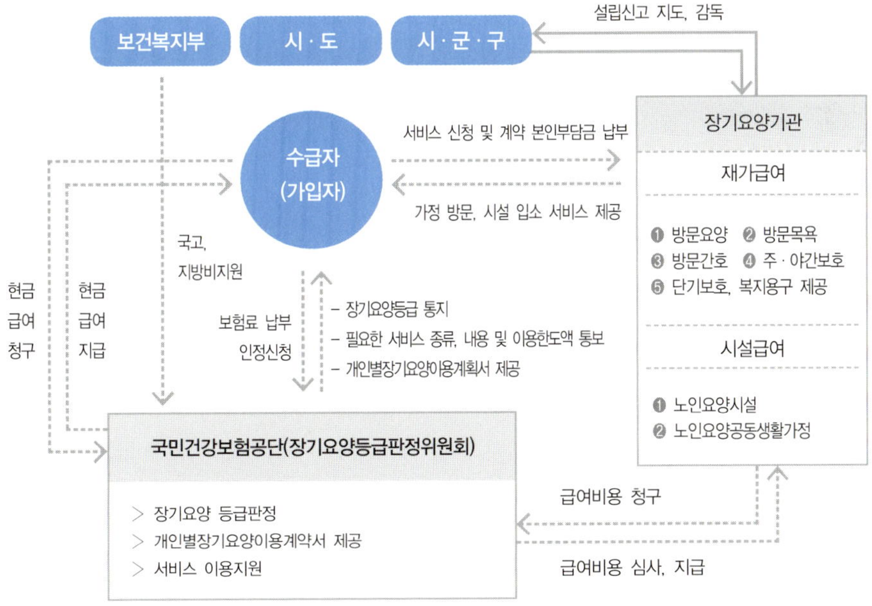

|그림 9-2| 노인장기요양보험 관리운영체계

출처 : 보건복지부 홈페이지(장기요양보험제도).

Chapter 10

산업재해보상보험제도

1. 의의 및 목적

산업재해보상보험(Industrial Accident Compensation Insurance)이란 산업사회의 고유한 문제인 업무상 부상과 질병, 장해 또는 사망으로 인한 소득상실을 보전함과 동시에 요양서비스와 재활서비스를 충분히 제공하여 성공적인 직업복귀를 도모하는 제도이다. 산업재해보상보험(약칭 산재보험)은 대부분의 국가에서 의료보장제도와 함께 가장 오래된 사회보장제도로 우리나라에서도 사회보험 중에서 가장 먼저 도입된 제도이다. 산재보험법 제1조에 의하면, "이 법은 산재보험 사업을 시행하여 근로자의 업무상의 재해를 신속하고 공정하게 보상하며, 재해근로자의 재활 및 사회 복귀를 촉진하기 위하여 이에 필요한 보험시설을 설치·운영하고, 재해 예방과 그 밖 에 근로자의 복지 증진을 위한 사업을 시행하여 근로자 보호에 이바지하는 것을 목적으로 한다"고 규정되어 있다.

산재보험제도는 사업장 단위로 적용되는 정부주도의 강제보험으로 보험제도를 통해 근로자 및 그 유족을 보호하고, 사업주 간의 위험을 분산하는 기능을 가진다. 또한 국민연금, 국민건강보험 등 근로자와 사업주가 보험료를 각각 절반씩 부담하는 다른 사회보험과 달리 사업주가 보험료를 전액 부담함으로써 보험료의 납부자와 수혜자가 다르다는 특징을 가진다. 따라서 산재보험의 보험자는 정부(근로복지공단)가 되고, 가입자는 사업주, 수급자는 업무상의 재해근로자가 된다.

2. 산재보험의 역사적 배경

산재보험의 역사적 배경은 시민법 3대 원칙의 수정에 따른 무과실책임주의 원칙에서 비롯되었다. 시민법은 18세기 말부터 19세기 초에 중세 봉건사회를 타파하고 자본주의를 확립한 시민계급(부르주아)이 시민혁명을 통해 건설한 근대 시민사회를 전제로 하여 출현한 법이다. 시민사회를 지배한 시민법은 소유권 절대의 원칙, 계약자유의 원칙, 과실책임의 원칙 등 3원칙을 사회의 지도 원리로 삼았다.

그러나 시민법은 그 현실적 · 역사적 한계로 인해 수정되지 않을 수 없었다. 즉, 소유권 절대의 원칙은 부의 편중과 권리남용으로 악용되고, 계약자유의 원칙은 사회적 약자에게 불리한 불공정한 계약으로 이루어졌으며, 과실책임의 원칙에서는 손해가 발생했을 경우 자본가는 고의나 과실 부분만 책임지면 되었기 때문에 무과실의 경우 배상책임을 면하게 되어 많은 노동자들이 보호받지 못하는 사태가 발생되었다. 따라서 단순히 개인의 행복과 이익을 추구하는 시민법 원리는 전체 공동체의 안녕을 추구하는 법리로 전환될 수밖에 없었다.

이에 소유권 절대의 원칙은 권리남용을 금지하고 공공성과 사회성을 확보하기 위해 소유권 제한의 원칙으로, 계약자유의 원칙은 계약공정의 원칙으로, 그리고 과실책임의 원칙은 산업현장에서 무과실책임의 원칙으로 수정되었다.

〈표 10-1〉 **시민법과 수정시민법**

시민법	한계점	수정시민법
소유권 절대의 원칙	부의 편중과 권리남용	소유권 제한의 원칙
계약자유의 원칙	불공정 계약	계약공정의 원칙
과실책임의 원칙	과실에 한정된 배상책임	무과실책임의 원칙

산재보험은 이러한 무과실책임주의 원칙에 기초한다. 즉, 자기의 행위에 고의 및 과실이 없더라도 자기의 기업 행위나 소유물이 위험성을 갖고 있어 타인에게 손해를 야기하였다면 그 기업주, 행위자, 소유자는 위험야기에 따른 손해배상책임을 져야 한다는 위험책임의 법리로 도입되었다.

이 같은 사용자 무과실책임보상제도는 1884년 독일에서 제정된 산재보험법에 가장 먼저 법제화되었는데, 독일의 산재보험은 산재발생의 책임소재에 따른 보상의 결정과 소송을 통한 개별 보상이라는 기존의 관행을 지양하고, 산재보상에 그 초점을 맞추었다(원석조, 2014 : 178). 독일의 산재보험은 점차 유럽국가로 확대되기 시작했으며, 이에 따라 20세기 이후 무과실책임주의 원칙에 기반을 둔 산재보험제도가 보편화되기 시작했다.

3. 도입배경 및 발전과정

1) 도입배경

1948년 정부 수립 후 우리나라는 업무상 재해보상에 대한 별다른 법률이 제정되어 있지 않아 이 당시 재해근로자의 유일한 구제방법은 민법에 의한 과실책임주의였다. 과실책임주의하에서 재해근로자는 사업주의 중대한 과실 및 고의를 전제로 민법상의 손해배상청구를 통해 배상을 받을 수밖에 없었다. 그러나 민법상 손해배상청구는 재해근로자가 사업주의 중대한 과실이나 고의를 스스로 입증해야만 했고, 소송과정에 막대한 비용과 장기간이 소요되어 실효성을 거두기가 어려웠다. 더구나 대부분의 사업주는 산재발생에 대한 책임을 회피했으며, 사업주의 과실책임을 입증하는 것은 사업주와 종속적인 관계를 맺고 있던 재해근로자에게는 사실상 어려운 일이었다.

이후 근로자 보호의 제도화를 위해 한국전쟁 중이던 1953년 5월 10일 근로기준법이 제정되었는데, 근로기준법 제8장에서 업무상 재해를 입은 경우 근로자를 고용한 사업주는 과실 유무를 불문하고 재해근로자에게 보상하도록 하는 '무과실책임에 의한 재해보상제도'를 규정하였다. 그 주된 내용은 근로자가 업무상 재해를 입었을 경우 요양급여(11일 이상 요양 필요시 지급), 평균임금의 60%에 해당하는 휴업보상, 신체의 장해에 대해 장해등급(1~10급)에 따라 평균임금의 50~1,000일분의 장해보상, 재해로 사망한 경우 평균임금의 1,000일분의 유족보상 및 90일의 장의비를 지급하도록 하였다(고용노동부, 2016). 근로관계를 규정하는 근로기준법에 재해보상을 규정한 것은 아주 획기적이었으나 산재보상이 사업주 개인의 재산에 의존했기 때문에 대형 사고가 날 경우 기업이 도산하거나 경제적 능력이 없는 경우에는 사실상 재해보상이 제대로 이루어지지 않았다.

이러한 문제를 해결하기 위해 1960년대 초에 '근로자의 권익 향상과 사회보장'이 정당들의 공약에 경쟁적으로 부각되기 시작했다. 이에 정부는 전문 30조로 된 산재보험법의 초안을 만들어 보건사회부 산하 사회보장제도심의위원회의 심의를 거쳐 1963년 10월 8일에 국가재건최고회의에서 의결하고, 마침내 1963년 11월 5일에 법률로 공포되었다. 그리고 그 다음 해인 1964년 7월 1일부터 상시 500인 이상 근로자를 사용하는 광업 및 제조업을 대상으로 강제적용으로 실시되었다. 우리나라 최초의 사회보험인 산재보험은 사용자에게는 재해보상책임을 분산시킴으로써 산업재해보상으로 인한 재정상의 부담을 덜어주었고, 근로자에게는 재해보상 청구권의 간소화로 신속하게 보상을 받을 수 있도록 하였다. 또한 국가가 보험자 역할을 담당하기 때문에 보상의 안정성도 확보할 수 있게 되었다.

2) 발전과정

산재보험제도는 1964년 최초 시행 시에는 상시근로자 500인 이상 사용하는 광업 및 제조업에만 당연적용되었다. 이후 1965년에는 200인 이상, 1966년에는 150인 이상, 1967년에는 100인 이상, 1969년에 50인 이상 사업장으로 확대 적용되었다. 1971년부터는 장해급여와 유족급여 등에 연금방식을 도입함으로써 산재로 인한 장기적 소득손실에 대한 보장이 이루어졌다. 그리고 1972년에 30인 이상, 1973년에 16인 이상 사업장으로 확대 적용되었고, 1977년에는 최저보상기준제도가 도입되었다. 1982년에는 법 제정 당시 11일 이상 요양이 필요한 경우에만 보상하던 요양급여의 인정기준이 4일 이상 요양이 필요한 경우로 완화되었으며, 상병보상연금제도가 도입되었다. 또한 10인 이상 사업장으로 적용범위가 확대되었다.

1989년에는 휴업급여 수준을 평균임금의 60%에서 70%로 인상하였고, 그 후 제한적이나마 적용범위의 점차적 확대를 거쳐 1992년에는 일부 업종을 제외하고는 원칙적으로 5인 이상 사업장으로 적용범위가 확대되었다. 또한 1995년에는 노동부에서 주관하던 산재보험의 관리운영을 근로복지공단에 위탁하였고, 2000년 7월 1일부터는 1인 이상 사업장으로 적용대상이 확대되어 거의 모든 사업장에 산재보험이 적용되었고, 최고보상기준제도 도입과 중증장해자를 보호하기 위한 간병급여 신설 등 질적 발전을 도모하게 되었다.

2008년 개정을 통해서는 산재보험제도가 획기적으로 발전하는 계기가 되었다. 주요 내용으로는 업무상 재해의 인정기준 명시(업무상 사고와 업무상 질병), 특수형태근로종사자의 산재보험 적용, 산재근로자의 사회·직업 복구를 촉진하기 위한 직업재활급여 도입, 업무상 질병판정위원회 설치 등이 포함되었고, 권리구제 및 심의 기능도 강화되었다. 2010년에는 정부의 공공기관 선진화 추진계획에 따라 한국산재의료원을 근로복지공단에 통합하여 산재환자에 대한 요양 및 재활서비스를 종합적으로 제공함으로써 산재보험 업무의 효율성을 높였고, 산재보험의 징수업무를 국민건강보험공단에 위탁하여 수행하도록 하였다.

2012년 개정에서는 성차별적 요소를 없애기 위해 유족보상연금 수급자격자의 범위에서 남자배우자에 대한 연령제한을 삭제하고, 유족의 생활안정을 도모하기 위하여 자녀 또는 손자녀 등에 대한 유족보상연금 수급자격자 연령범위를 18세 미만에서 19세 미만까지로 상향하였다. 또한 2015년 개정에서는 산재근로자가 요양 종결 후 후유증상으로 인해 국민건강보험법에 따라 요양을 받는 경우 건강보험에서 부담한 비용을 2년 이내에 산재보험에서 그 비용을 지급할 수 있도록 법적 근거를 마련하였다.

2018년 1월 1일부터는 산업재해의 한 종류로 출퇴근재해를 신설하여 통상적인 경로와 방법으로 출퇴근 하던 중 발생한 사고에 대하여 업무상 재해로 인정함으로써 근로자의 복지를 증진하려고 하였고, 2018년 6월 12일 개정에서는

'폐질(廢疾)'이라는 어려운 한자를 보다 이해하기 쉬운 말인 '중증요양상태'로 변경하였으며, 유족보상연금 수급자격자가 자녀인 경우에는 수급자격자 연령범위를 19세에서 25세 미만으로 확대하였다.

2019년 1월 15일 개정에서는 업무상 질병의 인정기준에 직장 내 괴롭힘, 고객의 폭언 등 업무상 정신적 스트레스가 원인이 되어 발생한 질병을 추가함으로써 업무상 재해를 폭넓게 인정할 수 있는 제도적 장치를 갖추려고 하였고, 2022년 1월 11일 개정에서는 임신 중인 근로자가 업무수행 과정에서 유해인자의 취급이나 노출로 인하여 출산한 자녀에게 부상, 질병 또는 장해가 발생하거나 그 자녀가 사망한 경우 업무상의 재해로 인정함으로써 '건강손상자녀'를 근로자로 보아 보험급여 청구권을 인정하고, 요양급여, 장해급여, 간병급여, 장례비 및 직업재활급여를 지급하도록 하였다.

〈표 10-2〉 **산재보험제도의 주요 연혁**

날 짜	주요 내용
1963. 11. 5.	• 산재보험법 제정
1964. 7. 1.	• 산재보험제도 시행(상시근로자 500인 이상 사업장) – 요양급여 인정기준은 11일 이상 요양이 필요한 경우
1965~1969	• 적용사업장 확대(200인 이상/150인 이상/100인 이상/50인 이상 사업장)
1971. 1. 1.	• 장해급여와 유족급여에 선택적 연금방식 도입 • 요양급여 인정기준 완화(11일 이상 요양 → 8일 이상 요양)
1972~1973	• 적용사업장 확대(30인 이상/16인 이상 사업장)
1977. 12. 19.	• 최저보상기준제도 도입
1982. 1. 1.	• 요양급여 인정기준 완화(8일 이상 요양 → 4일 이상 요양)
1982. 7. 1.	• 적용사업장 확대(10인 이상 사업장)
1983. 1. 1.	• 상병보상연금제도 도입, 장해특별급여제도 도입
1989. 4. 1.	• 휴업급여 수준 인상(60% → 70%)

1992. 7. 1.	• 적용사업장 확대(5인 이상 사업장)
1995. 5. 1.	• 근로복지공단에 산재보험 사업 위탁
2000. 7. 1.	• 적용사업장 확대(1인 이상 사업장), 최고보상기준제도 도입, 간병급여 신설
2008. 7. 1.	• 업무상 재해의 인정기준 명시, 특수형태근로종사자의 산재보험 적용 • 직업재활급여 신설, 권리구제 및 심의기능 강화
2010. 1. 27.	• 한국산재의료원과 근로복지공단 통합
2011. 1. 1.	• 보험료 징수업무 국민건강보험공단에 통합
2012. 12. 18.	• 유족보상연금의 성차별적 요소 삭제(남편에 대한 연령제한 삭제) • 자녀와 손자녀의 수급자격 연령범위 상향(18세 미만 → 19세 미만)
2018. 1. 1.	• 출퇴근재해 보상제도 도입
2018. 6. 12.	• '폐질(廢疾)'을 '중증요양상태'로 용어 변경 • 자녀의 유족보상연금 수급자격 연령범위 상향(19세 미만 → 25세 미만)
2019. 1. 15.	• 업무상질병 인정기준 확대(직장 내 괴롭힘, 고객의 폭언 등 업무상 정신적 스트레스가 원인이 되어 발생한 질병 추가)
2022. 1. 11.	• 건강손상자녀를 '근로자'로 보아 보험급여 청구권 인정

출처 : 고용노동부(2024). 2023년 산재보험사업연보.

4. 적용대상

1) 적용사업

산재보험제도는 근로자를 사용하는 모든 사업 또는 사업장에 적용한다. 따라서 1인 이상 근로자를 사용하는 사업은 산재보험의 당연적용자가 된다. 다만, 위험률 · 규모 및 장소 등을 고려하여 대통령령으로 정하는 사업은 산재보험의 적용대상이 되지 않는다.

※ 적용 제외 사업(시행령 제2조)
• 공무원 재해보상법 또는 군인 재해보상법에 따라 재해보상이 되는 사업. 다만, 공무원 재해보상법 제60조에 따라 순직유족급여 또는 위험직무순직유족급여에 관한 규정을 적용받는 경우는 제외한다. • 선원법, 「어선원 및 어선 재해보상보험법」 또는 사립학교교직원 연금법에 따라 재해보상이 되는 사업 • 가구 내 고용활동 • 농업, 임업(벌목업은 제외한다), 어업 및 수렵업 중 법인이 아닌 자의 사업으로 상시 근로자 수가 5명 미만인 사업

당연적용 사업장에서 업무상 재해를 당한 근로자는 사업주의 성립신고 여부와 관계없이 산재보험법에 의해 보상을 받을 수 있다. 이와 같이 산재보험 적용대상을 사업으로 규정하고 사업개시와 동시에 산재보험의 당연적용을 인정하는 것은 산재에 대한 책임이 사업주에게 있고 보험료를 사업주가 모두 부담하며 고용과 동시에 산재가 발생할 수 있기 때문이다.

※ 산재보험의 특례적용(법 제121~126조)	
국외의 사업에 대한 특례	국외 근무기간에 발생한 근로자의 재해를 보상하기 위하여 우리나라가 당사국이 된 사회보장에 관한 조약이나 협정으로 정하는 국가나 지역에서의 사업에 대하여는 고용노동부장관이 금융위원회와 협의하여 지정하는 자(보험회사)에게 이 법에 따른 보험사업을 자기의 계산으로 영위하게 할 수 있다. 보험회사는 보험업법에 따른 사업 방법에 따라 보험사업을 영위한다. 이 경우 보험회사가 지급하는 보험급여는 산재보험법에 따른 보험급여보다 근로자에게 불이익하여서는 아니 된다.
해외파견자에 대한 특례	보험가입자가 대한민국 밖의 지역에서 하는 사업에 근로시키기 위하여 파견하는 자에 대하여 공단에 보험 가입 신청을 하여 승인을 받으면 해외파견자를 그 가입자의 대한민국 영역 안의 사업에 사용하는 근로자로 보아 산재보험법을 적용할 수 있다.

현장실습생에 대한 특례	산재보험법이 적용되는 사업에서 현장 실습을 하고 있는 학생 및 직업훈련생 중 고용노동부장관이 정하는 현장실습생은 그 사업에 사용되는 근로자로 본다.
학생연구자에 대한 특례	「연구실 안전환경 조성에 관한 법률」에 따른 대학 · 연구기관등은 「산재보험법」의 적용을 받는 사업으로 보고 대학 · 연구기관등이 수행하는 연구개발과제에 참여하는 대통령령으로 정하는 학생 신분의 연구자는 이 법을 적용할 때에는 그 사업의 근로자로 본다.
중소기업 사업주에 대한 특례	300인 미만의 근로자를 사용하는 중 · 소기업 사업주(근로자를 사용하지 않는 사업주 포함)는 공단의 승인을 받아 자기 또는 유족을 보험급여를 받을 수 있는 자로 하여 보험에 가입할 수 있다. 이 경우 유족의 범위는 중 · 소기업 사업주의 배우자(사실상 혼인관계에 있는 사람을 포함) 또는 4촌 이내의 친족으로서 대통령령으로 정하는 요건을 갖추어 해당 사업에 노무를 제공하는 사람으로 이 법을 적용할 때는 근로자로 본다.
국민기초생활보장법상의 수급자에 대한 특례	근로기준법상 근로자가 아닌 자로서 국민기초생활보장법 따른 자활급여 수급자 중 고용노동부장관이 정하여 고시하는 사업에 종사하는 자는 산재보험법의 적용을 받는 근로자로 본다.

2) 가입자의 종류

(1) 당연적용가입자

당연적용사업은 사업이 개시되거나 사업개시에 필요한 일정 요건에 도달하게 되면 사업주의 의사와 관계없이 법률적으로 당연히 보험관계가 성립하는 사업을 의미한다. 산재보험법을 적용받는 사업의 사업주는 당연적용가입자가 된다.

(2) 임의적용가입자

임의적용사업은 산재보험법에 의한 적용제외사업으로 보험가입 여부가 사업주의 자유의사에 일임되어 있는 사업이다. 당연적용 사업장에 해당하지 않는 사업의 사업주는 공단의 승인을 얻어 산재보험에 임의가입할 수 있다. 보험계약을 해지할 경우 공단의 승인을 받고 해지할 수 있다.

(3) 의제적용가입자

의제적용사업은 산재보험의 당연적용사업이 임의적용사업으로 된 경우 일정 기간 당연적용이 되는 사업으로 간주하는 것을 의미한다. 즉, 산재보험의 당연적용사업이 사업규모의 변동 등의 사유로 적용제외사업에 해당하게 되었을 때에는 그 사업주 및 근로자는 그 날부터 산재보험에 임의 가입한 것으로 본다.

3) 적용대상 현황

산재보험의 사업종류별 적용 현황을 살펴보면, 2024년도 말 적용사업장 수는 3,000,421개, 근로자 수는 21,420,560명이다. 사업장 구성비를 보면 기타의 사업이 68.5%로 가장 높은 비중을 차지하고 있고, 제조업 13.8%, 건설업 10.6% 순으로 나타나고 있다. 근로자 구성비도 기타의 사업이 59.1%로 가장 높고, 제조업이 19.1%, 건설업이 9.7%로 상위권을 차지하고 있다.

〈표 10-3〉 **사업종류별 적용 현황(2023~2024년)**

(단위 : 개소, 명, %)

구 분	2023년		2024년			
	사업장	근로자	사업장	구성비	근로자	구성비
합 계	2,945,136	20,637,107	3,000,421	100.0	21,420,560	100.0
금융, 보험업	44,137	853,734	44,482	1.5	836,884	3.9
광 업	1,026	9,713	994	0.0	9,222	0.0
제조업	412,474	4,006,893	412,938	13.8	4,081,069	19.1
전기 · 가스 · 상수도	3,651	79,956	3,750	0.1	80,811	0.4
건설업	321,949	2,233,184	318,304	10.6	2,084,092	9.7
운수 · 창고, 통신업	102,185	1,120,705	112,680	3.8	1,400,399	6.5
임 업	17,948	137,826	19,691	0.7	146,942	0.7
어 업	2,129	5,775	2,144	0.1	5,872	0.0
농 업	25,693	93,504	30,721	1.0	110,024	0.5
기타의 사업	2,013,944	12,095,817	2,054,717	68.5	12,665,245	59.1

출처 : 고용노동부(2025). 2024년 산재보험사업연보.

5. 급여내용

1) 급여의 요건

산재보험급여를 받기 위해서는, ① 산재보험 가입 사업장의 근로자이어야 하고, ② 근로자의 재해가 '업무상 재해'로 인정을 받아야 하며, ③ 당해 부상 또는 질병이 4일 이상 기간의 요양을 요하는 것이어야 한다. '업무상의 재해'란 업무상의 사유에 따른 근로자의 부상 · 질병 · 장해 또는 사망을 말한다. 업무상 재해의 인정기준은 업무상 사고, 업무상 질병, 출퇴근 재해의 세 가지로 나누어진다. 따라서 업무상 사고나 업무상 질병, 또는 출퇴근 재해 중 어느 하나에 해당하는 사유로 부상 · 질병 또는 장해가 발생하거나 사망하면 업무상의 재해로 본다. 다만, 업무와 재해 사이에 상당인과관계(相當因果關係)가 없는 경우에는 그러하지 아니하다.

〈표 10-4〉 **업무상 재해의 인정기준**

구 분	내 용
업무상 사고	1. 근로자가 근로계약에 따른 업무나 그에 따르는 행위를 하던 중 발생한 사고 2. 사업주가 제공한 시설물 등을 이용하던 중 그 시설물 등의 결함이나 관리소홀로 발생한 사고 3. 사업주가 주관하거나 사업주의 지시에 따라 참여한 행사나 행사준비 중에 발생한 사고 4. 휴게시간 중 사업주의 지배관리하에 있다고 볼 수 있는 행위로 발생한 사고 5. 그 밖에 업무와 관련하여 발생한 사고
업무상 질병	1. 업무수행 과정에서 물리적 인자(因子), 화학물질, 분진, 병원체, 신체에 부담을 주는 업무 등 근로자의 건강에 장해를 일으킬 수 있는 요인을 취급하거나 그에 노출되어 발생한 질병 2. 업무상 부상이 원인이 되어 발생한 질병 3. 「근로기준법」 제76조의2에 따른 직장 내 괴롭힘, 고객의 폭언 등으로 인한 업무상 정신적 스트레스가 원인이 되어 발생한 질병 4. 그 밖에 업무와 관련하여 발생한 질병 ※ 업무상 질병의 인정 여부를 심의하기 위해 공단 소속 기관에 업무상질병판정위원회를 둔다.
출퇴근 재해	1. 사업주가 제공한 교통수단이나 그에 준하는 교통수단을 이용하는 등 사업주의 지배관리하에서 출퇴근하는 중 발생한 사고 2. 그 밖에 통상적인 경로와 방법으로 출퇴근하는 중 발생한 사고

한편 근로자의 고의 · 자해행위나 범죄행위 또는 그것이 원인이 되어 발생한 부상 · 질병 · 장해 또는 사망은 업무상의 재해로 보지 아니한다. 다만, 그 부상 · 질병 · 장해 또는 사망이 정상적인 인식능력 등이 뚜렷하게 저하된 상태에서 한 행위로 발생한 경우로서 대통령령으로 정하는 사유[1]가 있으면 업무상의 재해로 본다.

2) 급여의 산정기준

(1) 최고보상기준 및 최저보상기준제도

최고보상기준 및 최저보상기준제도는 산재보험 급여가 너무 많거나 너무 적을 경우 이를 조정할 필요가 있어 마련한 제도이다. 최고보상기준 금액과 최저보상기준 금액은 상용근로자 5명 이상 사업체의 전체 근로자 임금평균액의 1.8배와 1/2에 각각 해당하는 금액이다.[2]

산재근로자의 보험급여 산정 기준이 되는 평균임금이 최고보상기준 금액을 초과하거나 최저보상기준 금액보다 적으면 그 최고보상기준 금액이나 최저보상기준 금액을 각각 그 근로자의 평균임금으로 하되, 최저보상기준 금액이 최저임금법에 따른 최저임금액(시간급 최저임금액×8)보다 적으면 그 최저임금액을 최저보상기준 금액으로 한다. 다만, 휴업급여 및 상병보상연금을 산정할 때에는 그 자체에 최저보상기준 금액을 적용하고 있기 때문에 최저보상기준 금액을 적용하지 않는다. 따라서 최저보상기준금액은 장해급여와 유족급여에만 적용된다.

(2) 임금변동순응률제도

임금변동순응률제도는 급여수준의 적정 보상을 위해 급여에 임금증감률을

---

1) 대통령령으로 정하는 사유(시행령 제36조)
① 업무상의 사유로 발생한 정신질환으로 치료를 받았거나 받고 있는 사람이 정신적 이상 상태에서 자해행위를 한 경우, ② 업무상의 재해로 요양 중인 사람이 그 업무상의 재해로 인한 정신적 이상 상태에서 자해행위를 한 경우, ③ 그 밖에 업무상의 사유로 인한 정신적 이상 상태에서 자해행위를 하였다는 것이 의학적으로 인정되는 경우

2) 2025년 최고보상기준금액은 1일 258,132원, 최저보상기준금액은 1일 80,240원

반영하기 위해 마련한 제도이다. 즉, 매년 근로자의 임금수준이 어느 정도 상승하고 있는 데 비하여 장기적으로 요양을 받게 되는 피재근로자의 급여는 재해 당시의 평균임금을 기준으로 하기 때문에 실질가치가 상대적으로 하락하여 이를 보완하기 위해 마련한 제도이다. 따라서 보험급여를 산정하는 경우 해당 근로자의 평균임금을 산정하여야 할 사유가 발생한 날부터 1년이 지난 이후에는 매년 전체 근로자의 임금평균액 증감률에 따라 평균임금을 증감하되, 그 근로자의 연령이 60세에 도달한 이후에는 소비자물가변동률에 따라 평균임금을 증감하도록 한다.

3) 급여의 종류

산재보험급여는 산재보험의 적용을 받는 사업 또는 사업장 소속 근로자가 업무상 재해로 인하여 부상, 질병이나 장해 또는 사망한 경우에 이를 회복시키거나 소득을 보장하고 가족의 생활보호를 위하여 지급되는 급여이다. 급여의 종류에는 요양급여, 휴업급여, 장해급여, 간병급여, 유족급여, 상병(傷病)보상연금, 장례비, 직업재활급여가 있다. 다만, 진폐에 따른 보험급여의 종류는 요양급여, 간병급여, 장례비, 직업재활급여, 진폐보상연금 및 진폐유족연금으로 하고, 임신 중 업무상 사유로 인한 건강손상자녀[3)]에 대한 보험급여의 종류는 요양급여, 장해급여, 간병급여, 장례비, 직업재활급여로 한다.

(1) 요양급여

요양급여는 근로자가 업무상 사유로 부상을 당하거나 질병에 걸린 경우에 그 근로자에게 지급하는 현물급여이다. 요양급여는 산재보험 의료기관에서 요양을 받게 한다. 다만, 부득이한 경우에는 요양에 갈음하여 요양비를 지급할

3) 임신 중인 근로자가 업무수행 과정에서 유해인자의 취급이나 노출로 인하여, 출산한 자녀에게 부상, 질병 또는 장해가 발생하거나 그 자녀가 사망한 경우 업무상의 재해로 본다. 이 경우 그 출산한 자녀는 이 법을 적용할 때 해당 업무상 재해의 사유가 발생한 당시 임신한 근로자가 속한 사업의 근로자로 본다. 건강손상자녀에 대한 장해등급 판정은 18세 이후에 한다.

수 있다. 부상 또는 질병이 3일 이내의 요양으로 치유할 수 있으면 요양급여를 지급하지 아니한다.

요양급여의 범위는 ① 진찰 및 검사, ② 약제 또는 진료재료와 의지(義肢), 그 밖의 보조기의 지급, ③ 처치, 수술, 그 밖의 치료, ④ 재활치료, ⑤ 입원, ⑥ 간호 및 간병, ⑦ 이송, ⑧ 그 밖에 고용노동부령으로 정하는 사항 등이다.

업무상의 재해를 입은 근로자의 요양을 담당할 산재보험 의료기관은 ① 근로복지공단에 두는 의료기관, ② 「의료법」에 따른 상급종합병원, ③ 「의료법」에 따른 의료기관(의원, 조산원, 병원, 종합병원)과 「지역보건법」에 따른 보건소(보건의료원 포함)로서 인력 · 시설 등의 기준에 해당하는 의료기관 또는 보건소 중 공단이 지정한 의료기관 또는 보건소 등이다.

요양급여를 신청한 후 산재보험 수급권자로 결정되기 전에는 건강보험법(또는 의료급여법)에 따른 요양급여를 받을 수 있다. 한편 요양급여를 받은 자가 치유 후 요양의 대상이 되었던 업무상의 부상 또는 질병이 재발하거나 치유 당시보다 상태가 악화되어 이를 치유하기 위한 적극적인 치료가 필요하다는 의학적 소견이 있으면 다시 요양급여(재요양)를 받을 수 있다.

(2) 휴업급여

휴업급여는 업무상 사유로 부상을 당하거나 질병에 걸린 근로자에게 요양으로 취업하지 못한 기간에 대하여 지급하는 급여로, 취업하지 못한 기간이 3일 이내이면 지급하지 아니한다. 휴업급여의 1일당 지급액은 평균임금의 70%에 상당하는 금액으로 한다.

휴업급여 = 평균임금 × 70% × 요양으로 취업하지 못한 기간(일수)
• 최고보상기준 금액 : 258,132원(일 평균임금)/2025년 • 최저보상기준 금액 : 저소득 근로자의 휴업급여 산정방식 적용 ※ 평균임금이란 이를 산정하여야 할 사유가 발생한 날 이전 3개월 동안에 그 근로자에게 지급한 임금 총액을 그 기간의 총일수로 나눈 금액(근로기준법 제2조 제1항제6호)

※ 저소득 근로자의 휴업급여

- 평균임금의 70%로 산정한 1일당 휴업급여 지급액이 최저보상기준 금액의 80%보다 적거나 같으면 평균임금의 90%를, 평균임금의 90%에 상당하는 금액이 최저보상기준 금액의 80%보다 많은 경우에는 최저보상기준 금액의 80%에 상당하는 금액을 1일당 휴업급여 지급액으로 한다.
- 산정한 휴업급여가 최저임금법에 따른 최저임금액보다 적으면 최저임금액(시간급 최저임금×8)을 근로자의 1일당 휴업급여 지급액으로 한다.

※ 고령자의 휴업급여

- 휴업급여를 받는 자가 61세 되면 매년 4%씩 감액하여 65세까지 총 20% 감액하여 지급한다(65세 이후는 더 이상 감액하지 않음).

61세	62세	63세	64세	65세 이후
1일당 휴업급여 지급액 × 66/70	1일당 휴업급여 지급액 × 62/70	1일당 휴업급여 지급액 × 58/70	1일당 휴업급여 지급액 × 54/70	1일당 휴업급여 지급액 × 50/70

재요양을 받는 자의 경우 재요양 당시의 임금을 기준으로 산정한 평균임금의 70%에 상당하는 금액을 1일당 휴업급여 지급액으로 한다. 산정한 1일당 휴업급여 지급액이 최저임금액보다 적거나 재요양 당시 평균임금 산정의 대상이 되는 임금이 없으면 최저임금액을 1일당 휴업급여 지급액으로 한다.

(3) 장해급여

장해급여는 근로자가 업무상의 사유로 부상을 당하거나 질병에 걸려 치유된 후 신체 등에 장해가 있는 경우에 그 근로자에게 지급하는 급여이다. 장해급여는 장해등급(1~14급)에 따라 장해보상연금 또는 장해보상일시금으로 지급한다. 장해보상연금 또는 장해보상일시금은 수급권자의 선택에 따라 지급한다. 다만, 대통령령으로 정하는 노동력을 완전히 상실한 장해등급(1~3급)의 근로자에게는 장해보상연금을 지급하고, 장해급여 청구사유 발생 당시 대한민국 국민이 아닌 자로서 외국에서 거주하고 있는 근로자에게는 장해보상일시금을 지급한다.

장해보상연금은 수급권자가 신청하면 그 연금의 최초 1년분 또는 2년분의 2분의 1에 상당하는 금액을 미리 지급할 수 있다. 이 경우 미리 지급하는 금액에 대하여는 5%의 비율 범위에서 대통령령으로 정하는 바에 따라 이자를 공제할 수 있다.

〈표 10-5〉 **장해급여표**

장해등급	장해보상연금	장해보상일시금	비 고
제1급	329일분	1,474일분	1~3급 연금으로만 지급
제2급	291일분	1,309일분	
제3급	257일분	1,155일분	
제4급	224일분	1,012일분	4~7급 연금과 일시금 중 선택
제5급	193일분	869일분	
제6급	164일분	737일분	
제7급	138일분	616일분	
제8급		495일분	8~14급 일시금으로만 지급
제9급		385일분	
제10급		297일분	
제11급		220일분	
제12급		154일분	
제13급		99일분	
제14급		55일분	

출처 : 산재보험법 제57조 제2항(별표 2).

(4) 간병급여

간병급여는 요양급여를 받은 자 중 치유 후(요양종결) 의학적으로 상시 또는 수시로 간병이 필요하여 실제로 간병을 받는 자에게 지급하는 급여이다. 요양 급여 비용에는 간병비가 포함되어 있어 요양기간 동안에는 큰 문제가 없었으나, 요양 이후에 장해가 남아 지속적인 간병이 필요한 근로자를 위해 간병급여가 신설되어 2000년 7월 1일부터 지급되었다. 간병급여는 상시간병급여와 수시 간병급여로 나누어진다.

(5) 유족급여

유족보상연금 수급자격자의 범위는 근로자가 사망할 당시 그 근로자와 생계를 같이 하던 유족 중에서 배우자, 부모 또는 조부모로서 각각 60세 이상인 사람, 자녀 또는 손자녀로서 25세 미만인 사람, 형제자매로서 19세 미만이거나 60세 이상인 사람, 그리고 위의 어느 하나에 해당하지 아니하는 자녀·부모·손자녀·조부모 또는 형제자매로서 「장애인복지법」 제2조에 따른 장애인 중 고용노동부령으로 정한 장애정도에 해당하는 사람[4]을 말한다. 또한 근로자가 사망할 당시 태아(胎兒)였던 자녀가 출생한 경우에는 출생한 때부터 근로자가 사망할 당시 그 근로자와 생계를 같이하고 있던 유족으로 본다.

유족보상연금을 받을 권리의 순위는 ① 배우자, ② 자녀, ③ 부모, ④ 손자녀, ⑤ 조부모 및 형제자매의 순서로 한다. 그리고 유족보상일시금은 유족보상연금 수급자격이 없는 유족으로서 선순위자 순위로 받을 수 있다. 같은 순위의 수급권자가 2명 이상이면 유족급여는 그 유족에게 똑같이 나누어서 지급한다.

한편 유족보상연금 수급자격자의 자격이 상실되는 때는 유족이 사망한 경우, 배우자가 재혼한 때, 사망한 근로자와의 친족관계가 끝난 경우, 자녀 또는 손자녀가 25세 된 때, 형제자매가 19세가 된 때, 장애인이었던 자로서 그 장애상태가 해소된 경우, 근로자가 사망할 당시 대한민국 국민이었던 유족보상연금 수급자격자가 국적을 상실하고 외국에서 거주하고 있거나 외국에서 거주하기 위하여 출국하는 경우, 대한민국 국민이 아닌 유족보상연금 수급자격자가 외국에서 거주하기 위하여 출국하는 경우이다.

---

4) "고용노동부령으로 정한 장애정도에 해당하는 사람"이란 「장애인복지법」 시행규칙 [별표 1]에 따른 장애의 정도가 심한 장애를 말한다(시행규칙 제51조).

(6) 상병보상연금

상병보상연금은 요양급여를 받는 근로자가 요양을 시작한 지 2년이 지난 날 이후에도 그 부상이나 질병이 치유되지 아니한 상태이고, 그 부상이나 질병에 따른 중증요양 상태의 정도가 대통령령으로 정하는 중증요양상태 등급기준(제1~3급)에 해당되며, 요양으로 인하여 취업하지 못하였을 경우에 휴업급여 대신 지급하는 급여이다. 상병보상연금은 중증요양상태 등급에 따라 제1급은 평균임금의 329일분, 제2급은 평균임금의 291일분, 제3급은 평균임금의 257일분을 지급한다.[5)]

산재보험법 제80조 제4항에는 요양급여를 받는 근로자가 요양을 시작한 후 3년이 지난 날 이후에 상병보상연금을 지급받고 있으면 그 사용자는 그 3년이 지난 날 이후에는 근로기준법 제84조에 따른 일시보상을 지급한 것으로 본다고 규정되어 있다. 피재근로자에게 근로기준법 제 84조[6)]에 따른 일시보상을 했다는 것은 사용자가 이후의 모든 보상책임을 면할 수 있다는 것을 의미한다. 따라서 산재근로자가 요양을 시작한 후 3년이 지난 날 이후에 상병보상연금을 지급받고 있으면 그 사용자는 고용관계를 종료하고 근로기준법에 따른 모든 손해배상을 면할 수 있다.

---

5) 산재보험법 제66조 제2항 별표 4.

6) 근로자가 요양을 시작한 지 2년이 지나도 부상 또는 질병이 완치되지 아니하는 경우에는 사용자는 그 근로자에게 평균임금 1,340일분의 일시보상을 하여 그 후의 이 법에 따른 모든 보상책임을 면할 수 있다.

※ 중증요양상태등급 기준(산재보험법 시행령 제65조 제1항 별표 8)	
1급	1) 두 눈이 실명된 사람 2) 말하는 기능과 씹는 기능을 모두 완전히 잃은 사람 3) 신경계통의 기능 또는 정신기능에 뚜렷한 장해가 있어 항상 간병을 받아야 하는 사람 4) 흉 · 복부 장기 기능에 뚜렷한 장해가 있어 항상 간병을 받아야 하는 사람 5) 두 팔을 팔꿈치관절 이상의 부위에서 잃은 사람 6) 두 팔을 영구적으로 완전히 사용하지 못하게 된 사람 7) 두 다리를 무릎관절 이상의 부위에서 잃은 사람 8) 두 다리를 완전히 사용하지 못하게 된 사람
2급	1) 한쪽 눈이 실명되고 다른 쪽 눈의 시력이 0.02 이하로 된 사람 2) 두 눈의 시력이 0.02 이하로 된 사람 3) 두 팔을 손목관절 이상의 부위에서 잃은 사람 4) 두 다리를 발목관절 이상의 부위에서 잃은 사람 5) 신경계통의 기능 또는 정신기능에 뚜렷한 장해가 있어 수시로 간병을 받아야 하는 사람 6) 흉 · 복부 장기 기능에 뚜렷한 장해가 있어 수시로 간병을 받아야 하는 사람
3급	1) 한쪽 눈이 실명되고 다른 쪽 눈의 시력이 0.06 이하로 된 사람 2) 말하는 기능 또는 씹는 기능을 완전히 잃은 사람 3) 신경계통의 기능 또는 정신기능에 뚜렷한 장해가 있어 전혀 노무에 종사하지 못하는 사람 4) 흉복부 장기 기능에 뚜렷한 장해가 있어 전혀 노무에 종사하지 못하는 사람 5) 두 손의 손가락을 모두 잃은 사람 6) 위의 3)과 4)에 정한 장해 외의 장해로 전혀 노무에 종사하지 못하는 사람

(7) 장례비

장례비는 근로자가 업무상의 사유로 사망한 경우에 지급하는 급여이다. 장례비는 평균임금의 120일분에 상당하는 금액을 그 장례를 지낸 유족에게 지급한다. 다만, 장례를 지낼 유족이 없거나 그 밖에 부득이한 사유로 유족이 아닌 자가 장례를 지낸 경우에는 평균임금의 120일분에 상당하는 금액의 범위에서 실제 드는 비용을 그 장례를 지낸 자에게 지급한다.

(8) 직업재활급여

직업재활급여는 피재근로자가 취업하는 데 필요한 직업훈련, 직장복귀에 필요한 직장적응훈련, 재활운동 등에 소요되는 비용을 지원하는 급여이다.

※ 직업재활급여의 종류
• 장해급여 또는 진폐보상연금을 받은 자나 장해급여를 받을 것이 명백한 자로서 취업을 위하여 직업훈련이 필요한 자에 대하여 실시하는 직업훈련에 드는 비용 및 직업훈련수당 • 업무상의 재해가 발생할 당시의 사업에 복귀한 장해급여자에 대하여 사업주가 고용을 유지하거나 직장적응훈련 또는 재활운동을 실시하는 경우에 각각 지급하는 직장복귀지원금, 직장적응훈련비 및 재활운동비

(9) 특별급여

보험가입자(사업주)의 고의 또는 과실로 발생한 업무상의 재해로 근로자가 장해를 입거나 또는 사망한 경우에 수급권자는 사업주를 상대로 「민법」에 따른 손해배상청구를 할 수 있다. 그러나 민사상 손해배상청구는 소송비용이나 시간이 많이 소요되므로 수급권자와 보험가입자가 합의하여 손해배상청구를 포기하면 이에 갈음하여 산재보험법에서 민사상 손해배상액과 동일한 배상을 받을 수 있도록 하였는데 이를 특별급여라 한다.

특별급여는 장해특별급여와 유족특별급여가 있다. 장해특별급여는 근로자가 대통령령으로 정하는 장해등급(제1~3급)에 해당하는 장해를 입었을 경우 장해급여(또는 진폐보상연금) 외에 받을 수 있는 급여이고, 유족특별급여는 근로자가 사망하였을 경우 유족급여(또는 진폐유족연금) 외에 받을 수 있는 급여이다. 특별급여는 반드시 근로자(수급권자)와 보험가입자의 합의가 이루어진 경우에 한정하여 신청할 수 있다. 수급권자가 장해특별급여와 유족특별급여를 받으면 이후 동일한 사유에 대해 보험가입자에게 「민법」이나 그 밖의 법령에 따른 손해배상을 청구할 수 없으며, 공단(보험자)은 특별급여를 지급하면 그 급여액 모두를 보험가입자로부터 징수한다.

4) 다른 법에 의한 보상 및 배상과 중복급여 조정

(1) 근로기준법 및 민법과의 관계

수급권자가 산재보험법에 따라 보험급여를 받았거나 받을 수 있으면 보험가입자는 동일한 사유에 대하여 근로기준법에 따른 재해보상책임이 면제된다. 이는 산재사고에 대한 급여는 근로기준법상의 산재에 대한 동일한 사유에 대하여 사용자의 이중 책임을 면제하는 동시에 근로자도 이중 이득을 볼 수 없도록 한 장치로 볼 수 있다. 또한 수급권자가 동일한 사유에 대하여 산재보험법에 따른 보험급여를 받으면 보험가입자는 그 금액의 한도 내에서 민법이나 그 밖의 법령에 따른 손해배상의 책임이 면제된다. 만약 수급권자가 동일한 사유로 민법이나 그 밖의 법령에 따라 산재보험법의 급여에 상당한 금품을 받으면 근로복지공단은 그 받은 금품을 대통령령으로 정하는 방법에 따라 환산한 금액의 한도 내에서 산재보험법에 따른 보험급여를 지급하지 아니한다.

(2) 국민연금과의 관계

산재보험급여 중 재해발생 후부터 사망 시까지 장기간 급여가 제공되는 장해보상연금이나 유족보상연금의 경우 국민연금의 장애연금이나 유족연금과의 관계에서 중복지급이 문제가 된다. 따라서 산재보험법에 의해 장해보상연금이나 유족보상연금을 받는 경우 국민연금법에 의한 장애연금 또는 유족연금은 1/2로 감액되어 지급된다.

6. 재 정

1) 보험료

산재보험은 산재책임이 궁극적으로 사용주에게 있다고 가정하는 무과실책임 원리에 기반하기 때문에 사업주가 보험료를 전액 부담한다. 산재보험료의 신고와 납부 의무자는 사업주이며, 자진신고와 납부를 원칙으로 한다. 산재보험료의 산정방식은 업종별 산재보험료율을 기본으로 하되, 개별 실적요율을 병행하여 적용한다.

(1) 업종별 산재보험료율(업종별 차등요율 체계)

업종별로 차등 적용되는 업종별 산재보험료율은 매년 6월 30일을 기준으로 과거 3년 동안의 보수총액에 대한 산재보험급여총액(업무상 사고, 업무상 질병, 출퇴근 재해 중 가목[7])의 비율을 기초로 하여 산재보험법에 따른 연금 등 산재보험급여에 드는 금액, 재해예방 및 재해근로자의 복지 증진에 드는 금액 등의 비용을 고려하여 사업의 종류별로 구분하여 고용노동부령으로 정한다.

출퇴근 재해 중 나목에 해당하는 업무상 재해에 관한 산재보험료율은 사업의 종류를 구분하지 않고 그 재해로 인하여 산재보험법에 따른 연금 등 산재보험급여에 드는 금액, 재해예방 및 재해근로자의 복지증진에 드는 비용 등을 고려하여 고용노동부령으로 정한다.

보험료 산정을 위해 사업주는 전년도 근로자에게 지급한 보수총액 등을 매년 3월 15일까지 근로복지공단에 신고하여야 하며, 공단은 사업주가 신고한 근로자의 개인별 보수총액에 업종별 산재보험료율과 출퇴근 재해의 나목에 적용

---

7) 산재보험법(제37조)의 업무상 재해의 인정기준
  제1항 제1호 : 업무상 사고
  제1항 제2호 : 업무상 질병
  제1항 제3호 : 출퇴근 재해
    제3호의 가목 : 사업주가 제공한 교통수단이나 그에 준하는 교통수단을 이용하는 등 사업주의 지배 관리하에서 출퇴근하는 중 발생한 사고
    제3호의 나목 : 그 밖에 통상적인 경로와 방법으로 출퇴근하는 중 발생한 사고

되는 산재보험료율을 각각 곱하고 그 금액을 합산하여 사업주가 실제로 납부해야 할 보험료를 산정한다.

산재보험료 = {근로자의 개인별 보수총액×(1)} + {근로자의 개인별 보수총액×(2)}
(1) : 업종별 산재보험료율 – 업무상 사고, 업무상 질병, 출퇴근 재해(가목)의 산재보험 급여 총액의 비율 기준 (2) : 출퇴근 재해(나목)에 적용되는 산재보험료율 – 나목 : 그 밖의 통상적인 경로와 방법으로 출퇴근 하는 중 발생한 사고

(2) 개별 실적요율

산재보험료율은 원칙적으로 사업의 종류별로 적용된다. 그러나 동일한 사업종류에 속하더라도 재해율이 높은 사업장과 낮은 사업장이 있으므로, 업종 내 모든 사업장에 일률적으로 동일한 보험료율을 적용한다면 재해율이 낮은 사업장의 사업주는 불만을 갖게 되고, 높은 사업장의 사업주는 적극적으로 재해를 줄이려는 노력을 하지 않을 수 있다. 이를 고려해서 1964년부터 개별 실적요율제도를 도입하여 개별 사업장의 재해발생 정도에 따라 산재보험료율을 일정범위 내에서 인상 · 인하해 주고 있다(고용노동부, 2016).

개별 실적요율은 대통령령으로 정하는 사업[8]으로서 매년 6월 30일 현재 산재보험의 보험관계가 성립한 후 3년이 지난 사업의 경우에 그해 6월 30일 이전 3년 동안의 산재보험료에 대한 산재보험급여 금액의 비율(보험수지율)에 따라 그 사업에 적용되는 산재보험료율의 50% 범위에서 사업규모를 고려하여 인상하거나 인하하여 다음 해 산재보험료율에 적용하고 있다. 보험수지율이 75% 이하면 보험료를 인하하고, 75% 초과 85%까지는 해당 사업종류의 일반요율을 그대로 적용하며, 85% 초과는 보험료를 인상한다.

8) 산재보험 관계 성립 후 3년이 지난 사업 중에서 ① 건설업 및 벌목업을 제외한 사업으로서 상시근로자 10명 이상인 사업, ② 건설업 중 일괄적용을 받는 사업으로서 매년 당해 보험연도의 2년 전 보험연도의 총 공사실적이 20억 원 이상인 사업(고용산재보험료징수법 시행령 제15조 제1항)

(3) 개산보험료와 확정보험료

건설업(건설장비운영업 제외)과 벌목업은 월별로 종사자 수가 다르고 기간제 또는 시간제로 고용하는 근로자가 많아 월별 보수총액을 계산하는 것이 어렵기 때문에 보험료를 월별로 납부하지 않고 연 또는 분기별로 납부한다. 이 경우 연간 보수총액의 추정액을 먼저 납부하는 개산보험료와 해당 연도가 지난 후에 보수총액에 맞게 다시 산정하는 확정보험료제도를 사용하고 있다. 확정보험료와 개산보험료가 차이가 날 경우 추가납부하거나 환급받는다.

개산 보험료	• 1년 동안에 사용할 근로자에게 지급할 보수총액의 추정액에 산재보험료율을 곱하여 산정한 금액으로, 사업주는 보험연도마다 매년 3월 31일까지 개산보험료를 근로복지공단에 신고 · 납부하여야 한다.
확정 보험료	• 보험연도의 말일까지 사용한 근로자에게 지급한 보수총액에 산재보험료율을 곱하여 산정한 금액으로, 사업주는 다음 보험연도 3월 31일까지 확정 보험료를 근로복지공단에 신고하여야 한다.

2) 정부의 재정지원

산재보험법 제3조에는 국가의 부담 및 지원에 관한 내용을 규정하고 있다. 첫째, 국가는 회계연도마다 예산의 범위에서 보험사업의 사무 집행에 드는 비용을 일반회계에서 부담하여야 한다. 둘째, 국가는 예산의 범위에서 보험 사업에 드는 비용의 일부를 지원할 수 있다.

7. 운영체계

1) 고용노동부

산재보험의 사업운영을 관장하는 기관은 고용노동부이다. 고용노동부장관은 보험사업을 효율적으로 관리 · 운영하기 위하여 조사 · 연구 사업 등을 할 수 있다.

2) 근로복지공단

근로복지공단은 산재보험 업무를 직접적으로 운영하는 집행기관이다. 공법인인 근로복지공단은 1995년부터 산재보험제도의 제반 업무를 노동부로부터 이관받아 수행하고 있다. 근로복지공단의 업무는 다음과 같다(법 제11조).

1. 보험가입자와 수급권자에 관한 기록의 관리 · 유지
2. 보험료징수법에 따른 보험료와 그 밖의 징수금의 징수
3. 보험급여의 결정과 지급
4. 보험급여 결정 등에 관한 심사 청구의 심리 · 결정
5. 산업재해보상보험 시설의 설치 · 운영

5의2. 업무상 재해를 입은 근로자 등의 진료 · 요양 및 재활

5의3. 재활보조기구의 연구개발 · 검정 및 보급

5의4. 보험급여 결정 및 지급을 위한 업무상 질병 관련 연구

5의5. 근로자 등의 건강을 유지 · 증진하기 위하여 필요한 건강진단 등 예방 사업

6. 근로자의 복지 증진을 위한 사업
7. 그 밖에 정부로부터 위탁받은 사업
8. 제5호 · 제5호의2부터 제5호의5까지 · 제6호 및 제7호에 따른 사업에 딸린 사업

3) 산업재해보상보험 및 예방심의위원회

산업재해보상보험 및 예방심의위원회는 산업재해보상보험 및 예방에 관한 중요 사항을 심의하기 위하여 고용노동부에 두는 기구이다. 위원회는 근로자를 대표하는 자, 사용자를 대표하는 자 및 공익을 대표하는 자로 구성하되, 그 수는 각각 같은 수로 한다. 또한 위원회는 그 심의 사항을 검토하고, 위원회의 심의를 보조하기 위하여 위원회에 전문위원회를 둘 수 있다.

4) 업무상 질병판정위원회

업무상 질병판정위원회는 업무상 질병에 대한 객관성과 공정성을 제고하기 위하여 근로복지공단 내 설치 · 운영되는 기구이다. 공단 소속 기관장은 업무상 질병에 대한 보험급여 청구를 받으면 해당 업무상 질병판정위원회에 심사를 의뢰하여야 하며, 판정위원회에서는 이황화탄소중독증, 유해 · 위험요인에 일시적 · 다량 노출되어 나타나는 급성 중독 증상, 업무와 질병 사이의 인과관계를 명백히 알 수 있는 소음성 난청 등을 제외한 모든 질병에 대해 업무상 질병 여부를 심의하고 있다.

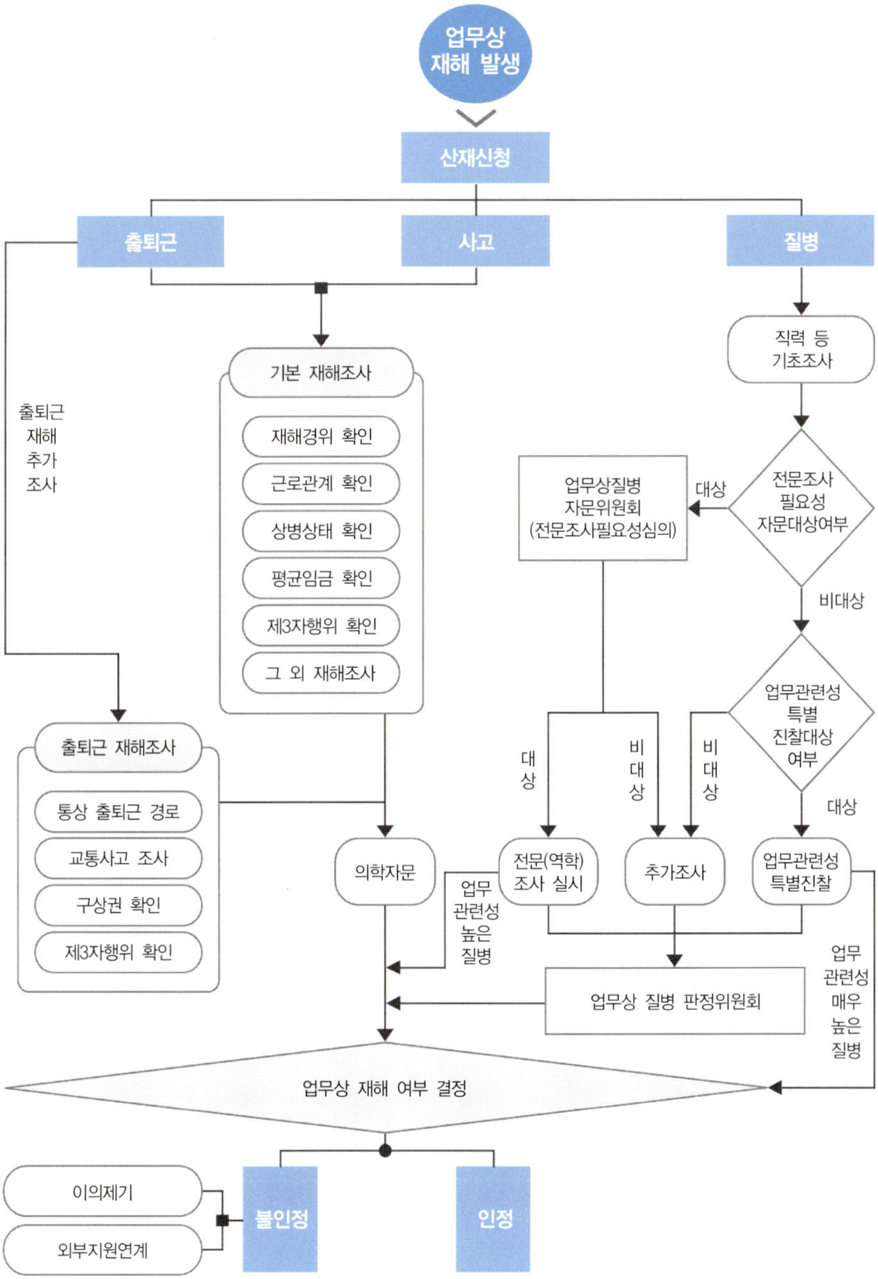

|그림 10-1| 산재인정절차도

출처 : 근로복지공단 홈페이지(사업안내).

Chapter **11**

고용보험제도

1. 의의 및 목적

고용보험(Employment Insurance)은 실업보험(Unemployment Insurance)에서 출발되었다. 미국의 실업보험(1935년 사회보장법)과 영국의 실업보험(1911년 국민보험법)에서 보듯이 실업보험은 실업자의 생계보장을 위한 사회보험이었다. 그러다가 1960년대 후반부터 산업구조 조정이 본격적으로 진행되면서 적극적 인력정책의 필요성이 대두되자 독일과 일본을 중심으로 기존의 실업보험을 다양한 고용정책과 연계시킨 고용보험체제, 즉 적극적 노동시장정책의 한 수단으로 전환했다. 우리나라도 1995년에 실업보험을 도입하면서 구조조정(노동시장의 유연화 정책)으로 인한 실업자의 재취업에 초점을 둔 고용보험체제가 갖추어졌다(원석조, 2014 : 195).

고용보험은 전통적 의미의 실업보험 사업을 비롯하여 고용안정사업 및 직업능력개발사업 등의 노동시장정책을 적극적으로 연계하여 통합적으로 실시하는 사회보험제도이다. 고용보험법 제1조에서는 "고용보험의 시행을 통하여 실업의 예방, 고용의 촉진 및 근로자의 직업능력 개발과 향상을 꾀하고, 국가의 직업지도와 직업소개 기능을 강화하며, 근로자가 실업한 경우에 생활에 필요한 급여를 실시하여 근로자의 생활안정과 구직활동을 촉진함으로써 경제 · 사회 발전에 이바지하는 것을 목적으로 한다"고 규정하고 있다. 이와 같이 고용보험은 근로자에게 실업급여와 직업능력개발 비용을, 사업주에게는 고용유지와 교육훈련 비용을 지원하는 제도이다. 즉, 실직근로자에게 실업급여를 지급하는 것은 물론 그 외에 실업예방과 고용촉진 등을 위한 고용안정사업, 근로자의 생애 직업능력 개발을 위한 직업능력개발사업을 상호 연계하여 실시하는 사회보장제도임과 동시에 적극적 노동시장정책의 수단으로 간주되고 있다. 따라서 실업보험이 실직자의 생계를 지원하는 사후적 · 소극적인 사회보장제도인 반면, 고용보험은 실직자에 대한 생계지원은 물론 재취업을 촉진하고 사전적 · 적극적 차원의 종합적인 인력정책 수단이라고 할 수 있다.

고용보험의 구성 ⇒ 실업보험(사후적/소극적 사회보장정책) + 고용안정 · 직업능력개발사업(사전적/적극적 노동시장정책)

고용보험제도를 실시함으로써 산업구조 조정에 따른 잉여인력이 새로운 산업으로 신속하게 이동할 수 있고, 국가의 직업안정 기능이 체계화되고 구인 · 구직의 풀(pool)이 형성되어 고용정보가 정확히 파악됨으로써 구조적인 인력수급 불균형에 대응할 수 있다. 또한 기업의 필요에 따른 자율적인 훈련 실시를 유도하여 산업수요에 부응하는 근로자의 직업능력을 개발 · 지원함으로써 기업 경쟁력 강화에 기여할 수 있고, 실직근로자의 생계를 제도적으로 보장함으로써 생활안정을 도모하고 각종 고용정보 제공 및 직업상담 등을 통해 재취업을 촉진할 수 있다(김기원, 2016 : 380).

2. 도입배경 및 발전과정

1) 도입배경

우리나라는 1960년대 이후 고도성장을 이루었기 때문에 실업률이 매우 낮았다. 그러므로 기업과 근로자, 그리고 정부 모두 실업보험에는 크게 관심이 없었다. 그러다 1980년대 후반부터 나타난 인력수급 불균형의 문제, 산업구조 조정에 따른 고용조정 지원 문제, 직업훈련 강화 등에 대한 제도적 수단으로서의 고용보험에 대한 관심이 고조되면서 본격적으로 논의되기 시작했다(원석조, 2014 : 195). 이후 정부가 고용보험제도를 도입하기로 결정한 것은 1991년 8월 제7차 경제사회발전 5개년(1992~1996년) 계획을 통해서이다. 이에 따라 1992년 5월 고용보험연구기획단이 발족되어 연구가 급속하게 이루어졌으며, 1993년 5월에는 그동안 연구한 결과를 바탕으로 고용보험제도 안을 마련하여 정부에 제출하였다. 또한 고용보험 조기실시에 대한 노총과 경총의 중앙노사합의가 대정부 건의사항으로 채택됨에 따라 정부는 그해 7월 '신경제 5개년 계획의 대국민 발표'를 통해 고용보험법 시행을 고지하였다. 고용보험연구기획단이 제출한 안을 기초로 하여 1993년 12월 27일 고용보험법이 제정되었고, 1995년 7월 1일부터 제도가 시행되었다. 시행 당시 실업급여는 근로자 30인 이상 사업장, 고용안정사업 및 직업능력개발사업은 70인 이상 사업장을 당연적용 대상으로 하였다. 제정 당시 고용보험의 사업내용은 실업자의 소득을 보장하는 실업급여와 실업예방 및 취업촉진을 위한 고용안정사업 및 직업능력개발사업의 3개의 주요 사업으로 구성되었다.

2) 발전과정

제도 도입 이후 고용보험의 적용대상은 빠르게 확대되었다. 1998년 1월 1일부터 실업급여는 10인 이상, 고용안정 · 직업능력개발사업은 50인 이상 사업장으로, 1998년 3월 1일부터는 실업급여 대상을 5인 이상 사업장으로, 1998년 7월 1일부터는 고용안정사업과 직업능력개발사업 대상을 5인 이상 사업장으로,

1998년 10월 1일부터는 상시근로자 4인 이하인 농업·어업·임업·수렵업 등 일부 업종을 제외하고 근로자 1인 이상의 전 사업장으로 확대되었다. 그리고 2002년 12월 30일 농업·어업·임업·수렵업 중 상시근로자 4인 이하의 근로자를 고용하는 법인까지 적용범위를 확대했으며, 2004년 1월 1일부터는 일용근로자와 월 60시간(주 15시간) 이상 시간제 근로자에게도 적용을 확대하기로 했다. 이로써 농업·어업·임업·수렵업 중 상시근로자 4인 이하의 근로자를 고용하는 비법인 사업장의 근로자를 제외한 모든 사업장 및 사업장의 근로자가 고용보험의 적용대상이 되었다. 이처럼 10년의 짧은 기간에 모든 사업장과 근로자에게 고용보험의 강제적용이 확대된 것은 IMF 금융위기 때문이라고 할 수 있으며, 우리나라의 고용보험제도는 IMF 외환위기 이전에 도입되어 외환위기로 인한 대량실업이라는 사회적 위기를 제도적으로 대응하는 데 의미 있는 기여를 하였다고 할 수 있다(전병유, 2009; 채구묵, 2017).

한편 「남녀고용평등과 일·가정 양립지원에 관한 법률」에 산전후휴가급여 및 육아휴직급여를 사회보험에서 분담할 수 있도록 규정함에 따라 2001년 8월 14일 모성보호 관련 3법(근로기준법, 남녀고용평등법, 고용보험법)이 개정되면서 그 해 11월 1일부터 육아휴직급여와 산전후휴가급여(2012년부터 출산전후휴가급여로 명칭이 변경됨)가 고용보험에서 지급되었다. 산전후휴가급여는 기존의 60일에서 90일로 확대되었고, 늘어난 30일분의 급여와 신설된 육아휴직급여를 고용보험에서 지원함으로써 출산·양육의 비용에 대한 사회적 분담이 이루어지게 되었다. 30일만 고용보험에서 지원하던 산전후휴가급여는 2005년 12월 31일 법 개정을 통하여 우선지원 대상기업에 대해서는 90일 모두 고용보험에서 지원하도록 하였다(대기업은 그대로 30일만 지급). 이후 2012년 1월 22일부터는 육아휴직 대신 선택할 수 있는 육아기 근로시간 단축급여가 신설되어 고용보험에서 지원하고 있다.

변화하는 노동시장의 수요에 적절히 대처하고, 고용안정사업과 직업능력개발사업을 연계해 적극적 노동시장정책을 효율적으로 추진하기 위해 2006년 1월 1일부터는 고용안정사업과 직업능력개발사업을 통합하였다. 또한 2012년 1월 22일부터는 자영업자의 생활안정과 재취업을 지원하기 위해 근로자를 사용하지 않거나 50인 미만의 근로자를 사용하는 자영업자도 본인이 희망하는 경우 고용보험(실업급여)에 가입할 수 있도록 했다. 그리고 2013년 6월 4일 개정을 통해서는 65세 이상자에게 고용보험을 확대하여 기존의 고용안정 · 직업능력개발사업 외에 실업급여에도 가입할 수 있도록 하였다(다만, 65세 이후에 새롭게 고용되거나 자영업을 개시한 자는 실업급여 적용을 제외함).

〈표 11-1〉 고용보험제도의 주요 연혁

날 짜	주요 내용
1993. 12. 27.	• 고용보험법 제정
1995. 7. 1.	• 고용보험제도 시행 – 적용(실업급여 30인 이상, 고용안정 · 직업능력개발사업 70인 이상 사업장) – 적용제외(시간제 근로자, 공무원 및 사립학교 교원 등)
1998. 1. 1.	• 적용확대(실업급여 10인 이상, 고용안정 · 직업능력개발사업 50인 이상 사업장)
1998. 3. 1.	• 적용확대(실업급여 5인 이상 사업장)
1998. 7. 1.	• 적용확대(고용안정 · 직업능력개발사업 5인 이상 사업장)
1998. 10. 1.	• 근로자 1인 이상의 전 사업장으로 고용보험 확대 적용 – 적용제외(상시근로자 4인 이하인 농업 · 어업 · 임업 · 수렵업 등)
2001. 11. 1.	• 육아휴직급여, 산전후휴가급여 시행
2002. 12. 30.	• 적용확대(상시근로자 4인 이하인 농업 · 어업 · 임업 · 수렵업의 법인 사업장)
2004. 1. 1.	• 적용확대(일용근로자, 시간제 근로자(월 60시간 이상, 주 15시간 이상)
2006. 1. 1.	• 고용안정사업과 직업능력개발사업 통합 • 65세 이상자에 대한 고용안정 · 직업능력개발사업 적용(실업급여 제외)
2012. 1. 22.	• 자영업자 고용보험(실업급여) 적용(임의가입) • 육아기 근로시간단축 급여 시행
2013. 6. 4.	• 65세 이상자에 대한 실업급여 적용(65세 이후에 고용된 자 제외)
2016. 5. 29.	• 실업크레딧 제도 도입

3. 적용대상

1) 가입대상

1998년 10월 1일부터 1인 이상의 근로자가 있는 사업주는 의무적으로 고용보험에 가입해야 한다. 그러므로 근로자를 사용하는 모든 사업 또는 사업장은 고용보험의 적용대상이 된다. 다만, 산업별 특성 및 규모 등을 고려하여 대통령령으로 정하는 사업에 대하여는 적용하지 아니한다. 대통령령으로 정하는 적용제외 사업 및 적용제외 근로자는 다음과 같다.

적용제외사업 (시행령 제2조 제1항)	• 농업 · 임업 및 어업 중 법인이 아닌 자가 상시 4명 이하의 근로자를 사용하는 사업 • 총 공사금액이 2천만 원 미만인 공사 • 연 면적이 100㎡ 이하인 건축물의 건축 또는 200㎡ 이하인 건축물의 대수선 공사 • 가구 내 고용활동 및 달리 분류되지 아니한 자가소비 생산 활동
적용제외 근로자 (법 제10조, 시행령 제3조)	• 해당사업에서 1개월간 소정근로시간이 60시간(주 15시간) 미만인 사람. 다만 해당사업에서 3개월 이상 근로를 제공하는 사람과 1개월 미만 고용되는 일용근로자는 고용보험 적용 대상임 • 국가공무원법과 지방공무원법에 따른 공무원. 다만 별정직공무원과 임기제공무원의 경우는 본인의 의사에 따라 고용보험(실업급여에 한함)에 가입할 수 있음 • 사립학교교직원 연금법의 적용을 받는 사람 • 그 밖에 대통령령으로 정하는 사람(별정우체국 직원) • 65세 이후에 고용(65세 전부터 피보험 자격을 유지하던 사람이 65세 이후에 계속하여 고용된 경우는 제외)되거나 자영업을 개시한 사람에게는 실업급여와 육아휴직급여 등 적용제외

고용보험사업은 1995년 7월 1일 제도 도입 시 실업급여 30인 이상 사업장, 고용안정 · 직업능력개발사업 70인 이상 사업장, 그리고 건설업은 총 공사금액이 40억 원 이상인 사업장에만 적용되었으나, 1998년 10월 1일부터는 실업급여와 고용안정 · 직업능력개발사업은 1인 이상의 모든 사업장에 확대 적용되고

있으며, 건설업은 2004년 1월 1일부터 총 공사금액 2천만 원 이상의 사업장에 적용되고 있다.

〈표 11-2〉 고용보험사업 적용대상의 변화과정

<table>
<tr><th>구 분</th><th>1995. 7. 1.
~
1997. 12. 31.</th><th>1998. 1. 1.
~
1998. 2. 28.</th><th>1998. 3. 1.
~
1998. 6. 30.</th><th>1998. 7. 1.
~
1998. 9. 30.</th><th>1998. 10. 1.
~
2003. 12. 31.</th><th>2004. 1. 1.
~
현재</th></tr>
<tr><td>실업급여</td><td>30인 이상</td><td>10인 이상</td><td colspan="2">5인 이상</td><td colspan="2">1인 이상</td></tr>
<tr><td>고용안정 · 직업능력개발</td><td>70인 이상</td><td colspan="2">50인 이상</td><td>5인 이상</td><td colspan="2">1인 이상</td></tr>
<tr><td>건설업의 총 공사금액</td><td>40억 원 이상</td><td colspan="2">34억 원 이상</td><td colspan="2">3억 4천만 원 이상</td><td>2천만 원 이상</td></tr>
</table>

출처 : 고용보험 홈페이지.

2) 가입자의 종류

(1) 당연적용가입자

당연적용사업은 사업이 개시되어 적용요건을 갖추었을 때 사업주나 근로자의 의사와 관계없이 법률적으로 당연히 보험관계가 성립하는 사업을 의미한다. 고용보험법을 적용받는 사업의 사업주와 근로자는 고용보험의 당연적용가입자가 된다.

(2) 임의적용가입자

임의적용사업은 고용보험법에 의한 적용제외사업으로 보험가입 여부가 사업주와 근로자의 자유의사에 일임되어 있는 사업이다. 당연적용사업장에 해당하지 않는 사업의 사업주는 근로자(적용제외 근로자는 제외) 과반수의 동의를 얻어 공단의 승인을 받으면 고용보험에 가입할 수 있다. 보험계약을 해지할 경우 사업주는 근로자(적용제외 근로자는 제외) 과반수의 동의를 받고 해지할 수 있다.

(3) 의제적용가입자

의제적용사업은 고용보험의 당연적용사업이 적용제외사업으로 된 경우 일정 기간 당연적용이 되는 사업으로 간주하는 것을 의미한다. 고용보험의 당연적용사업이 사업규모의 변동 등의 사유로 적용제외사업에 해당하게 되었을 때에는 그 사업주 및 근로자는 그날부터 고용보험에 임의가입한 것으로 본다. 고용보험에 의제가입된 사업주가 그 사업의 운영 중에 근로자를 고용하지 않게 된 경우에는 그 날부터 1년의 범위 안에서 근로자를 사용하지 않은 기간 동안에도 보험에 가입한 것으로 본다.

3) 적용대상 현황

산업별 고용보험 가입자 현황을 살펴보면, 2024년 12월 기준 총 가입자 수는 15,360천 명이다. 산업별로는 제조업이 3,849천 명으로 가장 많고, 보건업 및 사회복지서비스업 2,157천 명, 도매 및 소매업 1,624천 명, 사업시설관리, 사업지원 및 임대서비스업 1,202천 명의 순으로 나타나고 있다.

〈표 11-3〉 **산업별 고용보험 가입자 현황(2021~2024년)**

(단위 : 천 명)

산업별	2021년	2022년	2023년	2024년
총가입자 수	14,317	14,773	15,124	15,360
A. 농업, 임업 및 어업	41	43	52	57
B. 광업	9	9	8	8
C. 제조업	3,619	3,697	3,803	3,849
D. 전기 가스 증기 및 수도사	81	82	82	82
E. 수도, 하수 및 폐기물 처리, 원료 재생업	90	93	96	98
F. 건설업	746	776	780	770
G. 도매 및 소매업	1,630	1,656	1,639	1,624

H. 운수 및 창고업	633	645	673	673
I. 숙박 및 음식점업	637	678	725	746
J. 정보통신업	712	773	800	792
K. 금융 및 보험업	493	497	500	505
L. 부동산업	361	366	364	364
M. 전문 과학 및 기술 서비스업	883	932	966	983
N. 사업시설관리, 사업지원 및 임대서비스업	1,120	1,146	1,175	1,202
O. 공공행정국방	418	403	399	401
P. 교육서비스업	521	549	546	551
Q. 보건업 및 사회복지서비스업	1,843	1,937	2,035	2,157
R. 예술, 스포츠 및 여가관련서비스업	150	160	163	164
S. 협회 및 단체, 수리 및 기타개인서비스업	317	318	321	321
T 가구내고용활동, 자가소비생산활동 U. 국제 및 외국기관	13	13	13	13

출처 : 한국고용정보원(2024년 12월 고용보험통계).

4. 급여내용(사업내용)

고용보험 사업체계는 크게 실업급여, 모성보호급여, 고용안정 · 직업능력개발 사업으로 구분된다. 실업급여에는 구직급여, 연장급여, 상병급여와 취업촉진수당이 있고, 모성보호급여에는 출산전후휴가급여, 육아휴직급여, 육아기 근로시간 단축급여가 있다. 그리고 고용안정 · 직업능력개발사업에는 피보험자와 사업주에 대한 지원 사업이 있다.

〈표 11-4〉 **고용보험 사업체계**

사업구분	사업내용
실업급여	① 구직급여
	② 취업촉진수당(조기재취업수당, 직업능력개발수당, 광역구직활동비, 이주비)
	③ 연장급여(훈련연장급여, 개별연장급여, 특별연장급여)
	④ 상병급여
모성보호급여	① 출산전후휴가급여
	② 육아휴직급여
	③ 육아기 근로시간 단축급여
고용안정·직업능력개발사업	① 고용창출의 지원
	② 고용조정의 지원
	③ 지역고용의 촉진
	④ 고령자 등 고용촉진의 지원
	⑤ 건설근로자 등의 고용안정 지원
	⑥ 고용안정 및 취업촉진
	⑦ 고용촉진시설에 대한 지원
	⑧ 사업주에 대한 직업능력개발 훈련의 지원
	⑨ 피보험자 등에 대한 직업능력개발 지원
	⑩ 직업능력개발 훈련시설에 대한 지원
	⑪ 직업능력개발의 촉진
	⑫ 건설근로자 등의 직업능력개발 지원
	⑬ 고용정보의 제공 및 고용지원 기반의 구축
	⑭ 지방자치단체 등에 대한 지원

1) 실업급여

실업급여는 고용보험 가입 근로자가 실직하여 재취업 활동을 하는 기간에 소정의 금액을 지원해 주는 급여로, 실업으로 인한 생계불안을 극복하고 생활안정을 도와주며 재취업의 기회를 지원해 주는 제도이다. 여기에서 실업이란 근로의 의사와 능력이 있음에도 불구하고 취업하지 못한 상태에 있는 것을 의미한다. 실업급여는 크게 구직급여와 취업촉진수당으로 나누어지며, 구직급여를 연장해서 지급하는 연장급여와 질병 · 부상 또는 출산으로 구직활동을 할 수 없을 경우에 지급하는 상병급여가 있다.

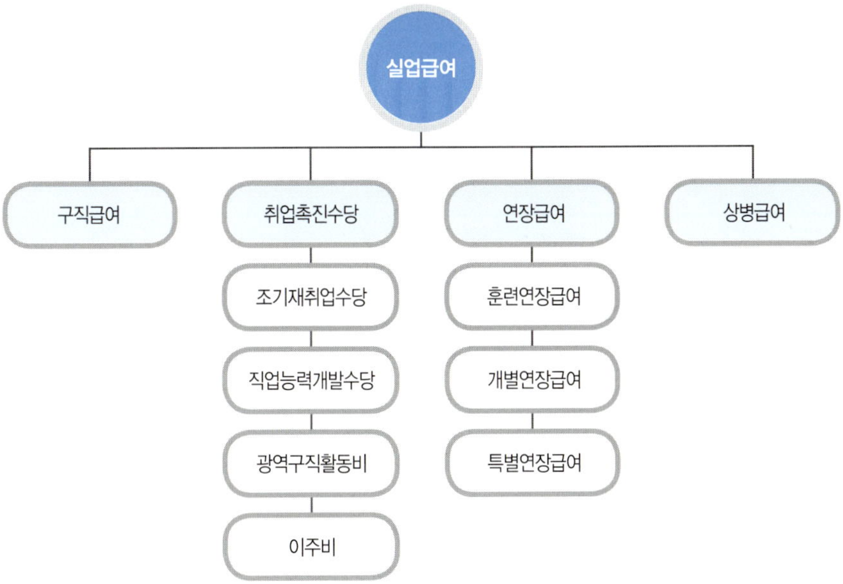

|그림 11-1| 실업급여의 종류

출처 : 고용보험 홈페이지.

(1) 구직급여

① 수급요건

구직급여는 다음의 수급요건을 모두 갖춘 경우에 지급한다.

- 기준기간(이직일 이전 18개월) 피보험 단위기간이 합산하여 180일 이상일 것
- 근로의 의사와 능력이 있음에도 불구하고 취업하지 못한 상태에 있을 것
- 이직사유가 중대한 귀책사유[1]로 인한 해고나 자발적 이직이 아닐 것
- 재취업을 위한 노력을 적극적으로 할 것

※ 이직이란 피보험자와 사업주 사이의 고용관계가 끝나게 되는 것을 말함

② 신청절차

구직급여의 신청절차는 다음과 같다.

단계	내용
실업의 신고	• 구직급여를 지급받으려는 자는 이직 후 구직등록(워크넷 : www.work.go.kr)을 하고 지체 없이 거주지 관할 직업안정기관(고용센터)에 출석하여 실업을 신고하여야 한다(사업주는 피보험자 자격상실 신고서와 이직확인서를 고용센터에 제출). • 구직급여의 수급기간은 이직 후 다음 날부터 12개월 이내이므로 이직 후 지체 없이 실업신고를 하여야 한다.
수급자격 인정	• 실업 신고와 함께 직업안정기관의 장으로부터 구직급여의 수급요건을 갖추었다는 사실(수급자격)을 인정받아야 한다.
실업의 인정	• 수급자격자는 실업신고를 한 날부터 계산하여 1주부터 4주의 범위에서 직업안정기관의 장이 지정한 날에 출석하여 재취업을 위한 노력을 하였음을 신고하여야 하고, 직업안정기관의 장으로부터 실업인정을 받아야 한다. 구직급여는 수급자격자가 실업한 상태에 있는 날 중에서 직업안정기관의 장으로부터 실업의 인정을 받은 날에 대하여 지급한다.

1) 중대한 귀책사유로 해고된 피보험자로서 다음의 어느 하나에 해당하는 경우(법 제58조)
첫째, 형법 또는 직무와 관련된 법률을 위반하여 금고 이상의 형을 선고받고 해고된 경우, 둘째, 공금횡령, 회사기밀 누설, 기물파괴 등으로 회사에 막대한 재산상의 손해를 끼쳐 해고된 경우, 셋째, 정당한 사유 없이 장기간 무단결근하여 해고된 경우

③ 급여수준

구직급여는 임금일액(기초일액, 基礎日額)을 기초로 산정하며, 구직급여의 임금일액은 수급자격자의 이직 당시 산정된 평균임금이다. 평균임금이란 이를 산정하여야 할 사유가 발생한 날 이전 3개월 동안에 그 근로자에게 지급된 임금의 총액을 그 기간의 총 일수로 나눈 금액을 말한다(근로기준법 제2조 제1항 제6호). 산정된 평균임금이 통상임금보다 적을 경우에는 그 통상임금액을 임금일액으로 한다.[2)]

구직급여일액은 수급자격자 임금일액(평균임금)의 60%이며, 구직급여는 구직급여일액에 소정급여일수를 곱하여 산정한다. 구직급여는 과거 소득의 연계보다는 생계보장 성격이 강한 급여이기 때문에 상한액과 하한액을 설정하여 적용하고 있다.

구직급여액 = 임금일액(이직 당시 산정된 평균임금) × 60% × 소정급여일수	
구직급여일액 상한액	• 66,000원(110,000원 × 60%) ※ 2025년 임금일액 상한액 110,000원(시행령 제68조)
구직급여일액 하한액	• 이직 당시 시간급 최저임금의 80% × 1일 소정근로시간 ※ 소정근로시간은 근로계약서에 작성된 근로자의 1일 근로시간(4~8시간)

④ 수급기간 및 수급일수

구직급여는 이직일의 다음 날부터 기산하여 12개월 내에 소정급여일수를 한도로 지급한다. 다만, 12개월의 기간 중 임신 · 출산 · 육아 등의 사유로 취업할 수 없는 자가 그 사실을 수급기간에 직업안정기관에 신고한 경우에는 12개월의 기간에 그 취업할 수 없는 기간을 가산한 기간(4년을 넘을 때에는 4년)에 소

2) 통상임금과 평균임금의 범위

평균임금		
평균임금 ①+②+③	통상임금 ①+②	① 기본급(본봉)
		② 고정적, 정기적으로 지급하는 수당(직무수당, 직책수당, 기술수당 등)
		③ 변동적으로 지급하는 수당(휴일수당, 연월차수당, 상여금 등)

정급여일수를 한도로 하여 구직급여를 지급한다. 구직급여는 대기기간이 종료한 다음 날부터 계산하는데, 대기기간이란 실업의 신고일로부터 7일간으로 이 기간 동안에는 구직급여를 지급하지 않는다. 구직급여를 지급하는 소정급여일수는 수급자격자의 피보험기간과 연령에 따라 최저 120일에서 최대 270일까지이다.

〈표 11-5〉 구직급여의 소정급여일수

연령 (이직일 기준)	피보험 기간				
	1년 미만	1년 이상 3년 미만	3년 이상 5년 미만	5년 이상 10년 미만	10년 이상
50세 미만	120일	150일	180일	210일	240일
50세 이상 및 장애인	120일	180일	210일	240일	270일

출처 : 고용노동부 홈페이지.

(2) 연장급여

연장급여는 수급자격자의 개별 사정이나 경기침체 등 특수한 상황으로 인해 구직급여 기간 내에 재취업이 어려운 경우에 구직급여를 연장해서 지급하는 제도이다. 연장급여에는 훈련연장급여와 개별연장급여, 특별연장급여가 있다.

첫째, 훈련연장급여는 직업안정기관의 장이 수급자격자의 연령 · 경력 등을 고려할 때 재취업을 위하여 직업능력개발 훈련 등이 필요하다고 인정하여 그 수급자격자에게 직업능력개발 훈련 등을 받도록 지시하는 경우 직업능력개발 훈련 등을 받는 기간 중에 소정급여일수를 초과하여 구직급여를 지급하는 것을 의미한다. 훈련연장급여는 2년의 범위 내에서 구직급여의 100%를 지급한다.

※ 훈련연장급여의 지급대상(시행규칙 제94조 제1항)

- 직업능력개발 훈련을 받으면 재취업하기가 쉽다고 인정될 것
- 국가기술자격법에 따른 기술자격증이 없거나, 기술자격증이 있는 경우에도 그 기술에 대한 노동시장의 수요가 급격히 감소하였을 것
- 최근 1년간 직업능력개발 훈련을 받지 아니하였을 것
- 실업의 신고일부터 직업안정기관의 장의 직업소개에 3회 이상 응했으나 취업되지 아니하였을 것

둘째, 개별연장급여는 직업안정기관의 장이 취업이 특히 곤란하고 생활이 어려운 수급자격자에게 실업의 인정을 받은 날에 대하여 소정급여일수를 초과하여 구직급여를 연장하여 지급하는 급여다. 개별연장급여는 60일의 범위 내에서 구직급여액의 70%를 지급한다.

셋째, 특별연장급여는 고용노동부장관이 실업의 급증 등 대통령령으로 정하는 사유가 발생한 경우에 수급자격자가 실업의 인정을 받은 날에 대하여 소정급여일수를 초과하여 구직급여를 연장하여 지급하는 급여다. 특별연장급여는 60일의 범위 내에서 구직급여액의 70%를 지급한다.

(3) 상병급여

상병급여는 수급자격자가 실업의 신고를 한 이후에 질병·부상 또는 출산으로 취업이 불가능하여 실업의 인정을 받지 못한 날에 대하여 수급자격자의 청구에 의해 구직급여에 해당하는 금액을 구직급여에 갈음하여 지급하는 급여이다.

(4) 취업촉진수당

취업촉진수당은 적극적 취업활동을 장려하기 위해 지급하는 급여로, 조기재취업수당, 직업능력개발수당, 광역구직활동비, 이주비가 있다.

① 조기재취업수당

조기재취업수당은 수급자격자가 구직급여일수가 남아있는 상태에서 안정된 직업에 재취직하거나 스스로 영리를 목적으로 하는 사업을 영위하는 경우에 지급되는 급여이다. 조기재취업수당의 지급기준은 대기기간이 지난 후 재취업한 날의 전날을 기준으로 소정급여일수를 2분의 1 이상 남기고, 12개월 이상 계속하여 고용된 경우와 12개월 이상 계속하여 사업을 영위한 경우이다. 조기재취업수당 금액은 구직급여일액에 미지급일수의 2분의 1을 곱한 금액으로 한다.

② 직업능력개발수당

직업능력개발수당은 수급자격자가 직업안정기관의 장이 지시한 직업능력개발 훈련 등을 받는 경우에 그 직업능력개발 훈련 등을 받는 기간에 대하여 지급되는 급여이다. 직업능력개발수당의 금액은 교통비, 식대 등 직업훈련 등의 수강에 필요한 비용을 고려하여 고용노동부장관이 결정하여 고시하는 금액으로 한다.

③ 광역구직활동비

광역구직활동비는 수급자격자가 직업안정기관의 소개에 따라 광범위한 지역에 걸쳐 구직활동을 하는 경우에 직업안정기관의 장이 필요하다고 인정하면 대통령령이 정하는 기준에 따라 지급되는 급여이다. 광역구직활동비의 금액은 구직활동에 통상 드는 비용으로 하되, 운임과 숙박료로 나누어 산정한다. 운임은 실비로 지급하고, 숙박료는 고용노동부장관이 고시하는 금액을 기준으로 한다.

※ 광역구직활동비의 지급기준(시행령 제89조)

- 구직활동에 드는 비용이 구직활동을 위하여 방문하는 사업장의 사업주로부터 지급되지 아니하거나 지급되더라도 그 금액이 광역 구직활동비의 금액에 미달할 것
- 수급자격자의 거주지로부터 구직활동을 위하여 방문하는 사업장까지의 거리가 편도로 25㎞ 이상일 것

④ 이주비

이주비는 수급자격자가 취업(1년 이상의 근로계약)하거나 직업안정기관의 장이 지시한 직업능력개발 훈련 등을 받기 위하여 그 주거를 이전하는 경우에 대통령령이 정하는 기준에 따라 직업안정기관의 장이 필요하다고 인정하면 지급되는 급여이다. 이주비의 금액은 수급자격자 및 그 수급자격자에 의존하여 생계를 유지하는 동거 친족의 이주에 일반적으로 드는 비용으로 한다. 이주비는 이주거리에 따라 고용노동부장관이 정하여 고시하는 금액으로 계산한다(시행규칙 제113조).

※ 이주비의 지급기준(시행령 제90조)

- 취업하거나 직업훈련 등을 받게 된 경우로서 고용노동부장관이 정하는 기준에 따라 신청지 관할 직업안정기관의 장이 주거의 변경이 필요하다고 인정할 것
- 해당 수급자격자를 고용하는 사업주로부터 주거의 이전에 드는 비용이 지급되지 아 니하거나 지급되더라도 그 금액이 이주비에 미달할 것
- 취업을 위한 이주인 경우 1년 이상의 근로계약기간을 정하여 취업할 것

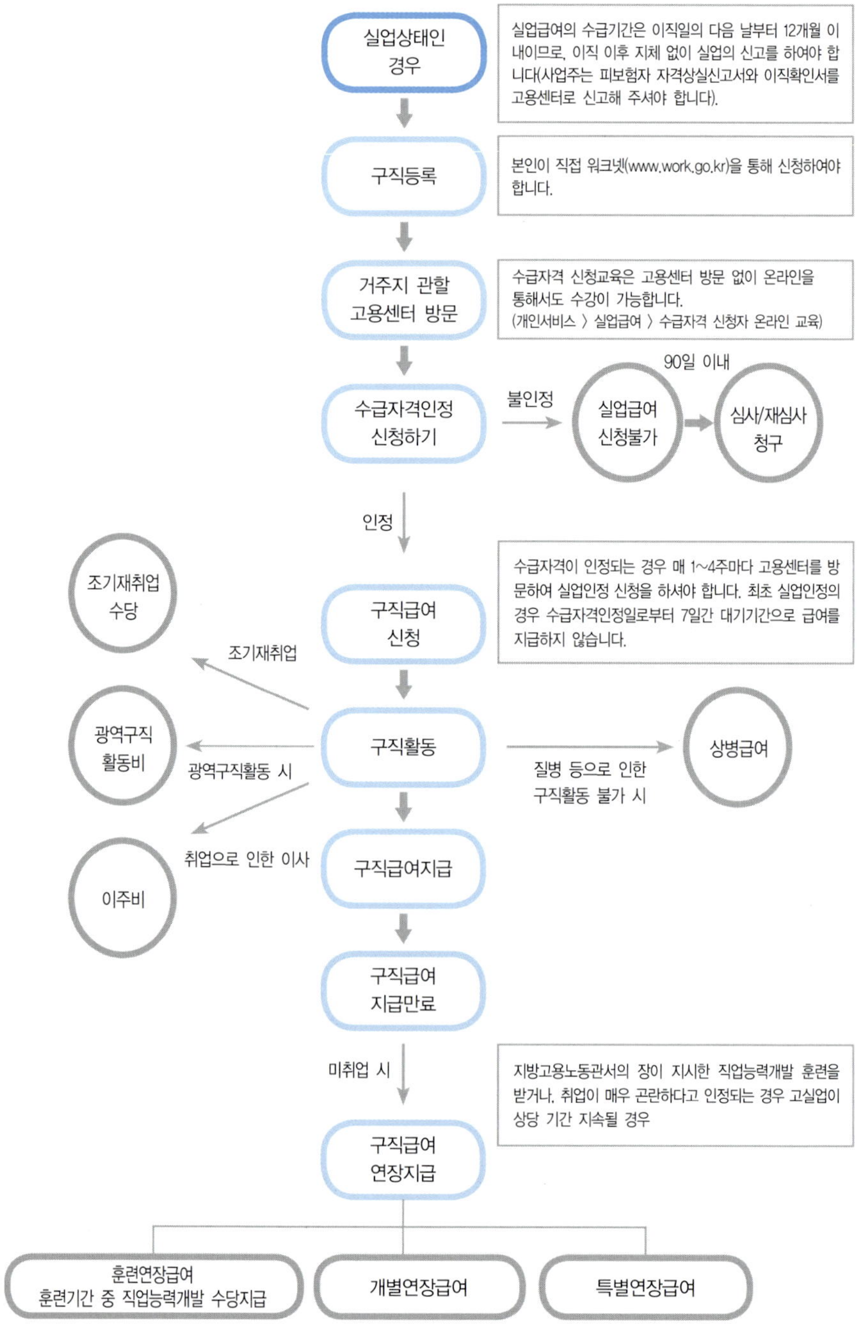

|그림 11-2| **실업급여 지급절차**

출처 : 고용보험 홈페이지.

2) 모성보호급여

「남녀고용평등과 일 · 가정 양립지원에 관한 법률」에서 육아휴직 · 산전후휴가급여를 사회보험에서 분담할 수 있도록 규정함에 따라 2001년 8월 14일 고용보험법 개정에 의해 2001년 11월 1일부터 육아휴직급여와 산전후휴가급여가 고용보험에서 지급되었다. 이후 산전후휴가는 2012년부터 출산전후휴가로 명칭이 변경되었다. 또한 2011년 7월 21일 고용보험법 개정에 의해 육아기 근로시간 단축급여가 신설되었다. 따라서 모성보호급여에는 출산전후휴가급여, 육아휴직급여 및 육아기 근로시간 단축급여의 세 종류가 있다.

(1) 출산전후휴가급여 등

출산전후휴가는 여성근로자의 임신 · 출산 등으로 인하여 소모된 체력을 회복하고, 임금상실 없이 휴식을 보장받도록 하는 제도이다. 「근로기준법」 제74조에는 사용자는 임신 중의 여성근로자에게 출산 전과 출산 후를 통하여 90일(다태아일 경우 120일)의 출산전후휴가를 주어야 하고, 이 경우 휴가기간의 배정은 출산 후에 45일(다태아일 경우 60일) 이상이 되어야 하며, 임신 중인 여성이 유산 또는 사산한 경우 유산 · 사산휴가를 주어야 한다고 규정되어 있다.

또한 사업주는 근로자가 「남녀고용평등법」 제18조의2에 따라 배우자의 출산을 이유로 휴가를 청구하는 경우와, 같은 법 제18조의3에 따라 난임치료를 위해 휴가를 신청하는 경우 배우자출산휴가와 난임치료휴가를 각각 주어야 한다.

① 수급요건

출산전후휴가급여 등을 수급하기 위해서는 「남녀고용평등법」 제18조에 따라 사업주로부터 「근로기준법」 제74조에 따른 출산전후휴가 또는 유산 · 사산휴가를 부여받은 근로자이거나, 「남녀고용평등법」 제18조의2에 따른 배우자출산휴가 또는 난임치료휴가를 부여받은 근로자로서, 휴가가 끝난 날 이전의 피보험 단위 기간이 합산하여 180일 이상이 되어야 한다. 급여는 휴가를 시작한 날 이후 1개월부터 휴가가 끝난 날 이후 12개월 이내에 신청하여야 한다.

② 지급기간 및 급여수준

출산전후휴가급여의 지급기간은 90일(다태아인 경우 120일)로 하고, 유산 · 사산일 경우 유산 · 사산휴가 기간[3]으로 한다. 다만, 우선지원 대상기업이 아닌 경우에는 휴가 기간 중 60일(다태아인 경우 75일)을 초과한 일수(30일을 한도로 하되, 미숙아를 출산한 경우에는 40일, 다태아인 경우에는 45일을 한도로 함)로 한정한다. 급여는 휴가를 시작한 날의 통상임금을 기준으로 하되, 상한액과 하한액을 규정하고 있다. 상한액은 매년 고용노동부장관이 고시하는 금액으로 하고, 하한액은 최저임금법에 따른 시간급 최저임금액을 시간급 통상임금으로 하여 산정한다. 우선지원대상기업 근로자의 통상임금이 상한액보다 높을 경우에는 최초 60일(다태아 75일)에 대해서는 그 차액을 사업주가 지급한다.[4]

출산전후(유산 · 사산)휴가급여(2025년 기준)		
우선 지원 대상 기업	최초 60일 (다태아 75일)	• 고용보험에서 통상임금 지급 – 상한액 : 월 210만 원, 하한액 : 최저임금액 – 근로자의 통상임금이 상한액보다 많을 경우 그 차액은 사업주가 지급
	나머지 30일 (다태아 45일)	• 고용보험에서 통상임금 지급 – 상한액 : 월 210만 원, 하한액 : 최저임금액
대규모 기업	최초 60일 (다태아 75일)	• 사업주가 통상임금 지급
	나머지 30일 (다태아 45일)	• 고용보험에서 통상임금 지급 – 상한액 : 월 210만 원, 하한액 : 최저임금액

3) 유산 · 사산휴가(근로기준법 시행령 제43조)
1. 임신기간이 15주 이내인 경우 : 유산 또는 사산한 날부터 10일까지
2. 임신기간이 16~21주 이내인 경우 : 유산 또는 사산한 날부터 30일까지
3. 임신기간이 22~27주 이내인 경우 : 유산 또는 사산한 날부터 60일까지
4. 임신기간이 28주 이상인 경우 : 유산 또는 사산한 날부터 90일까지

4) 출산전후휴가기간 중 최초 60일(다태아 75일)은 유급휴가이므로 사용자가 급여를 지급할 의무가 있다. 다만, 고용보험에서 출산전후휴가급여를 받은 경우 그 금액의 한도 내에서 지급의무가 면제된다(근로기준법 제74조 제4항).

배우자출산휴가 기간은 20일로 모두 유급(우선지원 대상기업 근로자인 경우로 한정)으로 한다. 배우자 출산휴가는 근로자의 배우자가 출산한 날부터 120일이 지나면 사용할 수 없으며, 3회에 한정하여 나누어 사용할 수 있다. 난임치료휴가는 근로자가 인공수정 또는 체외수정 등 난임치료를 받을 경우 신청할 수 있는 제도로 휴가 기간은 연간 6일 이내이며, 이 경우 최초 2일은 유급(우선지원 대상기업 근로자인 경우로 한정)으로 한다. 배우자출산휴가 20일과 난임치료휴가 6일 중 최초 2일(4일은 무급)에 대한 급여는 통상임금을 기준으로 우선 대상 기업인 경우 고용보험에서 지급하고, 대규모 기업인 경우 사업주가 지급한다.

〈표 11-6〉 우선지원대상기업의 상시근로자 기준

업 종	상시근로자
제조업	500명 이하
광업, 건설업, 운수 및 창고업, 정보통신업, 사업시설관리, 사업지원 및 임대서비스업, 전문, 과학 및 기술 서비업, 보건업 및 사회복지 서비스업	300명 이하
도매 및 소매업, 숙박 및 음식점업, 금융 및 보험업, 예술, 스포츠 및 여가 관련 서비스업	200명 이하
그 밖의 업종	100명 이하

출처 : 고용보험법 시행령 제12조(별표 1).

(2) 육아휴직급여

육아휴직은 만 8세 이하 또는 초등학교 2학년 이하의 자녀를 가진 근로자가 자녀의 양육을 위해 신청 · 사용하는 휴직을 말한다. 육아휴직 기간은 1년 이내로 하고 부모 모두 근로자이면 한 자녀에 대해 각각 1년씩 사용 가능하다. 다만 같은 자녀를 대상으로 부모가 모두 육아휴직을 각각 3개월 이상 사용하거나, 한부모 근로자 또는 중증장애아동 부모인 근로자의 경우 부(父) 또는 모(母)가 6개월 이내에서 추가로 육아휴직을 사용할 수 있다.

사업주는 육아휴직을 이유로 해고나 그 밖의 불리한 처우를 해서는 안 되며, 육아휴직 기간에는 그 근로자를 해고할 수 없다. 육아휴직을 마친 후에는 휴직전과 같은 업무 또는 같은 수준의 임금을 지급하는 직무에 복귀시켜야 하며, 육아휴직 기간은 근속기간에 포함해야 한다.

① 수급요건

육아휴직급여를 수급하기 위해서는 「남녀고용평등법」 제19조에 따라 사업주로부터 육아휴직을 30일 이상 부여받은 근로자로서, 육아휴직을 시작한 날 이전의 피보험 단위기간이 합산하여 180일 이상이 되어야 한다. 급여는 육아휴직 개시일 이후 1개월부터 휴직이 끝난 날 이후 12개월 이내에 신청하여야 한다.

② 급여수준

육아휴직급여는 휴직을 시작한 날의 통상임금을 기준으로 하되, 휴직하는 개월 수에 따라 상한액과 하한액을 규정하고 있다. 육아휴직 시작일로부터 3개월까지는 통상임금의 100%(월 70만 원~250만 원), 4개월부터 6개월까지는 통상임금의 100%(월 70만 원~200만 원), 7개월 이후부터는 통상임금의 80%(월 70만 원~160만 원)에 해당하는 금액으로 한다.

※ 6+6 부모육아휴직제(시행령 제95조의3)

- 생후 18개월 이내 자녀에 대해 부모 모두 동시 또는 순차적으로 육아휴직을 사용할 경우 첫 6개월의 육아휴직급여는 각각 통상임금의 100%(상한액 월 최대 250만~450만 원, 하한액 월 70만 원)로 지급하고 7개월 이후부터는 일반 육아휴직급여와 동일
- 부모 모두 통상임금이 상한액을 초과할 경우 각각의 첫 6개월에 최대 2,000만 원씩 총 4,000만 원을 지원받을 수 있음

월차	1개월 차	2개월 차	3개월 차	4개월 차	5개월 차	6개월 차
상한액	250만 원×2	250만 원×2	300만 원×2	350만 원×2	400만 원×2	450만 원×2

(3) 육아기 근로시간 단축급여

만 12세 이하 또는 초등학교 6학년 이하의 자녀를 양육하는 근로자는 「남녀고용평등법」 제19조의2에 따라 육아기 근로시간 단축 급여를 신청할 수 있다.

육아기 근로시간 단축기간은 1년 이내로 한다. 다만, 육아휴직 기간 중 사용하지 않은 기간이 있으면 그 기간의 두 배를 가산한 기간 이내로 한다(최대 3년). 단축 후 근로시간은 주당 15시간 이상이어야 하고 35시간을 넘을 수 없다.

수급요건은 사업주로부터 육아기 근로시간 단축을 30일 이상 부여받은 근로자로서 육아기 근로시간 단축을 시작한 날 이전의 피보험 단위기간이 합산하여 180일 이상이 되어야 한다. 급여는 육아기 근로시간 단축을 시작한 날 이후 1개월부터 끝난 날 이후 12개월 이내에 신청하여야 한다.

육아기 근로시간 단축 급여액은 매주 최초 10시간까지는 통상임금의 100%(상한액 월 220만 원)를, 나머지 근로시간 단축분에 대해서는 통상임금의 80%(상한액 월 150만 원)를 기준으로 적용하여 단축한 근로시간에 따라 비례하여 산정한다.

※ 육아기 근로시간 단축급여액 산정방식(시행령 제104조의2)		
(매주 최초 10시간 단축분) 육아기 근로시간 단축 개시일을 기준으로 「근로기준법」에 따라 산정한 월 통상임금의 100% 해당하는 금액(상한액 220만 원, 하한액 50만 원)	×	10 (10시간 미만이면 실제 단축한 시간) / 단축 전 소정근로시간
(나머지 근로시간 단축분) 육아기 근로시간 단축 개시일을 기준으로 「근로기준법」에 따라 산정한 월 통상임금의 80%에 해당하는 금액(상한액 150만 원, 하한액 50만 원)	×	단축 전 소정근로시간 − 단축 후 소정근로시간 − 10 / 단축 전 소정근로시간

3) 고용안정 · 직업능력개발사업

고용안정 · 직업능력개발사업은 피보험자 및 피보험자였던 자, 그 밖에 취업할 의사를 가진 자에 대한 실업의 예방, 취업의 촉진, 고용기회의 확대, 직업능력개발 · 향상의 기회 제공 및 지원, 그 밖에 고용안정과 사업주에 대한 인력 확보를 지원하기 위하여 실시하는 사업이다(법 제19조). 2006년 1월 1일부터 기존의 고용안정사업과 직업능력개발사업을 통합하여 고용안정 · 직업능력개발사업으로 운영되고 있으며, 고용보험법(제20~34조)에 규정되어 있는 세부사업은 다음과 같다.

(1) 고용창출의 지원

고용창출의 지원은 고용환경 개선 및 근무형태 변경 등으로 고용의 기회를 확대한 사업주에게 필요한 지원을 하는 사업이다.

(2) 고용조정의 지원

고용조정의 지원은 경기의 변동, 산업구조의 변화 등에 따른 사업규모의 축소, 사업의 폐업 또는 전환으로 고용조정이 불가피하게 된 사업주가 근로자에 대한 휴업, 휴직, 직업 전환에 필요한 직업능력개발 훈련, 인력의 재배치 등을 실시하거나 그 밖에 근로자의 고용안정을 위한 조치를 할 경우 그 사업주에게 필요한 지원을 하는 사업이다. 이 경우 휴업이나 휴직 등 고용안정을 위한 조치로 근로자의 임금이 대통령령으로 정하는 수준으로 감소할 때에는 대통령령으로 정하는 바에 따라 그 근로자에게도 필요한 지원을 할 수 있다. 또한 위의 고용조정으로 이직된 근로자를 고용하는 등 고용이 불안정하게 된 근로자의 고용안정을 위한 조치를 하는 사업주에게 대통령령으로 정하는 바에 따라 필요한 지원을 할 수 있다.

(3) 지역고용의 촉진

지역고용의 촉진은 고용기회가 뚜렷이 부족하거나 산업구조의 변화 등으로 고용사정이 급속하게 악화되고 있는 지역으로 사업을 이전하거나 그러한 지역에서 사업을 신설 또는 증설하여 그 지역의 실업 예방과 재취업 촉진에 기여한 사업주, 그 밖에 그 지역의 고용기회 확대에 필요한 조치를 한 사업주에게 필요한 지원을 하는 사업이다.

(4) 고령자 등 고용촉진의 지원

고령자 등 고용촉진의 지원은 고령자 등 노동시장의 통상적인 조건에서는 취업이 특히 곤란한 자의 고용을 촉진하기 위하여 고령자 등을 새로 고용하거나 이들의 고용안정에 필요한 조치를 하는 사업주 또는 사업주가 실시하는 고용안정 조치에 해당된 근로자에게 필요한 지원을 하는 사업이다.

(5) 건설근로자 등의 고용안정 지원

건설근로자 등의 고용안정 지원은 건설근로자 등 고용상태가 불안정한 근로자를 위하여 고용상태의 개선을 위한 사업, 계속적인 고용기회의 부여 등 고용안정을 위한 사업을 실시하는 사업주에게 필요한 지원을 하는 사업이다.

(6) 고용안정 및 취업촉진

고용안정 및 취업촉진은 피보험자 등의 고용안정 및 취업을 촉진하기 위하여 고용관리 진단 등 고용개선 지원 사업, 피보험자 등의 창업을 촉진하기 위한 지원 사업, 그 밖에 피보험자 등의 고용안정 및 취업을 촉진하기 위한 사업을 직접 실시하거나 이를 실시하는 자에게 필요한 비용을 지원 또는 대부하는 사업이다.

(7) 고용촉진시설에 대한 지원

고용촉진시설에 대한 지원은 피보험자 등의 고용안정 · 고용촉진 및 사업주의 인력 확보를 지원하기 위하여 상담시설, 어린이집, 그 밖에 대통령령으로 정하는 고용촉진시설을 설치 · 운영하는 자에게 필요한 지원을 하는 사업이다.

(8) 사업주에 대한 직업능력개발 훈련의 지원

사업주에 대한 직업능력개발 훈련의 지원은 피보험자 등의 직업능력을 개발 · 향상시키기 위하여 직업능력개발 훈련을 실시하는 사업주에게 그 훈련에 필요한 비용을 지원하는 사업이다. 특히 사업주가 기간제근로자, 단시간근로자,

파견근로자, 일용근로자, 고령자나 준고령자에 해당하는 사람에게 직업능력개발 훈련을 실시하는 경우에는 우대 지원할 수 있다.

(9) 피보험자들에 대한 직업능력개발 지원

피보험자들에 대한 직업능력개발 지원 피보험자 등이 직업능력개발 훈련을 받거나 그 밖에 직업능력 개발 · 향상을 위하여 노력하는 경우에 필요한 비용을 지원하는 사업이다. 특히 저소득 피보험자 등이 직업능력개발 훈련을 받는 경우 대통령령으로 정하는 바에 따라 생계비를 대부할 수 있다.

(10) 직업능력개발 훈련시설에 대한 지원

직업능력개발 훈련시설에 대한 지원은 피보험자 등의 직업능력 개발 · 향상을 위하여 필요하다고 인정하면 대통령령으로 정하는 바에 따라 직업능력개발 훈련 시설의 설치 및 장비 구입에 필요한 비용의 대부나, 그 밖에 고용노동부 장관이 정하는 직업능력개발 훈련 시설의 설치 및 장비 구입 · 운영에 필요한 비용을 지원하는 사업이다.

(11) 직업능력개발의 촉진

직업능력개발의 촉진은 피보험자 등의 직업능력 개발 · 향상을 촉진하기 위하여 직업능력개발사업에 대한 기술지원 및 평가사업, 자격검정사업 및 숙련기술장려법에 따른 숙련기술 장려 사업, 그 밖에 대통령령으로 정하는 사업을 실시하거나 이를 실시하는 자에게 그 사업의 실시에 필요한 비용을 지원하는 사업이다.

(12) 건설근로자 등의 직업능력개발 지원

건설근로자 등의 직업능력개발 지원은 건설근로자 등 고용상태가 불안정한 근로자를 위하여 직업능력 개발 · 향상을 위한 사업으로 대통령령으로 정하는 사업을 실시하는 사업주에게 그 사업의 실시에 필요한 비용을 지원하는 사업이다.

(13) 고용정보의 제공 및 고용지원 기반의 구축

고용정보의 제공 및 고용지원 기반의 구축은 고용노동부장관이 사업주 및 피보험자 등에 대한 구인·구직·훈련 등 고용정보의 제공, 직업·훈련상담 등 직업지도, 직업소개, 고용안정·직업능력개발에 관한 기반의 구축 및 그에 필요한 전문인력의 배치 등을 실시하는 사업이다. 고용노동부장관은 필요하다고 인정하면 업무의 일부를 민간직업상담원에게 수행하도록 할 수 있다.

(14) 지방자치단체 등에 대한 지원

지방자치단체 등에 대한 지원은 지방자치단체 또는 대통령령으로 정하는 비영리법인·단체가 그 지역에서 피보험자 등의 고용안정·고용촉진 및 직업능력개발을 위한 사업을 실시하는 경우에는 대통령령으로 정하는 바에 따라 필요한 지원을 하는 사업이다.

5. 자영업자 고용보험제도

자영업자 고용보험이란 자영업자의 생활안정 및 재취업을 지원하는 제도이다. 2012년 1월 22일부터 시행되었으며, 고용안정·직업능력개발사업과 실업급여 지원을 모두 받을 수 있다. 고용안정·직업능력개발사업은 사업장가입자와 같으며, 출산전후휴가급여와 육아휴직급여는 지급되지 않는다. 그리고 실업급여는 연장급여와 조기재취업수당을 제외하고는 사업장가입자 근로자의 경우와 같다. 즉, 구직급여, 상병급여, 직업능력개발수당, 광역구직활동비, 이주비 등을 지급받을 수 있다.

1) 가입대상 및 수급요건

가입대상은 근로자를 사용하지 아니하거나 50인 미만의 근로자를 사용하는 사업주(개인사업장은 사업주, 법인은 대표이사)로서,[5] 본인이 희망하는 경우에 공단의 승인을 받아 가입이 가능하다(임의가입 방식). 그리고 가입을 희망하는 자영업자는 사업자등록증상 개업 연월일로부터 1년 이내에 가입하여야 한다.

구직급여의 수급요건은 첫째, 폐업일 이전 24개월 동안 자영업자인 피보험자로서 피보험 단위기간이 합산하여 1년 이상이어야 한다. 둘째, 근로의 의사와 능력이 있음에도 불구하고 취업을 하지 못한 상태에 있어야 한다. 셋째, 폐업 사유가 수급자격의 제한 사유에 해당하지 않아야 한다. 즉, 매출감소, 적자지속, 자연재해 등 불가피한 사유로 폐업한 경우여야 하며, 법령 위반으로 인한 허가취소나 영업정지로 인한 폐업, 방화 등 본인의 중대한 귀책사유로 인한 폐업, 전직 또는 자영업을 다시 하기 위하여 폐업한 경우는 수급자격을 제한한다. 넷째, 적극적인 재취업 노력을 하여야 한다.

2) 보험료와 급여수준

자영업자는 매출액과 소득이 불규칙할 수 있기 때문에 보험료 및 구직급여의 산정기준이 되는 기준보수액을 고용노동부장관이 고시하도록 되어 있으며, 자영업자는 고시된 기준보수 중에서 어느 하나를 선택하여야 한다. 기준보수는 2016년 이후 총 7등급으로 구분된다. 납부할 보험료는 선택한 기준보수에 보험료율(실업급여 2%, 고용안정 · 직업능력개발사업 0.25%)을 곱해서 산정하며, 구직급여액은 선택한 기준보수의 60%를 적용한다.

〈표 11-7〉 등급별 기준보수와 보험료 및 구직급여 수준

(단위 : 원)

구 분	기준보수(월) (2019년 이후)	보험료(월) (기준보수의 2.25%)	구직급여(월) (기준보수의 60%)
1등급	1,820,000	40,950	1,092,000
2등급	2,080,000	46,800	1,248,000

5) 가입 후 근로자가 50인 이상이 된 경우 본인이 원하면 계속 가입상태 유지가 가능하다(근로복지공단 홈페이지).

3등급	2,340,000	52,650	1,404,000
4등급	2,600,000	58,500	1,560,000
5등급	2,860,000	64,350	1,716,000
6등급	3,120,000	70,200	1,872,000
7등급	3,380,000	76,050	2,028,000

출처 : 고용보험 홈페이지.

구직급여 일수는 가입기간(피보험 기간)에 따라 최소 120일에서 최대 210일을 적용한다.

〈표 11-8〉 가입기간에 따른 구직급여 일수

구 분	가입기간(피보험 기간)			
	1년~3년 미만	3년~5년 미만	5년~10년 미만	10년 이상
급여일수	120일	150일	180일	210일

출처 : 고용보험 홈페이지.

6. 재 정

1) 보험료

고용보험료율은 보험수지의 동향과 경제상황 등을 고려하여 3%의 범위에서 고용안정 · 직업능력개발사업의 보험료율 및 실업급여의 보험료율로 구분하여 대통령령으로 정한다. 고용보험료율을 결정하거나 변경하려면 고용보험위원회의 심의를 거쳐야 한다. 징수된 고용안정 · 직업능력개발사업의 보험료 및 실업급여의 보험료는 각각 그 사업에 드는 비용에 충당한다. 다만, 실업급여의 보험료는 육아휴직급여 및 출산전후휴가급여 등에 드는 비용에 충당할 수 있다(고용산재보험료징수법 제14조, 법 제6조).

고용보험료는 사업내용에 따라 분리 적용한다. 실업급여에 해당되는 보험료는 근로자의 보수총액에 보험료율을 곱해서 산정하고 근로자와 사업주가 각각 50%씩 부담한다. 고용안정 · 직업능력개발사업의 보험료는 그 사업에 종사하는 고용보험 가입자인 근로자의 보수총액에 고용안정 · 직업능력개발사업의 보험료율을 곱한 금액으로 하며 사업주가 전액 부담한다.

① 실업급여 보험료(사업주와 근로자 각각 50%씩 부담)
보험료 = 근로자 개인별 월평균 보수총액 × 실업급여 보험료율
② 고용안정 · 직업능력개발사업 보험료(사업주 전액 부담)
보험료 = 근로자 개인별 월평균 보수총액 × 고용안정 · 직업능력개발사업의 보험료율

2025년 기준 실업급여 보험료율은 1.8%이고(근로자와 사업주 각각 0.9%씩 부담) 고용안정 · 직업능력개발사업의 보험료율은 사업장의 근로자 수와 우선지원대상기업 여부에 따라 0.25%에서 0.85%까지 다르게 적용된다.

〈표 11-9〉 고용보험료율

구 분		근로자	사업주
실업급여		0.9%	0.9%
고용안정 · 직업능력개발사업	150인 미만 기업	–	0.25%
	150인 이상 기업(우선지원대상기업)	–	0.45%
	150인 이상 1000인 미만 기업(우선지원대상기업 제외)	–	0.65%
	1000인 이상 기업 및 국가, 지자체가 직접 행하는 사업	–	0.85%

출처 : 고용보험 홈페이지.

2) 국고부담

국가는 매년 보험사업에 드는 비용의 일부를 일반회계에서 부담하여야 하며, 매년 예산의 범위에서 보험사업의 관리 · 운영에 드는 비용을 부담할 수 있다.

7. 운영체계

고용보험의 주요 정책 결정 및 업무감독은 고용노동부의 중앙행정기관에서 담당하고 있다. 고용보험에 관한 주요 정책의 결정은 고용보험위원회의 심의를 거쳐 고용노동부장관에 의해 이루어진다. 고용보험위원회는 고용보험법 및 고용산재보험료징수법의 시행에 관한 주요 사항을 심의하기 위하여 고용노동부에 설치된 기구로, 심의사항을 사전에 검토 · 조정하기 위해 고용보험운영전문위원회 및 고용보험평가전문위원회를 두고 있다.

사전심의 · 검토
고용보험 운영 및 평가 전문위원회
→
심의 결정
고용보험위원회

※ 고용보험위원회의 심의사항

- 보험제도 및 보험사업의 개선에 관한 사항
- 고용산재보험료징수법에 따른 보험료율의 결정에 관한 사항
- 보험사업의 평가에 관한 사항
- 기금운용 계획의 수립 및 기금의 운용 결과에 관한 사항
- 그 밖에 위원장이 보험제도 및 보험사업과 관련하여 위원회의 심의가 필요하다고 인정하는 사항

고용보험의 구체적 집행업무는 지방고용노동청의 고용센터와 근로복지공단이 나누어서 담당하고 있다. 첫째, 지방고용노동청의 고용센터는 실업급여 지급, 육아휴직급여 · 육아기 근로시간 단축급여 · 출산전후휴가급여 업무, 고용안정 · 직업능력개발사업에 관련된 각종 지원업무를 수행하고 있다. 둘째, 근로복지공단은 고용보험 적용, 고용보험 피보험자 관리업무(피보험자격 취득과 상실신고, 이직확인서 신고, 근로내용확인 신고 등) 등을 수행하고 있다.[6] 보험료의 고지와 징수업무는 2011년 1월 1일부터 건강보험공단에서 일괄 담당함에 따라 건강보험공단에 위임되었다.

---

6) 그동안 고용보험 피보험자 관리업무는 고용노동부(고용센터)에서 수행하였으나 2017년 1월 1일부터 근로복지공단으로 이관되어 수행하고 있다.

Chapter 12

국민기초생활보장제도

1. 의의 및 목적

국민기초생활보장제도(National Basic Living Security)란 헌법상의 생존권 보장의 이념을 실현하기 위한 공공부조제도로, 생활이 어려운 자에게 필요한 급여를 행하여 이들의 최저생계를 보장해 줌으로써 인간다운 생활을 구체적으로 실현하기 위한 법적 제도이다. 국민기초생활보장법 제1조에는 "생활이 어려운 사람에게 필요한 급여를 실시하여 이들의 최저생활을 보장하고 자활을 돕는 것을 목적으로 한다"고 규정되어 있다. 즉, 국민기초생활보장제도의 목적은 생계급여, 주거급여, 의료급여, 교육급여, 해산급여, 장제급여를 통해 저소득층의 생활상 곤란을 완화시켜 주고, 자활급여를 제공함으로써 빈곤에 처한 사람들이 스스로 자립 · 자활할 수 있도록 조성해 준다는 것이다. 이러한 목적은 기존의 생활보호법에 의한 국가재량의 자선적 생활보호급여에서 법적인 보장을 받는 권리성 급여로 전환하였다는 의미를 가지고 있다.

2. 도입배경 및 발전과정

1) 도입배경

광복 후 우리나라 최초의 공공부조는 1961년에 제정된 생활보호법이었다. 생활보호법은 근로무능력자(65세 이상 노인, 18세 미만의 아동, 임산부, 장애인 등)를 수혜대상자로 하여 단순생계 중심의 생활보호를 실시해 왔다. 그러다 1997년 이후 IMF 경제위기 및 구조조정에 따른 대량실업으로 근로능력이 있는 빈곤인구가 급증하고 노숙자 및 가정해체 등 사회문제가 확대되었다. 하지만 기존의 생활보호법은 근로능력이 있는 사람에게는 생계비를 지급하지 않는 것이 원칙이었으므로 최후의 사회적 안전망으로서의 한계가 있었다. 즉, IMF 경제위기로 생계유지가 어려운 저소득층의 생활안정을 위하여 정부는 생활보호, 실업급여, 공공근로, 노숙자 보호, 한시생활보호 등의 사회안전망 사업을 실시하였지만, 많은 저소득층이 사회보장의 혜택을 전혀 받지 못하는 사각지대가 존재했다. 따라서 모든 국민이 헌법(제34조 제1항)에 보장된 '인간다운 생활을 할 권리'를 제도적으로 보장할 수 있는 사회안전망이 절실히 필요하게 되었다(박영미, 2002 : 127).

이에 근로능력에 관계없이 국가의 보호를 필요로 하는 저소득층의 기본적인 생활을 국가가 보장하되, 단순 생계지원이 아닌 수급자의 자립자활을 촉진하는 생산적 복지지향적인 종합적 빈곤대책의 필요성에 대한 공감대가 형성되었다. 이러한 공감대를 바탕으로 1998년 45개 시민단체가 '국민기초생활보장법 제정 추진연대회의'를 구성하여 제정을 청원하였고, 여야와 정부가 합의하여 1999년 9월 7일 국민기초생활보장법이 제정되었다. 이 법은 '생산적 복지의 국정이념'과 시민단체, 국회, 정부 등 전 국민적 합의를 바탕으로 제정된 것으로서, 경제위기 대응에 한계가 있었던 생활보호법에 비해 제도의 획기적인 전환이라고 할 수 있다.

새로 제정된 국민기초생활보장법은 기존의 생활보호법과 다음과 같은 차이점이 있다(박진화, 2020 : 272-273).

첫째, 급여가 법적 권리의 성격을 가진다는 점이다. 즉, 기존의 시혜적 성격이 남아 있던 보호대상자, 피보호자, 보호기관 등의 용어를 수급자, 수급권자, 보장기관 등으로 바꿈으로써 복지급여를 사회적 권리로 인정한 것이다. 이는 헌법 제34조의 '인간다운 생활을 할 권리'를 실정법상 제도적으로 수용한 것으로 볼 수 있다. 더군다나 이러한 권리확장이 정부에 의한 것이라기보다는 광범위한 시민사회의 연대와 요구에 의해 관철되었다는 것이 이 제도가 지니는 큰 의미이다.

둘째, 대상자 구분에 있어 인구학적 기준과 근로능력 유무 기준이 폐지되었다는 점이다. 생활보호법에서는 65세 이상 노인과 18세 미만의 아동, 그리고 임산부 및 장애인 등 근로능력이 없는 자를 대상으로 하였으나 국민기초생활보장법에서는 선정기준에 부합한 빈곤한 상태이면 연령과 근로능력 유무에 관계 없이 급여를 제공하였다(단, 근로능력자의 경우 자활근로를 의무로 하는 조건부 수급자로 선정).

셋째, 대상자 선정기준에 있어 자산기준의 합리화를 기하기 위해 소득평가액에 재산의 소득환산액을 합산한 소득인정액이라는 새로운 개념을 도입하였다는 점이다. 생활보호법에서는 소득기준과 재산기준을 각각 산정해서 동시에 충족해야 했는데, 국민기초생활보장법에서는 이러한 기준을 폐지하고 소득평가액에 재산을 소득으로 환산한 금액을 합산한 소득인정액으로 통합하였다.

넷째, 주거급여와 긴급급여가 신설되었다. 생활보호법에서는 거택보호대상자와 시설보호대상자에게는 생계보호, 의료보호, 교육보호, 장제보호, 해산보호를 하였으나 국민기초생활보장법에서는 임차료와 수선유지비를 지원하는 주거급여와 긴급필요 시 우선급여를 실시하는 긴급급여가 신설되었다.

다섯째, 국민기초생활보장법에서는 근로능력이 있는 사람에게는 근로활동을 조건으로 생계급여를 실시하는데 보장기관은 근로능력자 가구별로 자활지원계획을 수립하고 각종 자활지원 사업을 실시하여 수급자의 자활지원이 체계적으로 이루어지도록 하였다. 이는 자립과 연계된 조건부 지원, 즉 근로연계복지를 의미한다.

2) 발전과정

1999년 9월 7일 국민기초생활보장법이 제정된 후 9월 28일부터는 별정직 사회복지전문요원을 일반직 사회복지전담공무원으로 전환했고, 10월에는 각계 대표, 전문가, 공무원 등으로 이루어진 '국민기초생활보장 추진준비단'이 발족되어 준비작업에 들어갔으며, 12월에는 2000년도의 최저생계비가 공포되었다. 그리고 2000년 3월 15일에서 4월 15일까지 모의적용사업(서울시 강남구 수서동과 경기도 평택시 평택읍 2개 지역)국민기초생활보장제도가 시행되었다(1961년 제정된 생활보호법은 40년 만에 폐지됨).

제도 시행 이후 여러 차례의 법 개정을 통해 수급자 선정 기준에 많은 변화가 있었다. 먼저 소득 및 재산 기준을 살펴보면, 2002년 12월까지는 개별가구의 소득수준과 재산수준을 이원적으로 병행 적용해 왔으나 수급자 선정의 형평성을 높이고 급여산정을 합리화하기 위하여 2003년 1월 1일부터는 소득평가액과 재산기준을 통합한 소득인정액(소득평가액+재산의 소득환산액)으로 산정방식을 변경하여 수급자 선정 및 급여기준에 적용하였다.

부양의무자 범위의 경우, 시행 당시에는 수급권자의 직계혈족 및 그 배우자, 생계를 같이하는 2촌 이내의 혈족이었으나 2004년 3월 5일 개정을 통해 수급권자의 1촌 이내의 직계혈족 및 그 배우자, 생계를 같이하는 2촌 이내의 혈족으로 축소했으며, 2005년 12월 31일 개정에 의해 다시 수급권자의 1촌 이내의 직계혈족 및 그 배우자로 그 범위를 축소하였다.

특히 2014년 12월 30일 법 개정에서는 국민기초생활보장제도의 외형적 틀이 변화되었는데, 그동안의 통합급여 체계가 맞춤형 개별급여 체계로 전환되었다. 통합급여 체계에서는 단일기준인 최저생계비로 모든 급여의 선정기준과 급여수준을 결정하였지만, 맞춤형 개별급여 체계에서는 상대기준선 방식인 중위소득 개념을 도입하여 4가지 급여별(생계급여, 주거급여, 의료급여, 교육급여)로 선정기준과 급여수준이 다층화되었다. 이는 수급자의 소득이 일정 부분 증가하여도 수급자의 가구 여건에 맞게 필요한 급여는 계속 지원할 수 있게 하는 데 그 목적이 있다. 또한 개별급여 체계로 전환되면서 주거급여는 국토교통부에서, 교육급여는 교육부에서 담당하게 하여 소관부처의 급여별 전문성도 강화하였다.

기존의 최저생계비 방식에서는 단일기준선을 적용하였기 때문에 수급자의 가구별 소득인정액이 가구별 최저생계비를 초과할 경우 모든 급여를 받을 수 없었다. 반면 기준 중위소득 방식에서는 기준 중위소득과 연동한 급여별 선정기준을 정하고 급여수준은 급여별로 적정한 수준을 재설정하는 방식을 취했다. 2015년 7월 시행 초기 급여별 선정기준은 생계급여는 기준 중위소득의 28%(2017년까지 30%로 단계적 상향), 의료급여는 40%, 주거급여는 43%, 교육급여는 50%로 설정하여 소득인정액이 각 급여별 선정기준 이하인 가구를 수급자로 선정하였다.

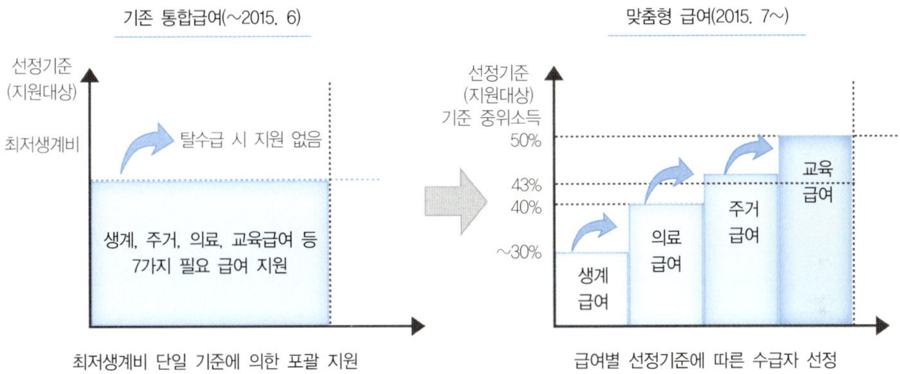

|그림 12-1| **맞춤형 개별급여체계 개편 개념도**

출처 : 보건복지부. 2016년 보건복지백서, p. 73.

〈표 12-1〉 국민기초생활보장제도의 주요 연혁

날 짜	주요 내용
1999. 9. 7.	• 국민기초생활보장법 제정
1999. 9. 28.	• 별정직 사회복지전문요원을 사회복지직렬의 사회복지전담공무원으로 전환 – 자산조사 등의 시스템 구축 준비
2000. 3. 15. ~ 2000. 4. 15.	• 모의적용사업 실시 – 서울시 강남구 수서동, 경기도 평택시 평택읍 2개 지역
2000. 10. 1.	• 국민기초생활보장제도 실시 • 자활사업 실시
2003. 1. 1.	• 재산의 소득환산제 시행 – 수급자 선정 시 소득인정액(소득평가액+재산의 소득환산액) 적용
2004. 3. 5.	• 부양의무자 범위 축소(2005년 7월 1일부터 적용) – 수급권자의 1촌의 직계혈족 및 그 배우자, 생계를 같이하는 2촌 이내의 혈족
2005. 12. 31.	• 부양의무자 범위 축소 (2007년 1월 1일부터 적용) – 수급권자의 1촌의 직계혈족 및 그 배우자
2014. 12. 30.	• 통합급여 체계를 맞춤형 개별급여 체계로 전환(2015년 7월 1일 시행) – 선정기준선의 다층화(급여별로 기준 중위소득 연동비율 설정)

3. 실시상의 운용원칙

1) 신청보호의 원칙

신청보호의 원칙은 공공부조의 수급권자가 되기 위해서는 신청을 해야 한다는 것이다. 국민기초생활보장법 제21조 제1항에는 "수급권자와 그 친족, 그 밖의 관계인은 관할 시장 · 군수 · 구청장에게 수급권자에 대한 급여를 신청할 수 있다"고 규정되어 있어 신청보호의 원칙을 명시하고 있다. 다만, 사회복지 전담공무원은 이 법에 따른 급여를 필요로 하는 사람이 누락되지 않도록 관할지역에 거주하는 수급권자에 대한 급여를 직권으로 신청할 수 있다(직권주의 병행).

이 경우 수급권자의 동의를 구하여야 하며 수급권자의 동의는 수급권자의 신청으로 볼 수 있다.

2) 급여기준과 정도의 원칙

급여기준과 정도의 원칙은 공공부조에 있어 급여의 기준과 정도는 건강하고 문화적인 최저생활을 유지할 수 있는 수준이어야 한다는 것을 의미한다. 최저한의 생활보장은 본인의 수입이나 자산으로 충당할 수 있는 부분을 뺀 부족분만을 보충하는 것을 의미한다. 그리고 급여의 기준은 수급자의 연령, 가구 규모, 거주 지역, 그 밖의 생활여건 등을 고려하여 급여의 종류별로 정한다.

3) 필요즉응(必要卽應)의 원칙

필요즉응의 원칙은 공공부조는 수급권자의 연령, 성별, 건강상태에 따라 개인 또는 세대가 실제적으로 필요한 것을 고려하여 유효하고 적절하게 급여를 실시해야 한다는 원칙이다. 이는 '급여기준과 정도의 원칙'에 대한 보완적 성격의 원리로 급여에 대한 개별성과 구체성을 의미한다.

4) 개별가구 단위의 원칙

개별가구 단위의 원칙은 공공부조의 보호는 개별가구 단위로 하여 그 보호의 필요 여부 및 정도를 정해야 한다는 것이다. 다만, 급여를 개별가구 단위로 실시하되, 특히 필요하다고 인정하는 경우에는 개인 단위로 실시할 수 있다.

5) 현금급여의 원칙

현금급여의 원칙은 공공부조의 급여(생계급여)는 원칙적으로 현금으로 지급해야 한다는 것이다. 다만, 금전으로 지급할 수 없거나 금전으로 지급하는 것이 적당하지 아니하다고 인정하는 경우에는 물품을 지급할 수 있다.

6) 거택보호의 원칙

거택보호의 원칙은 보호의 제공은 수급자의 주거에서 실시하는 것을 의미한다. 다만, 수급자가 주거가 없거나 주거가 있어도 그곳에서는 급여의 목적을 달성할 수 없는 경우 또는 수급자가 희망하는 경우에는 수급자를 보장시설이나 타인의 가정에 위탁하여 급여를 실시할 수 있다.

7) 가족부양우선의 원칙

가족부양우선의 원칙은 피보호자에게 부양의무자가 있는 경우 급여에 우선하여 먼저 부양의무 이행이 우선되어야 한다는 것이다. 부양의무자는 수급권자의 1촌의 직계혈족(부모, 아들, 딸) 및 그 배우자(며느리, 사위, 계부, 계모)를 말한다. 다만, 사망한 1촌의 직계혈족의 배우자는 부양의무자 범위에서 제외된다.

8) 타법 우선의 원칙

타법 우선의 원칙은 공공부조법 이외의 다른 법률에서 정한 보호는 공공부조법에 의한 보호에 우선하여 적용된다는 것이다. 국민기초생활보장법 제3조 제2항에 의하면, “부양의무자의 부양과 다른 법령에 따른 보호는 이 법에 따른 급여에 우선하여 행하여지는 것으로 한다. 다만, 다른 법령에 따른 보호의 수준이 이 법에서 정하는 수준에 이르지 아니하는 경우에는 나머지 부분에 관하여 이 법에 따른 급여를 받을 권리를 잃지 아니한다”고 명시되어 있어 타법 우선의 원칙을 적용하고 있다. 즉, 국민기초생활보장법은 다른 법률에서 정한 보호를 우선적으로 받고 난 후 최종적으로 적용되는 공공부조법이다.

4. 적용대상

1) 수급권자 선정기준

수급권자는 국민기초생활보장법에 따른 급여를 받을 수 있는 자격을 가진 사람을 말한다. 수급권자가 되려면 가구의 소득인정액이 급여별 선정기준 금액(보건복지부장관이 중앙생활보장위원회의 심의·의결을 거쳐 결정) 이하인 사람으로서, 부양의무자가 없거나 부양의무자가 있어도 부양능력이 없거나 부양을 받을 수 없는 자이다. 즉, 근로능력과 연령에 관계없이 가구의 소득인정액과 부양의무자 기준을 동시에 충족해야 한다. 다만, 부양의무자 기준은 단계적으로 완화되거나 폐지되어 현재는 생계급여,[1] 주거급여, 교육급여는 부양의무자 기준이 적용되지 않고 있다(의료급여만 적용).

(1) 소득인정액 기준

가구별 소득인정액은 가구원의 소득평가액과 재산의 소득환산액을 합하여 산정한다. 소득평가액은 개별가구의 실제 소득에서 장애·질병·양육 등 가구 특성에 따른 지출요인, 근로유인요인(근로소득 공제), 그 밖의 추가적 지출요인을 공제하여 산정한다. 그리고 재산의 소득환산액은 개별가구의 재산가액(일반재산, 금융재산, 자동차)에서 기본재산 및 부채를 공제한 금액에 재산종류별 소득환산율을 곱하여 산정한다.

---

1) 부양의무자의 연간 소득이 1억 3천만 원을 초과하거나 재산이 12억 원을 초과하는 경우는 생계급여의 수급권자가 될 수 없다.

〈표 12-2〉 소득인정액 산정방식

<table>
<tr><td colspan="2">소득인정액 = ① 소득평가액 + ② 재산의 소득환산액</td></tr>
<tr><td colspan="2">① 소득평가액 = 실제소득 – 가구특성별 지출비용 – 근로소득공제</td></tr>
<tr><td>실제소득</td><td>근로소득, 사업소득, 재산소득, 이전소득(공적, 사적), 부양비(의료급여에 한함)</td></tr>
<tr><td>가구특성별 지출비용</td><td>장애인, 아동, 만성질환자 중 특별히 생계비가 많이 소요되는 가구에 지원하는 비용(장애인연금, 장애수당, 양육수당, 만성질환자의 지속적 의료비 등)</td></tr>
<tr><td>근로소득공제</td><td>근로소득에 대해 30% 공제</td></tr>
<tr><td colspan="2">② 재산의 소득환산액 = (재산가액 – 기본재산액 – 부채) × 재산종류별 소득환산율</td></tr>
<tr><td>재산가액</td><td>▸ 재산의 종류 : 일반재산(주거용 재산), 금융재산, 자동차[2]
– 일반재산의 범위는 토지, 주택 등
– 일반재산 중 주거용 재산의 인정 범위(주거용 재산 소득환산율 적용)
<table><tr><td>서울</td><td>경기</td><td>광역 · 세종 · 창원</td><td>그 외 지역</td></tr><tr><td>1억 7,200만 원</td><td>1억 5,100만 원</td><td>1억 4,600만 원</td><td>1억 1,200만 원</td></tr></table>– 금융재산의 범위는 현금 및 금융자산, 보험상품 등
– 자동차는 승용자동차, 승합자동차, 화물자동차, 특수자동차, 이륜자동차 등</td></tr>
<tr><td>기본재산액</td><td>▸ 기본적 생활유지에 필요하다고 인정되어 소득환산액에서 제외되는 재산가액
<table><tr><td>서울</td><td>경기</td><td>광역 · 세종 · 창원</td><td>그 외 지역</td></tr><tr><td>9,900만 원</td><td>8,000만 원</td><td>7,700만 원</td><td>5,300만 원</td></tr></table>– 재산가액에서 기본재산액 공제 순서(주거용 재산 → 일반재산 → 금융재산)</td></tr>
<tr><td>부 채</td><td>– 공공기관의 대출금, 법에 근거한 공제회 대출금, 법원에 의하여 확인된 사채(판결문, 화해 · 조정조서) 등</td></tr>
<tr><td>재산의 소득환산율</td><td>– 일반재산 : 월 4.17%, 주거용 재산 : 월 1.04%, 금융재산 : 월 6.26%, 자동차 : 월 100%[3]</td></tr>
</table>

출처 : 보건복지부. 2025년 기초생활보장사업안내.

2) 재산의 범위에서 제외하는 자동차(시행령 제5조의4 별표 1)

1. 「장애인복지법」 제39조 및 같은 법 시행규칙 제26조의 규정에 의한 장애인사용자동차로서 장애의 정도가 심한 장애인인 수급(권)자 본인의 직접적 이동수단으로 활용되고 있는 배기량 2,000cc 미만의 자동차 1대

수급권자가 되기 위해서는 산정된 가구별 소득인정액이 각 급여별 선정기준 이하이어야 한다. 2026년 기준 급여별 선정기준을 살펴보면, 생계급여는 기준 중위소득의 32%, 의료급여는 기준 중위소득의 40%, 주거급여는 기준 중위소득의 48%, 교육급여는 기준 중위소득의 50%이다. 해산급여와 장제급여는 생계급여, 주거급여, 의료급여 중 하나 이상의 급여를 받는 수급자에게 주어지고(교육급여 수급자는 제외), 자활급여는 생계급여를 받는 자에게 주어진다.

〈표 12-3〉 **급여종류별 기준 중위소득 및 수급자 선정기준(2026년)**

(단위 : 원/월)

구 분	1인 가구	2인 가구	3인 가구	4인 가구	5인 가구
기준 중위소득	2,564,238	4,199,292	5,359,036	6,494,738	7,556,719
생계급여 (기준 중위소득의 32%)	820,556	1,343,773	1,714,892	2,078,316	2,418,150
의료급여 (기준 중위소득의 40%)	1,025,695	1,679,717	2,143,614	2,597,895	3,022,688
주거급여 (기준 중위소득의 48%)	1,230,834	2,015,660	2,572,337	3,117,474	3,627,225
교육급여 (기준 중위소득의 50%)	1,282,119	2,099,646	2,679,518	3,247,369	3,778,360

출처 : 보건복지부 보도자료(2025. 7. 31).

---

2. 「국가유공자 등 예우 및 지원에 관한 법률」 제6조의4에 따라 상이등급 1급부터 3급까지의 판정을 받은 수급(권)자 또는 「보훈보상대상자 지원에 관한 법률」 제6조에 따라 상이등급 1급부터 3급까지의 판정을 받은 수급(권)자 본인의 직접적 이동수단으로 활용되고 있는 배기량 2,000cc 미만의 자동차 1대
3. 생계유지를 위한 직접적인 수단이 되는 자동차 1대(배기량 2,000cc 미만의 승용차, 11인승 이상의 승합차, 화물자동차, 특수자동차 등)

3) 일반재산 환산율(4.17%)을 적용하는 자동차(시행령 제5조의4의 별표 2)
장애인사용자동차로서 배기량 2,000cc 미만의 승용차, 11인승 이상 15인승 이하의 승합차, 1톤 이하의 화물자동차, 장애의 정도가 심한 장애인인 수급자 본인이 직접적인 이동수단으로 활용하고 있는 배기량 2,500cc 미만 자동차, 배기량 260cc 이하의 이륜자동차 등

※ 기준 중위소득
• 기준 중위소득이란 보건복지부장관이 급여의 기준 등에 활용하기 위하여 중앙생활보장위원회의 심의 · 의결을 거쳐 고시하는 국민 가구소득의 중위 값을 말한다. • 기준 중위소득은 통계청이 공표하는 통계자료의 가구 경상소득(근로소득, 사업소득, 재산소득, 이전소득을 합산한 소득)의 중간값에 최근 가구소득 평균 증가율, 가구규모에 따른 소득수준의 차이 등을 반영하여 가구규모별로 산정한다.

(2) 부양의무자 기준

부양의무자는 수급권자의 1촌의 직계혈족(부모, 아들, 딸) 및 그 배우자(며느리, 사위, 계부, 계모)를 말한다. 다만, 사망한 1촌의 직계혈족의 배우자는 부양의무자 범위에서 제외된다(배우자가 사망한 며느리, 사위, 계부, 계모). 부양의무자 기준이란 ① 부양의무자가 없는 경우, ② 부양의무자가 있어도 부양능력이 없는 경우, ③ 부양의무자가 부양능력이 미약한 경우로서 일정한 금액의 부양비를 부과하는 조건으로 부양능력이 없는 것으로 인정하는 경우, ④ 부양능력 있는 부양의무자가 있어도 부양을 받을 수 없는 경우를 말한다. 이 네 가지 중 어느 하나에 해당되면 부양의무자 기준을 충족하게 된다.

부양의무자가 없는 경우에는 당연히 부양의무자 기준이 충족된다고 할 수 있다. 그러나 부양의무자가 있는 경우는 부양의무자의 부양능력이 없거나 또는 부양능력이 미약하다는 것과 부양을 받을 수 없다는 것이 법적인 판단기준에 의해 인정이 되어야만 부양의무자 기준을 충족하게 된다.

부양의무자 기준 적용은 단계적으로 완화되거나 폐지되어 왔다. 먼저 2015년 1월부터 교육급여의 부양의무자 기준을 초 · 중등교육법(제60조의4)에 따른 교육비 지원과의 연계 · 통합을 위하여 미적용하였고, 2018년 10월에는 주거급여의 부양의무자 기준을 폐지하였다.

생계급여에 대한 부양의무자 기준도 2017년 이후 단계적으로 완화되었는데, 2017년 11월에는 수급자 및 부양의무자 가구에 노인 또는 중증장애인이 모두 포함된 경우 부양의무자 기준 적용을 제외하였고, 2019년 1월에는 부양의무자

가구에 중증장애인 및 노인이 포함되어 있는 경우 부양의무자 기준을 완화하였다. 2020년 1월부터는 수급자 가구에 중증장애인이 있거나, 한부모가구(30세 미만)인 경우, 2021년 1월부터는 수급자 가구에 노인이 있거나, 한부모가구(30세 이상도 포함)인 경우 생계급여 부양의무자 기준 적용을 제외하였다. 그리고 2021년 10월부터는 생계급여에 대한 부양의무자 기준을 전면 폐지하였다. 다만, 부모 또는 자녀 가구가 연 기준 1억 3천만 원을 초과하는 고소득이거나, 12억 원을 초과하는 재산을 소유하고 있는 경우는 생계급여 대상에서 제외된다(보건복지부, 2025).

※ 생계급여 부양의무자 기준 단계적 폐지 절차	
2017. 11.	수급(권)자 및 부양의무자 가구에 중증장애인 또는 노인이 모두 포함된 경우
2019. 1.	부양의무자 가구에 중증장애인 또는 가구에 노인이 포함된 경우
2020. 1.	수급(권)자 가구에 중증장애인이 있거나, 한부모가구(만 30세 미만)인 경우
2021. 1.	수급(권)자 가구에 노인 · 한부모가구(30세 이상도 포함)가 포함된 경우
2021. 10.	생계급여 부양의무자 기준 폐지 완료

2) 외국인에 대한 특례

대한민국 국민과 혼인하여 본인 또는 배우자가 임신 중이거나, 대한민국 국적의 미성년 자녀를 양육하고 있거나, 배우자의 대한민국 국적인 직계존속과 생계나 주거를 같이하고 있거나, 대한민국 국민인 배우자와 이혼하거나 그 배우자가 사망한 사람으로서 대한민국 국적의 미성년 자녀를 양육하고 있는 사람 또는 사망한 배우자의 태아를 임신하고 있는 사람으로서 국민기초생활보장법에 따른 급여를 받을 수 있는 자격을 가진 경우에는 수급권자가 된다.

5. 급여내용

1) 급여의 기본 원칙

급여의 기본 원칙은 다음과 같다(법 제3조). 첫째, 급여는 수급자가 자신의 생활의 유지·향상을 위하여 그의 소득, 재산, 근로능력 등을 활용하여 최대한 노력하는 것을 전제로 이를 보충·발전시키는 것을 기본 원칙으로 한다. 이는 공공부조의 운영원칙에서 보충성의 원칙과 자립지원의 원칙을 의미한다. 둘째, 부양의무자의 부양과 다른 법령에 따른 보호는 이 법에 따른 급여에 우선하여 행하여지는 것으로 한다. 다만, 다른 법령에 따른 보호의 수준이 이 법에서 정하는 수준에 이르지 아니하는 경우에는 나머지 부분에 관하여 이 법에 따른 급여를 받을 권리를 잃지 아니한다. 이는 국민기초생활보장제도가 가족부양과 타급여 우선을 원칙으로 한다는 것을 의미한다.

2) 급여의 기준

급여의 기준은 다음과 같다(법 제4조). 첫째, 급여는 건강하고 문화적인 최저생활을 유지할 수 있는 것이어야 한다. 둘째, 급여의 기준은 수급자의 연령, 가구 규모, 거주 지역, 그 밖의 생활여건 등을 고려하여 급여의 종류별로 보건복지부장관이 정하거나 급여를 지급하는 소관 중앙행정기관의 장이 보건복지부장관과 협의하여 정한다. 셋째, 보장기관은 이 법에 따른 급여를 개별가구 단위로 실시하되, 특히 필요하다고 인정하는 경우에는 개인 단위로 실시할 수 있다.

3) 급여의 신청절차

국민기초생활보장 급여의 신청절차는 다음과 같다.

급여의 신청	• 급여는 수급권자와 그 친족 및 기타 관계인이 관할 시장 · 군수 · 구청장(보장기관의 장)에게 신청하는 것을 원칙으로 한다(신청주의 원칙). • 또한 사회복지전담공무원은 급여를 필요로 하는 사람이 누락되지 않도록 관할지역에 거주하는 수급권자(생활이 어려우나 급여신청을 하지 않았거나 신청서를 작성할 수 없는 사람)에 대한 급여를 본인의 동의를 얻어 직권으로 신청할 수 있다(직권주의 병행).

↓

신청에 의한 조사	• 시장 · 군수 · 구청장은 급여신청이 있는 경우에 사회복지전담공무원으로 하여금 급여의 결정 및 실시 등에 필요한 내용을 조사하게 하거나, 수급권자에게 보장기관이 지정하는 의료기관에서 검진을 받게 할 수 있다. ※ 조사내용 ① 부양의무자의 유무 및 부양능력 등 부양의무자와 관련된 사항 ② 수급권자 및 부양의무자의 소득 · 재산에 관한 사항 ③ 수급권자의 근로능력, 취업상태, 자활욕구 등 자활지원계획 수립에 필요한 사항 ④ 그 밖에 수급권자의 건강상태, 가구 특성 등 생활실태에 관한 사항

↓

급여의 결정과 통지	• 시장 · 군수 · 구청장은 수급자와 부양의무자에 대하여 필요한 조사를 실시한 후 그 결과에 따라 지체 없이 급여실시 여부와 급여내용을 결정하여야 한다. • 이때 생계급여, 의료급여, 주거급여에 대한 결정은 시장 · 군수 · 구청장이 실시하고, 교육급여의 결정은 시 · 도 교육감이 실시한다. • 급여가 결정이 되면 그 결정의 요지, 급여의 종류 · 방법 및 급여의 개시 시기 등을 급여의 신청일로 30일 이내(특별한 사유가 있는 경우 60일 이내)에 수급권자 또는 신청인에게 서면으로 통지하여야 한다.

4) 급여의 종류

급여의 종류에는 생계급여, 의료급여, 주거급여, 교육급여, 해산급여, 장제급여, 자활급여가 있다. 이 중 주거급여는 국토교통부장관이, 교육급여는 교육부장관이 담당하고, 나머지 급여는 보건복지부장관이 주관한다.

(1) 생계급여

생계급여는 수급자에게 의복, 음식물 및 연료비와 기타 일상생활에 기본적으로 필요한 금품을 지급하여 그 생계를 유지하도록 하는 급여이다. 생계급여 수급권자는 부양의무자가 없거나, 부양의무자가 있어도 부양능력이 없거나 부양을 받을 수 없는 사람으로서 그 소득인정액이 중앙생활보장위원회의 심의·의결을 거쳐 결정하는 생계급여 선정기준 이하인 사람이어야 한다. 2026년 기준 생계급여 선정기준은 기준 중위소득의 32%이다.

생계급여의 최저보장수준은 생계급여와 소득인정액을 포함하여 생계급여 선정기준 이상이 되도록 하여야 한다. 가구별 생계급여는 가구별 생계급여 선정기준액에서 가구의 소득인정액을 차감한 금액을 지급한다. 따라서 가구의 소득인정액이 전혀 없는 사람은 가구별 생계급여 선정기준액 전액을 생계급여로 받게 된다.

- 가구별 생계급여 = 가구별 생계급여 선정기준액(기준 중위소득의 32%) − 소득인정액
- 생계급여의 최저보장수준(생계급여 + 소득인정액) ≥ 가구별 생계급여 선정기준액

〈표 12-4〉 **가구별 기준 중위소득과 생계급여 선정기준(2026년)**

(단위 : 원/월)

구 분	1인 가구	2인 가구	3인 가구	4인 가구	5인 가구
기준 중위소득	2,564,238	4,199,292	5,359,036	6,494,738	7,556,719
생계급여 (기준 중위소득의 32%)	820,556	1,343,773	1,714,892	2,078,316	2,418,150

출처 : 보건복지부 보도자료(2025. 7. 31).

생계급여는 매월 정기적으로 지급하여야 하며 금전을 지급하는 것을 원칙으로 한다. 다만, 금전으로 지급할 수 없거나 금전으로 지급하는 것이 적당하지 아니하다고 인정하는 경우에는 물품을 지급할 수 있다. 한편 18세 이상 64세 이하의 수급자 중 근로능력이 있는 수급자의 경우 자활사업에 참가할 것을 조건으로 생계급여를 지급할 수 있다(조건부수급자).

※ 최저보장수준

- 최저보장수준이란 국민의 소득 · 지출 수준과 수급권자의 가구유형 등 생활실태, 물가상승률 등을 고려하여 급여의 종류별로 공표하는 금액이나 보장수준을 말한다.
- 생계급여의 최저보장수준은 생계급여와 소득인정액을 포함하여 생계급여 선정기준 이상이 되도록 하여야 한다.
- 보건복지부장관 또는 소관 중앙행정기관의 장은 매년 8월 1일까지 중앙생활보장위원회의 심의 · 의결을 거쳐 다음 연도의 급여 종류별 수급자 선정기준 및 최저보장수준을 공표하여야 한다.
- 생계급여, 의료급여, 해산급여, 장제급여, 자활급여의 수급자 선정기준 및 최저보장수준은 보건복지부장관이, 주거급여는 국토교통부장관이, 교육급여는 교육부장관이 결정한다.

(2) 의료급여

의료급여는 수급권자의 질병 · 부상 · 출산 등에 대해 진찰 · 검사, 약제 · 치료재료의 지급, 처치 · 수술과 그 밖의 치료, 예방 · 재활, 입원, 간호, 이송 등의 의료서비스를 제공하는 급여이다. 의료급여는 생활유지 능력이 없거나 생활이 어려운 저소득 국민의 의료문제를 국가가 보장하는 공공부조제도로서 국민건강보험과 함께 국민 의료보장의 중요한 수단이 된다. 의료급여는 별도의 법률인 의료급여법에 따른다. 의료급여법은 2001년 5월 24일 기존의 의료보호법이 의료급여법으로 개정됨에 따라 국민기초생활보장 수급자는 의료급여법에 의해 의료보장을 받게 되었다.

의료급여 수급권자는 부양의무자가 없거나, 부양의무자가 있어도 부양능력이 없거나 부양을 받을 수 없는 사람으로서 그 소득인정액이 중앙생활보장위원회의 심의 · 의결을 거쳐 결정하는 의료급여 선정기준 이하인 사람이어야 한다.

2026년 기준 의료급여 선정기준은 기준 중위소득의 40%이다.

〈표 12-5〉 가구별 기준 중위소득과 의료급여 선정기준(2026년) (단위 : 원/월)

구 분	1인 가구	2인 가구	3인 가구	4인 가구	5인 가구
기준 중위소득	2,564,238	4,199,292	5,359,036	6,494,738	7,556,719
의료급여 (기준 중위소득의 40%)	1,025,695	1,679,717	2,143,614	2,597,895	3,022,688

출처 : 보건복지부 보도자료(2025. 7. 31).

의료급여 수급권자는 1종과 2종으로 구분된다. 1종 수급권자는 국민기초생활보장법에 의한 수급권자, 의료급여법에 의한 수급권자, 그리고 타법에 의한 수급권자가 있다. 그리고 2종 수급권자는 국민기초생활보장 대상자 중 1종 수급 대상이 아닌 자와 기타 보건복지부장관이 필요하다고 인정하는 자이다.

〈표 12-6〉 종별 의료급여 수급권자 유형 및 선정기준

종 별	수급권자 유형	선정기준
1종	국민기초생활보장법	• 아래의 어느 하나에 해당하는 자 또는 근로능력 없는 구성원 가구 – 18세 미만이거나 65세 이상인 자, 또는 중증장애인 – 질병, 부상 또는 그 후유증으로 치료나 요양이 필요한 사람 중에서 시장 · 군수 · 구청장이 근로능력평가를 통해 근로능력이 없다고 판정한 사람 – 임신 중에 있거나 분만 후 6개월 미만인 자 – 병역의무 이행 중인 자
		• 보장시설에서 급여를 받고 있는 자
		• 결핵질환, 희귀난치성질환 또는 중증질환을 가진 자
	의료급여법	• 행려환자

	타 법	• 이재민(재해구호법)
		• 의사상자(의사상자 등 예우 및 지원에 관한 법률)
		• 국내에 입양된 18세 미만의 아동(입양특례법)
		• 국가유공자(독립유공자 예우에 관한 법률 등)
		• 국가무형문화재 보유자(무형문화재 보전 및 진흥에 관한 법률)
		• 북한이탈주민(북한이탈주민의 보호 및 정착지원에 관한 법률)
		• 5 · 18 민주화운동 관련자(5 · 18 민주화운동 관련자 보상에 관한 법률)
		• 노숙자(노숙인 등의 복지 및 자립지원에 관한 법률)
2종	• 국민기초생활보장 대상자 중 1종 수급대상이 아닌 가구(근로능력 있는 구성원 가구)	
	• 기타 보건복지부장관이 필요하다고 인정하는 자	

출처 : 의료급여법 시행령 제3조; 보건복지부. 2025년 의료급여사업안내.

의료급여는 의료급여기관에서 실시하여야 하며, 의료급여기관의 종류는 제1차 의료급여기관, 제2차 의료급여기관, 제3차 의료급여기관으로 구분된다.

〈표 12-7〉 의료급여기관의 종류

구 분	의료급여기관
제1차 의료급여기관	• 의료법에 따라 시 · 군 · 구청장에게 개설신고를 한 의료급여기관(의원, 치과의원, 한의원, 조산원) • 지역보건법에 따라 설치된 보건소, 보건의료원, 보건지소 • 농어촌 등 보건의료를 위한 특별조치법에 따라 설치된 보건진료소 • 약사법에 따라 등록된 약국 및 한국희귀의약품 센터
제2차 의료급여기관	• 의료법에 따라 시 · 도지사가 개설허가를 한 의료기관(병원, 치과병원, 한방병원, 요양병원, 종합병원)
제3차 의료급여기관	• 제2차 의료급여기관 중에서 보건복지부장관이 지정하는 의료기관(상급종합병원)

출처 : 의료급여법 제9조 제2항.

의료급여기관 이용절차에 있어 의료급여 수급권자는 원칙적으로 제1차 의료급여기관에서 진료를 받을 수 있으며, 제2차 또는 제3차 의료급여기관의 진료가 필요한 경우 의료급여의뢰서를 발급받아 단계적으로(제1차 → 제2차 → 제3차) 의료기관을 이용할 수 있다. 의료급여의뢰서를 발급받은 수급권자는 발급받은 날부터 7일(공휴일을 제외) 이내에 제2차 의료급여기관 또는 제3차 의료급여기관에 이를 제출하여야 한다. 의료급여의뢰서를 발급받은 날부터 7일 이내에 진료를 예약하고 이후 진료를 받는 때에 의료급여의뢰서를 제출하는 경우에는 예약 접수일을 의료급여의뢰서 제출일로 본다.

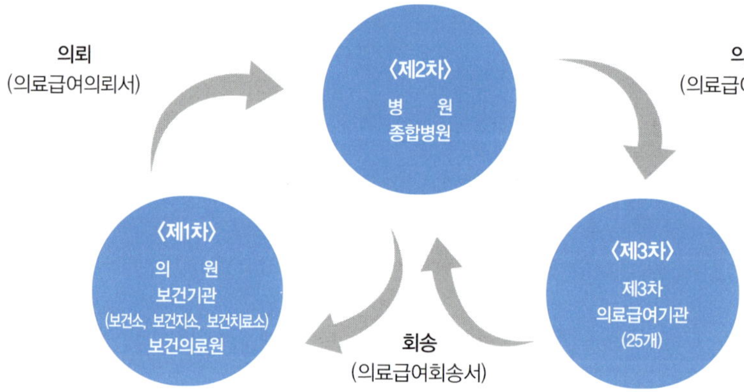

|그림 12-2| **의료급여기관 이용절차**

의료급여기관 비용은 대통령령이 정하는 바에 따라 그 전부 또는 일부를 의료기금에서 부담하되, 의료기금에서 일부를 부담하는 경우 그 나머지 비용은 수급자 본인이 부담한다. 본인부담금은 의료급여 종별(1종, 2종), 의료급여기관(제1차, 제2차, 제3차)과 의료급여 내용(입원, 외래)에 따라 다르게 적용된다.

〈표 12-8〉 **종별 의료급여 본인부담금 내용(2026년)**

구 분		제1차 (의원, 보건소)	제2차 (병원, 종합병원)	제3차 (상급병원)	약국 (처방전)	특수촬영장비 (CT, MRI, PET)	본인부담 상한액
1종	입원	없음	없음	없음	–	없음	매월 5만 원
	외래	1,000원	1,500원	2,000원	500원	5%	
2종	입원	10%	10%	10%	–	10%	연간 80만 원
	외래	1,000원	15%	15%	500원	15%	

출처 : 보건복지부 보도자료(2025. 7. 31).

(3) 주거급여

주거급여는 수급자에게 주거안정에 필요한 실제 임차료, 수선유지비, 그 밖의 수급품 등을 지급하는 급여를 말한다. 주거급여 수급권자는 소득인정액이 중앙생활보장위원회의 심의 · 의결을 거쳐 결정하는 주거급여 선정기준 이하인 사람이어야 한다. 2026년 기준 주거급여 선정기준은 기준 중위소득의 48%이다.

〈표 12-9〉 **가구별 기준 중위소득과 주거급여 선정기준(2026년)**

(단위 : 원/월)

구 분	1인 가구	2인 가구	3인 가구	4인 가구	5인 가구
기준 중위소득	2,564,238	4,199,292	5,359,036	6,494,738	7,556,719
주거급여 (기준 중위소득의 48%)	1,230,834	2,015,660	2,572,337	3,117,474	3,627,225

출처 : 보건복지부 보도자료(2025. 7. 31).

주거급여는 별도의 법률인 주거급여법에 의해 지급되며, 임차가구와 자가가구에 따라 다르게 지급된다. 임차가구란 타인의 주택에 거주하는 가구로, 임차가구에게는 지역 및 가족 수에 따라 산정한 기준임대료를 상한으로 실제 임차료(월임차료+보증금 환산액)를 지원한다. 보증금은 연 4%를 적용하여 월임차료로 환산한다. 임차료의 지급기준은 국토교통부장관이 수급자의 가구규모, 소득인정액, 거주형태, 임차료 부담수준 및 지역별 기준임대료 등을 고려하여 정한다.

〈표 12-10〉 **지역별 · 가구별 기준임대료(2026년)**

(단위 : 원/월)

구 분	1급지(서울)	2급지(인천/경기)	3급지(광역시/세종)	4급지(기타)
1인 가구	369,000	300,000	247,000	212,000
2인 가구	414,000	335,000	275,000	238,000
3인 가구	492,000	401,000	327,000	283,000
4인 가구	571,000	463,000	381,000	329,000
5인 가구	591,000	479,000	394,000	340,000
6인 가구	699,000	568,000	463,000	402,000

출처 : 보건복지부 보도자료(2025. 7. 31).

자가가구란 주택 등을 소유하고 그 집에 거주하는 가구로, 자가가구에게는 주택의 노후도(경 · 중 · 대보수로 구분)를 평가하여 도배, 난방, 지붕 등의 종합적인 수리를 위한 수선유지비를 지원한다. 수선유지비의 지급기준은 국토교통부장관이 수급자의 가구규모, 소득인정액, 수선유지비 소요액, 주택의 노후도 등을 고려하여 정한다.

〈표 12-11〉 **수선유지비 지원내용(2026년)**

구 분	수선비용	수선주기	수선예시
경보수	590만 원	3년	도배, 장판 등
중보수	1,095만 원	5년	오급수, 난방 등
대보수	1,601만 원	7년	지붕, 기둥 등

출처 : 국토교통부(2025). 2025년 주거급여사업안내.

(4) 교육급여

교육급여는 수급자에게 입학금, 수업료, 학용품비, 그 밖의 수급품을 지급하는 급여이다. 교육급여는 교육부장관이 소관하고 시 · 도교육청에서 보장업무를 실시한다. 교육급여 수급권자는 부양의무자가 없거나, 부양의무자가 있어도 부양능력이 없거나 부양을 받을 수 없는 사람으로서 그 소득인정액이 중앙생활보장위원회의 심의 · 의결을 거쳐 결정하는 교육급여 선정기준 이하인 사람이어야 한다. 다만, 교육급여 수급권자를 선정하는 경우에는 교육급여와 초 · 중등교육법의 교육비 지원과의 연계 · 통합을 위하여 부양의무자 기준을 충족하여야 함에도 불구하고 소득인정액이 교육급여 선정기준 이하인 사람을 수급권자로 본다. 2026년 교육급여 선정기준은 기준 중위소득의 50%이다.

〈표 12-12〉 **가구별 기준 중위소득과 교육급여 선정기준(2026년)**

(단위 : 원/월)

구 분	1인 가구	2인 가구	3인 가구	4인 가구	5인 가구
기준 중위소득	2,564,238	4,199,292	5,359,036	6,494,738	7,556,719
교육급여 (기준 중위소득의 50%)	1,282,119	2,099,646	2,679,518	3,247,369	3,778,360

출처 : 보건복지부 보도자료(2025. 7. 31).

교육급여는 초등학생, 중학생, 고등학생별로 그 지원내용이 다르게 적용된다. 초등학생과 중학생은 부교재비와 학용품비를 지급하고, 고등학생은 부교재비와 학용품비 외 입학금, 수업료, 교과서 금액을 지원한다.

〈표 12-13〉 **교육급여 지원내역(2026년)**

지원항목	학교급	지원금액	비고
교육활동 지원비	초	502,000원	연 1회 지급
	중	699,000원	
	고	860,000원	
교과서비	고	해당 학년의 정규 교육과정에 편성된 교과목의 교과서 금액 전체	고교 무상교육 미실시 학교 재학 시 실제 지출된 비용을 지원
입학금 및 수업료	고	연도별 · 급지별 학교장이 고지한 금액 전부	

출처 : 보건복지부 보도자료(2025. 7. 31).

(5) 해산급여

해산급여는 생계급여, 주거급여, 의료급여 중 하나 이상의 급여를 받는 수급자가 출산(출산예정 포함)한 경우 조산(助産), 분만 전과 분만 후에 필요한 조치와 보호를 위해 지급하는 급여이다. 해산급여는 출생아 1인당 70만 원(쌍둥이의 경우 140만 원)을 지급한다(교육급여만 받는 수급자는 제외).

(6) 장제급여

장제급여는 생계급여, 주거급여, 의료급여 중 하나 이상의 급여를 받는 수급자가 사망한 경우 사체의 검안(檢案) · 운반 · 화장 또는 매장, 그 밖의 장제조치를 행하는 데 필요한 비용을 지급하는 급여이다. 장제급여는 실제로 장제를 실시하는 사람에게 장제에 필요한 비용을 지급하는 것으로 한다. 다만, 그 비용을 지급할 수 없거나 비용을 지급하는 것이 적당하지 아니하다고 인정하는 경우에는 물품을 지급할 수 있다. 장제급여를 받으려는 자는 시장 · 군수 · 구청장에게 장제급여지급신청서를 제출하여야 한다. 장제급여는 수급자 사망 시 가구당 80만 원을 지급한다(교육급여만 받는 수급자는 제외).

(7) 자활급여

자활급여는 근로능력이 있는 수급자의 자활을 돕기 위하여 자활에 필요한 금품의 지급 또는 대여, 자활에 필요한 근로능력의 향상 및 기능습득의 지원, 취업알선 등 정보의 제공, 자활을 위한 근로기회의 제공, 자활에 필요한 시설 및 장비의 대여, 창업교육, 기능훈련 및 기술 · 경영지도 등 창업지원, 자활에 필요한 자산형성 지원, 그 밖에 대통령령으로 정하는 자활을 위한 각종 지원 등을 제공하는 급여를 의미한다. 자활급여는 관련 공공기관 비영리법인 · 시설과 그 밖에 대통령령으로 정하는 기관에 위탁하여 실시할 수 있으며, 이 경우 그에 드는 비용은 보장기관이 부담한다.

자활에 참여할 수 있는 대상자는 조건부수급자, 자활급여 특례자, 일반수급자, 특례수급가구의 가구원, 근로능력이 있는 차상위자, 근로능력이 있는 시설수급자들이다. 이 중 조건부수급자는 의무적으로 자활사업에 참여해야 하며, 그 외는 본인의 신청에 의해 임의적으로 자활사업에 참여할 수 있다.

〈표 12-14〉 **자활급여 참여대상**

<table>
<tr><th>구 분</th><th colspan="2">내 용</th><th>수급자 여부</th></tr>
<tr><td>의무 참여 대상자</td><td colspan="2">① 조건부수급자
– 자활사업 참여를 조건으로 생계급여를 지급받는 수급자(18세 이상 64세 이하의 근로능력자)
– 자활근로사업에는 생계급여의 조건이 자활근로인 조건부수급자를 우선적으로 선정하여야 함</td><td>기초생활 수급자</td></tr>
<tr><td rowspan="6">임의 참여 대상자</td><td colspan="2">② 자활급여 특례자
– 수급자(조건부 및 일반수급자)가 자활사업 및 취업성공 패키지(고용노동부)에 참가하여 발생소득이 기준 중위소득의 40%를 초과 한 사람</td><td rowspan="3">기초생활 수급자</td></tr>
<tr><td rowspan="2">③ 일반수급자</td><td>생계급여 수급자 중 근로능력이 없는 자</td></tr>
<tr><td>의료 · 주거 · 교육급여 수급자</td></tr>
<tr><td colspan="2">④ 특례수급가구의 가구원(의료급여 특례 등)</td><td rowspan="2">기초생활 비수급자</td></tr>
<tr><td colspan="2">⑤ 근로능력이 있는 차상위자(기준 중위소득의 50% 이하인 자)</td></tr>
<tr><td colspan="2">⑥ 근로능력이 있는 시설수급자</td><td>기초생활 수급자</td></tr>
</table>

출처 : 보건복지부(2024). 2024년 자활사업안내.

시장 · 군수 · 구청장은 수급자의 자활을 체계적으로 지원하기 위해 수급자의 자활역량 평가를 실시하여 등급을 산정하고 수급자가구별로 자활지원계획을 수립하고 그에 따라 급여를 실시하여야 한다. 가구별 자활계획이란 자활사업 대상자의 자립과 자활을 체계적으로 지원하기 위해 취업능력 평가, 욕구 및 참여여건 사정 등을 통하여 적합한 자활 프로그램 제공 및 평가 등을 수립하는 계획이다. 평가 결과 점수가 85점 이상인 자(집중취업지원 대상자)의 경우 고용센터에서 실시하는 국민취업지원제도 사업에 참여하여 자활급여를 받으며, 점수가 85점 미만인 자(집중취업지원 비대상자)는 지역자활센터와 지방자치단체 등에서 실시하는 자활근로 사업에 참여하여 급여를 받게 된다.

〈표 12-15〉 **자활역량 평가 점수별 참여사업**

<table>
<tr><th>평가점수</th><th colspan="2">자활사업</th><th>실시기관</th><th>기 준</th></tr>
<tr><td>85점 이상
(집중취업지원 대상자)</td><td colspan="2">국민취업지원제도</td><td>고용센터</td><td>• 근로 능력과 욕구가 높아 노동시장에서의 취업이 가능한 자</td></tr>
<tr><td rowspan="3">85점 미만
(근로능력 강화 대상자)</td><td rowspan="4">자활근로</td><td>시장진입형</td><td rowspan="3">지역자활센터,
민간위탁기관</td><td rowspan="3">• 자활근로 프로그램 참여 욕구가 높은 자
• 일용 · 임시직으로 직업 경험이 있는 자</td></tr>
<tr><td>인턴 · 도우미형</td></tr>
<tr><td>사회서비스형</td></tr>
<tr><td>55점 미만
(근로의욕 증진 대상자)</td><td>근로유지형</td><td>지자체,
지역자활센터</td><td>• 노동강도가 낮은 사업에 참여 가능한 자
• 간병, 양육 등 가구 여건상 관내 사업만 참여 가능한 자</td></tr>
</table>

출처 : 보건복지부(2025). 2025년 자활사업안내.

한편 수급자 및 차상위자의 자활촉진에 필요한 사업을 수행하기 위한 법인으로 한국자활복지개발원을 둘 수 있으며, 사회복지법인, 사회적협동조합 등 비영리법인과 단체를 법인의 신청을 받아 광역자활센터(시 · 도 단위)와 지역자활센터(시 · 군 · 구 단위)로 지정하여 둘 수 있다.

〈표 12-16〉 한국자활복지개발원과 자활센터의 주요업무

구 분	주요 업무
한국자활복지개발원	• 자활지원을 위한 사업의 개발 및 평가 • 자활지원을 위한 조사 · 연구 및 홍보 • 광역자활센터, 지역자활센터 및 자활기업의 기술 · 경영지도 및 평가 • 자활 관련 기관 간의 협력체계 및 정보 네트워크 구축 · 운영 • 취업 · 창업을 위한 자활촉진 프로그램 개발 및 지원 • 고용지원서비스의 연계 및 사회복지서비스의 지원 대상자 관리 • 국가 또는 지방자치단체로부터 위탁받은 자활 관련 사업 • 그 밖에 자활촉진에 필요한 사업으로서 보건복지부장관이 정하는 사업
광역자활센터	• 시 · 도 단위의 자활기업 창업지원 • 시 · 도 단위의 수급자 및 차상위자에 대한 취업 · 창업 지원 및 알선 • 지역자활센터 종사자 및 참여자에 대한 교육훈련 및 지원 • 지역특화형 자활 프로그램 개발 · 보급 및 사업개발 지원 • 지역자활센터 및 자활기업에 대한 기술 · 경영지도 • 그 밖에 자활촉진에 필요한 사업으로서 보건복지부장관이 정하는 사업
지역자활센터	• 자활의욕 고취를 위한 교육 • 자활을 위한 정보제공, 상담, 직업교육 및 취업알선 • 생업을 위한 자금융자 알선 • 자영창업 지원 및 기술 · 경영 지도 • 자활기업의 설립 · 운영 지원 • 그 밖에 자활을 위한 각종 사업

5) 수급자 현황

2024년 12월 기준 수급자 현황을 살펴보면, 총수급자는 2,673,485명(가구 수 1,983,796)이고, 이 중 생계급여를 받는 수급자는 1,693,703명, 의료급여를 받는 수급자는 1,480,193명, 주거급여를 받는 수급자는 2,499,650명, 교육급여를 받는 수급자는 304,300명으로 나타났다.

〈표 12-17〉 **급여별 수급자와 가구 수(2024년 12월)**

(단위 : 명, 가구)

구 분	계	생계급여	의료급여	주거급여	교육급여
수급자 수	2,673,485	1,693,703	1,480,193	2,499,650	304,300
가구 수	1,983,796	1,358,929	1,181,775	1,826,470	206,907

주 : 총수급자 수 및 가구 수는 시설수급자 포함, 각 급여별 중복을 제외한 숫자임
출처 : 보건복지부(2025). 2024년 국민기초생활보장 수급자 현황.

또한 최근 10년간의 수급자 수와 인구수 대비 수급률을 살펴보면, 수급자 수는 2015년 1,646천 명(수급률 3.2%), 2020년 2,134천 명(수급률 4.1), 2024년 2,673천 명(수급률 5.2%)으로 수급자 수와 수급률 모두 증가 추세를 나타내고 있다.

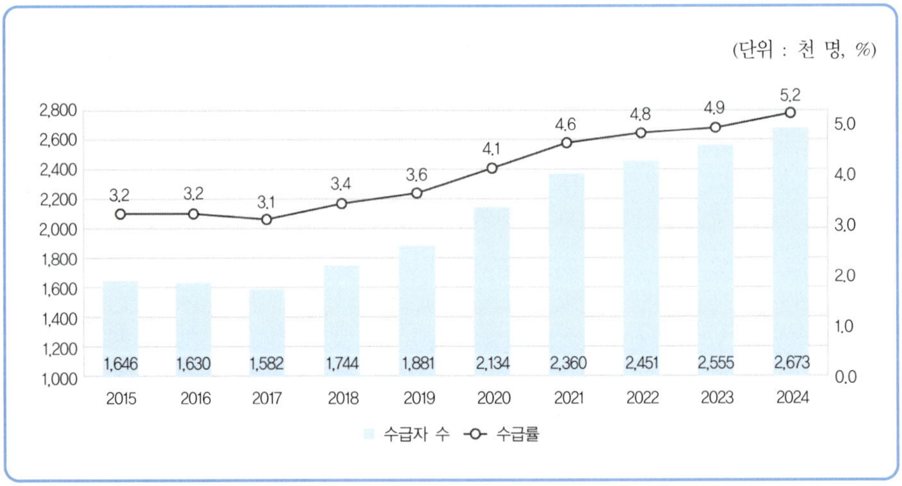

|그림 12-3| **연도별 수급자 수와 수급률 현황(2015년~2024년)**

출처 : e-나라지표(보건복지부 내부행정자료).

6. 재정(비용)

국민기초생활보장제도 실시에 따른 비용을 보장비용이라 하고, 보장비용은 보장업무에 드는 인건비와 사무비, 생활보장위원회의 운영에 드는 비용, 급여실시비용, 그 밖에 보장업무에 드는 비용을 말한다. 보장비용의 부담은 보장비용의 성격에 따라 다르게 적용된다.

첫째, 국가 또는 시 · 도가 직접 행하는 보장업무에 드는 비용은 국가 또는 해당 시 · 도가 부담한다.

둘째, 보건복지부장관, 소관 중앙행정기관의 장과 시 · 도지사가 수급자를 국가 또는 해당 지방자치단체가 경영하는 보장시설에 입소하게 하거나 다른 보장시설에 위탁하는 경우 급여실시 비용은 국가 또는 해당 시 · 도가 부담한다.

셋째, 시 · 군 · 구가 수행하는 보장업무에 드는 비용 중 보장업무에 드는 인건비와 사무비 및 생활보장위원회의 운영에 드는 비용은 해당 시 · 군 · 구가 부담한다.

넷째, 시 · 군 · 구가 행하는 급여실시 비용, 보장업무에 소용되는 비용은 시 · 군 · 구의 재정여건과 사회보장비 등을 고려하여 국가, 시 · 도 및 시 · 군 · 구가 차등 부담한다. 이 경우 국가는 시 · 군 · 구의 보장비용 총액 중 40% 이상 90% 미만을 부담하고, 시 · 도는 시 · 군 · 구 보장비용 총액 중 국가부담 분을 차감한 금액의 30% 이상 70% 이하를 부담하며, 시 · 군 · 구는 그 나머지를 부담한다.

7. 운영체계

1) 보장기관

보장기관이란 급여를 실시하는 기관으로, 수급권자 또는 수급자의 거주지를 관할하는 시 · 도지사 및 시장 · 군수 · 구청장(교육급여인 경우에는 시 · 도 교육감)을 의미한다. 보장기관은 수급권자 · 수급자 · 차상위계층에 대한 조사와 수급자

결정 및 급여의 실시 등에 대한 보장업무를 수행하기 위하여 사회복지전담공무원을 배치하도록 하고 있다.

2) 보장시설

보장시설이란 사회복지사업법에 따른 사회복지시설로서 보건복지부령으로 정하는 시설을 말한다. 보장시설은 국민기초생활보장법에 규정된 급여를 실시한다.

※ 사회복지사업법에 따른 사회복지시설(법 제32조)

- 장애인복지법에 따른 장애인 거주시설
- 노인복지법에 따른 노인주거복지시설 및 노인의료복지시설
- 아동복지법에 따른 아동복지시설 및 통합시설
- 「정신건강증진 및 정신질환자 복지서비스 지원에 관한 법률」에 따른 정신요양시설 및 정신재활시설
- 「노숙인 등의 복지 및 자립지원에 관한 법률」에 따른 노숙인재활시설 및 노숙인요양시설
- 「가정폭력방지 및 피해자보호 등에 관한 법률」에 따른 가정폭력피해자 보호시설
- 「성매매방지 및 피해자보호 등에 관한 법률」에 따른 성매매피해자 등을 위한 지원 시설
- 「성폭력방지 및 피해자보호 등에 관한 법률」에 따른 성폭력피해자보호시설
- 한부모가족지원법에 따른 한부모가족복지시설
- 사회복지사업법에 따른 사회복지시설 중 결핵 및 한센병요양시설
- 그 밖에 보건복지부령으로 정하는 시설

3) 생활보장위원회

생활보장위원회는 국민기초생활보장법에 의한 생활보장사업의 기획 · 조사 · 실시 등에 관한 사항을 심의 · 의결하기 위하여 보건복지부와 시 · 도 및 시 · 군 · 구에 각각 두는 기구이다. 보건복지부에 두는 생활보장위원회를 중앙생활보장위원회라고 하며, 위원장은 보건복지부장관이 되고, 위원장을 포함하여 16명 이내의 위원으로 구성된다. 시 · 도 및 시 · 군 · 구에 두는 생활보장위원회는 지

방생활보장위원회라고 하며, 위원장은 해당 시 · 도지사 또는 시장 · 군수 · 구청장이 된다.

<table>
<tr><th colspan="2">※ 생활보장위원회의 심의 · 의결사항</th></tr>
<tr><td>중앙
생활보장
위원회</td><td>• 보건복지부에 두는 생활보장위원회(법 제20조 제2항)
1. 기초생활보장 종합계획의 수립
2. 소득인정액 산정방식과 기준 중위소득의 결정
3. 급여의 종류별 수급자 선정기준과 최저보장수준의 결정
4. 급여기준의 적정성 등 평가 및 실태조사에 관한 사항
5. 급여의 종류별 누락 · 중복, 차상위계층의 지원사업 등에 대한 조정
6. 자활기금의 적립 · 관리 및 사용에 관한 지침의 수립
7. 그 밖에 위원장이 회의에 부치는 사항</td></tr>
<tr><td rowspan="2">지방
생활보장
위원회</td><td>• 시 · 도에 두는 지방생활보장위원회(시행령 제29조 제1항)
1. 시 · 도의 생활보장사업 기본 방향 및 시행계획의 수립에 관한 사항
2. 해당 시 · 도가 실시하는 급여에 관한 사항
3. 자활기금의 설치 · 운용에 관한 사항
4. 자활지원계획에 관한 사항
5. 그 밖에 시 · 도지사가 회의에 부치는 사항</td></tr>
<tr><td>• 시 · 군 · 구에 두는 지방생활보장위원회(시행령 제29조 제2항)
1. 시 · 군 · 구의 생활보장사업 기본 방향 및 시행계획의 수립에 관한 사항
2. 급여를 받을 자격이 있는 수급권자에 해당하지 아니하여도 생활이 어려운 사람의 보호를 위해 보건복지부장관 또는 소관중앙행정기관의 장이 정하는 급여의 결정에 관한 사항
3. 연간조사계획에 관한 사항
4. 해당 시 · 군 · 구가 실시하는 급여에 관한 사항
5. 자활기금의 설치 · 운용에 관한 사항
6. 자활지원계획에 관한 사항
7. 보장비용 징수 제외 및 결정, 금품의 반환 · 징수 · 감면 관련 사항 및 결손처분 관련 사항
8. 그 밖에 시장 · 군수 · 구청장이 회의에 부치는 사항</td></tr>
</table>

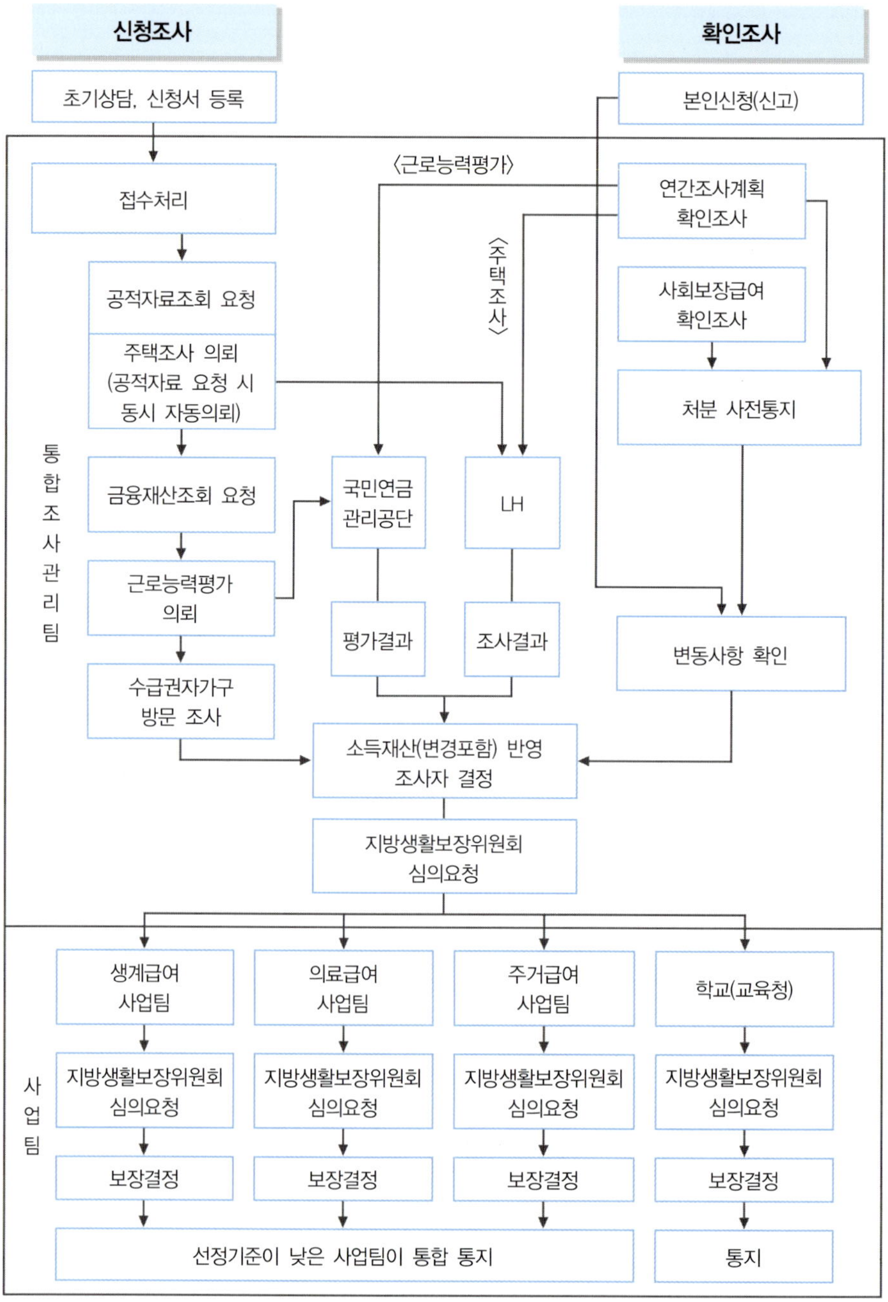

|그림 12-4| **국민기초생활보장제도 업무처리 프로세스**

출처 : 보건복지부(2025). 2025년 기초생활보장사업안내.

Chapter 13

기초연금과 장애인연금제도

1. 기초연금제도

1) 의의 및 목적

기초연금(Basic Pension)이란 국민연금을 가입하지 못했거나, 또는 가입기간이 짧아 충분한 연금을 받지 못하는 노인에게 정기적 · 안정적인 소득기반을 제공하여 생활안정을 지원하는 노후소득보장제도이다. 기초연금법 제1조에서는 “노인에게 기초연금을 지급하여 안정적인 소득기반을 제공함으로써 노인의 생활안정을 지원하고 복지를 증진함을 목적으로 한다”고 규정되어 있다. 과거 기초노령연금법에서는 생활이 어려운 노인을 대상으로 한 선별적 공공부조로 명시하였으나, 기초연금법에서는 ‘생활이 어려운’이라는 용어가 생략됨으로써 보편적 사회보장제도로서의 발전 가능성을 배제할 수 없다(김기원, 2016 : 557). 즉, 기초연금은 중하위소득 70% 노인에게 지급하기 때문에 소득인정액 심사를 하는 선별적 요소를 포함하고 있지만, 선별적 제도라기보다는 데모그란트적 급여 성격을 가진 준보편적 제도에 가깝다고 할 수 있다. 특히 기초노령연금에서 나타난 연금과 임시적 공공부조 사이의 애매모호한 정체성은 연금이라는 정체성으로 정리되었다고 평가되고 있다. 따라서 기초연금은 세대 간 이전(부양)을 담당하는 준보편적 무갹출 연금으로, 세대 간 계약(intergenerational contract)에 의해 노인 시민들에게 권리로 주어지는 급여의 성격을 갖는다(석재은, 2015b : 206).

2) 도입배경 및 발전과정

기초연금의 도입과정을 이해하기 위해서 우선 국민연금 개혁과정과 기초연금의 모체인 기초노령연금에 대해서 살펴볼 필요가 있다. 1988년 1월부터 도입된 국민연금은 급격한 고령화에 따른 기금안정화를 위한 목적으로 급여수준 축소를 내용으로 하는 두 차례의 제도개혁이 이루어졌다. 1998년 12월의 1차 개혁에서는 소득대체율을 70%에서 60%로 낮췄고, 2007년 7월의 2차 개혁에서는 다시 60%에서 50%로 축소하고, 2028년까지 단계적으로 인하하여 최종적으로 40%가 되도록 하였다. 이 과정에서 현세대 노령층 빈곤 완화에 기여하고, 국민연금의 사각지대 해소에 기여하는 목적으로 기초노령연금제도가 도입되어 2008년 7월부터 실시되었다(소득중하위 70% 이하의 노인). 이로써 노후보장체제가 국민연금과 기초노령연금의 이원체제가 되었다. 기초노령연금의 급여수준은 제도 도입 당시 국민연금 A값의 5%(약 9만 원)를 지급하고, 국민연금의 소득대체율이 40%가 되는 2028년까지 단계적으로 A값의 10%가 되도록 하였다.

이후 2012년 18대 대선이 치러지는 과정에서 여당의 박근혜 후보는 모든 노인에게 기초연금 월 20만 원 지급이라는 공약을 내걸었다. 당선 후 세대 이해를 대변하는 대표자와 노동 및 사용자 이해를 대표하는 위원들로 구성된 국민행복연금위원회가 구성(2013년 3~7월)되어 2013년 9월 25일 기초연금법 정부안이 발표되고, 국회와 정부로 구성된 여 · 야 · 정 협의체는 수차례 논의를 거쳐 2014년 4월 30일 절충안이 마련되었고, 2014년 5월 2일 기초연금법이 국회에서 통과되어 제정되었다(2014년 7월 1일 시행). 기존의 기초노령연금이 폐지되고 새로이 제정된 기초연금은 보편적으로 모든 노인에게 월 20만 원을 지급하겠다는 당초 공약과 달리 소득 중하위 70% 이하의 65세 이상 노인을 대상으로 국민연금 A급여(가입기간에 비례)에 따라 차등지급하되, 국민연금이 월 30만 원

이하[1)]인 노인에게는 A급여와 관계없이 기초연금 월 20만 원을 지급하도록 했다. 이로써 2014년 6월 기초노령연금으로 월 99,100원을 받던 노인은 2014년 7월부터 기초연금으로 월 20만 원을 받게 됨으로써 수령액이 2배로 오르게 되었다. 기초연금제도는 대선공약 파기라는 논란과 함께 국민연금 가입기간과 연계되는 지급구조에 국민연금 가입자들(특히 임의가입자들)의 반발도 거세었지만, 국민연금급여가 없거나 월 30만 원 이하인 저연금자에게는 기초연금 전액을 보장하는 방식으로 만들어졌다.

2014년 7월 제도 도입 시 기초연금의 기준연금액은 월 20만 원으로 설정하였지만, 현세대 노인의 빈곤 완화와 안정적인 노후소득보장 강화를 위해 정부는 기준연금액을 2018년 9월부터 월 25만 원으로 올린 후 2021년부터는 월 30만 원으로 인상하였다. 현재는 2021년의 기준연금액 월 30만 원을 기준으로 하여 매년 전국소비자물가변동률을 반영하여 기준연금액이 정해지고 있다.

3) 수급권자 선정기준

기초연금의 수급권자는 65세 이상인 사람으로서 소득인정액이 보건복지부 장관이 고시하는 선정기준액 이하인 사람이다. 직역연금(공무원, 사립학교교직원, 군인, 별정우체국직원) 수급권자와 그 배우자는 원칙적으로 기초연금 수급대상에서 제외한다. 다만, 직역재직 기간 10년 미만인 연계연금수급권자 및 그 배우자와 장해보상금, 유족연금일시금, 유족일시금을 받은 후 5년이 경과된 직역연금 수급권자 및 그 배우자는 수급대상에 포함된다.

보건복지부장관은 선정기준액을 정하는 경우 65세 이상인 사람 중 기초연금 수급자가 70% 수준이 되도록 하고 있다. 2025년 기준 일반수급자 선정기준액은 단독가구 월 228만 원, 부부가구 월 364.8만 원이며, 수급권자가 되기 위해서는 연령과 소득인정액이 기준이 되며 부양의무자 기준은 없다.

---

1) 2013년 기준 국민연금 수급자의 평균 연금액이 32만 원인 점을 감안한 것임(석재은, 2015a : 84).

소득인정액 = ① 월소득평가액 + ② 재산의 월소득환산액
① 월소득평가액 = {0.7 x (상시근로소득 - 112만 원)} + 기타 소득 – 근로소득 공제 : 상시근로소득에서 112만 원 공제 후 30% 추가 공제 – 기타 소득 : 사업소득, 재산소득, 공적이전소득, 사적이전소득(무료임차소득)
② 재산의 월소득환산액 = [{(일반재산 - 기본재산액) + (금융재산 – 2,000만 원) – 부채} × 재산의 소득환산율] + P – 기본재산 공제액 : 대도시 1억 3,500만 원, 중소도시 8,500만 원, 농어촌 7,250만 원 – 재산의 소득환산율 : 연 4% ÷ 12개월 – P : 고급자동차 및 회원권의 가액으로 월 100%의 재산소득환산율 적용 ※ 고급자동차 : 차량가액 4,000만 원 이상으로 차령 10년 미만

출처 : 보건복지부(2025). 2025년 기초연금사업안내.

4) 급여산정

기초연금 수급권자에 대한 기초연금액은 기준연금액과 국민연금 급여액 등을 고려하여 산정한다. 기준연금액은 보건복지부장관이 그 전년도의 기준연금액에 대통령령으로 정하는 바에 따라 전국소비자물가변동률을 반영하여 매년 고시한다.

〈표 13-1〉 기준연금액 고시액(2025년)

(단위 : 원)

구 분	금 액	비 고
기준연금액의 10%	34,250	최저연금액
기준연금액의 50%	171,250	부가연금액
기준연금액의 100%	342,510	기준연금액
기준연금액의 150%	513,760	
기준연금액의 200%	685,020	
기준연금액의 250%	856,270	

출처 : 보건복지부(2025). 2025년 기초연금사업안내.

기초연금의 산정은 기준연금액으로 산정하는 경우와 국민연금 · 연계연금 급여액으로 산정하는 경우로 구분된다.

(1) 기준연금액으로 산정하는 경우(기준연금 전액 수급)

기초연금 수급권자가 다음의 어느 하나에 해당할 경우 지급할 기초연금액은 기준연금액으로 산정한다.

- 공적연금(국민연금, 직역연금, 연계연금) 수급권이 없는 무연금자
- 국민연금법에 따른 장애연금 · 유족연금 수급권자
- 국민연금과 직역연금의 연계에 관한 법률에 따른 연계노령유족연금 수급권자
- 장애인연금 수급권자 및 국민기초생활보장 수급권자
- 국민연금 월급여액이 기준연금액의 150% 이하인 자(부양가족연금액 제외)

(2) 국민연금 · 연계연금 급여액(A급여액 등)으로 산정하는 경우

매월 지급받는 연금액이 기준연금액의 150%를 초과하는 국민연금 · 연계연금 수급권자[2]의 경우 연금 급여액 수준에 따라 감액하여 기초연금을 산정하게 되는데 이 경우 국민연금의 A급여액(소득재분배급여액)[3]에 따른 산정방식과 국민연금급여액 등에 따른 산정방식의 두 가지가 있다.

국민연금 A급여액이란 국민연금 급여액 중 기초연금적 성격을 가진 균등 부분으로 개인별 기초연금액을 결정하는 급여이다(가입기간이 길수록 금액 증가). A급여액 적용에 따른 기초연금액 산정방식은 기준연금액에서 국민연금 A급여액의 2/3에 해당하는 금액을 차감한 금액에 부가연금액을 더하여 산정하는 방식이다. 다만 연계연금 수급권자의 경우에는 국민연금 A급여액에 연계퇴직연금액의 1/2을 합산하여 산식에 적용한다. 그리고 국민연금 급여액 등에 따른 산정

2) 연계연금 수급권자란 직역재직기간 10년 미만의 연계퇴직연금수급권자를 말한다.

3) A급여액은 연금수급 전 3년간 국민연금 전체 가입자의 평균소득월액의 평균액(A값)에 비례하여 개인별 소득에 관계없이 모든 가입자에게 동일하게 산정하는 값으로 이는 경제활동 시의 소득 차이를 연금지급 시 완화하는 장치로서의 역할을 한다.

방식은 기준연금액의 250%에서 국민연금 급여액 등을 차감해서 기초연금액을 산정하는 방식이다.

① A급여액 적용에 따른 산정방식

기초연금액 = {기준연금액 − (2/3 × 국민연금 A급여액)} + 부가연금액

- 부가연금액 : 기준연금액의 1/2
- 계산 결과 { } 안의 금액이 음(−)의 값일 경우 0으로 처리(부가연금액만 지급)

② 국민연금 급여액 등에 따른 산정방식

기초연금액 = 기준연금액의 250% − 국민연금 급여액 등(부양가족연금액 제외)

- 계산 결과 음(−)의 값일 경우 0으로 처리

매월 지급받는 연금액이 기준연금액의 150% 초과 200% 이하인 경우에는 국민연금 A급여액 적용에 따른 산정방식과 국민연금 급여액 등에 따른 산정방식으로 산정한 금액을 비교하여 둘 중 큰 금액을 기초연금액으로 산정한다. 매월 지급받는 연금액이 기준연금액의 200%를 초과하는 경우에는 국민연금 A급여액 적용에 따른 산정방식으로만 기초연금액을 산정한다.

(3) 기초연금액 감액

산정된 기초연금액은 가구 유형과 소득인정액 수준에 따라 감액될 수 있다. 이는 기초연금 수급자와 비수급자 간의 형평성 제고를 위함이다. 감액에는 부부감액과 소득역전방지 감액이 있다.

첫째, 부부감액은 단독가구와 부부가구 간의 생활비 차이를 감안하여 부부가 모두 기초연금을 받는 경우에는 각각에 대하여 산정된 기초연금액에서 기초연금액의 20%를 감액하는 것이다.

둘째, 소득역전방지 감액이란 소득인정액과 기초연금액(부부가구는 부부감액 후)을 합산한 금액이 선정기준액 이상인 경우 계층 간 소득역전의 최소화를 위해 선정기준액을 초과하는 금액의 범위에서 기초연금액의 일부를 감액하는 것을 말한다. 감액에 따른 기초연금의 최저수준은 단독가구와 부부 1인 수급가구

의 경우 기준연금액의 10%를, 부부2인 수급가구는 기준연금액의 20%를 최저 연금액으로 지급한다.

※ 2025년 기준 기초연금액 급여 결정 사례 (선정기준 : 단독가구 2,280,000원, 부부가구 3,648,000원 / 기준연금액 : 342,510원)	
기준 연금액 적용 ①	1) 대상 및 소득인정액 • 본인 및 배우자 : 국민연금급여 등의 수급권이 없는 무연금자 • 소득인정액 : 부부 2인 수급가구로 3,076,000원
	2) 감액 전 기초연금액 • 국민연금 등의 수급권이 없는 무연금자인 경우로 기준연금액 적용 • 본인 : 342,510원, 배우자 : 342,510원
	3) 부부감액 적용 후 연금액 • 본인 : 274,000원(20% 감액 적용), 배우자 : 274,000원(20% 감액 적용)
	4) 소득역전방지감액 • 선정기준액과 소득인정액과의 차액 : 572,000원ⓐ(3,648,000원 – 3,076,000원) 부부합산연금액 : 548,000원ⓑ ⓑ가 ⓐ보다 작기 때문에 소득역전방지감액은 없음
급여결정	부부의 기초연금 급여액은 각각 월 274,000원으로 결정
기준 연금액 적용 ②	1) 대상 및 소득인정액 • 본인 : 국민연금 급여액 월 440,000원 수급자로 배우자는 없음 • 소득인정액 : 단독가구로 2,060,000원
	2) 감액 전 기초연금액 • 국민연금 급여액이 기준연금액의 150% 이하인 경우로 기준연금액 적용 • 본인 : 342,510원
	3) 부부감액 : 없음
	4) 소득역전방지감액 • 선정기준액과 소득인정액과의 차액 : 220,000원ⓐ(2,280,000원 – 2,060,000원) 본인연금액 : 342,510원ⓑ ⓑ가 ⓐ보다 크기 때문에 차액 122,500원은 본인의 연금액에서 감액함
급여결정	본인의 기초연금 급여액은 월 220,000원으로 결정

<table>
<tr><td colspan="2">※ 2025년 기준 기초연금액 급여 결정 사례
(선정기준 : 단독가구 2,280,000원, 부부가구 3,648,000원 / 기준연금액 : 342,510원)</td></tr>
<tr><td rowspan="4">국민
연금
A급여액
등 적용
①</td><td>1) 대상 및 소득인정액
• 본인 : 국민연금급여액 월 550,000원(A급여액 180,000원), 배우자 : 무연금자
• 소득인정액 : 부부가구로 3,016,000원</td></tr>
<tr><td>2) 감액 전 기초연금액
• 국민연금 급여액이 기준연금액의 150% 초과 200% 이하인 경우로
〈A급여액 적용 방식〉과 〈국민연금급여액 등에 따른 방식〉 중 큰 금액 적용
• ⓐ (342,510원 – 2/3 × 180,000원) + 171,250원 = 393,760원 = 342,510원(기준연금액)
ⓑ 856,270원(기준연금액의 250%) – 550,000원 = 306,270원
• 본인연금액 : 342,510원(두 개 중 큰 값인 ⓐ 적용)
• 배우자연금액 : 342,510원(무연금자로 기준연금액 적용)</td></tr>
<tr><td>3) 부부감액 적용 후 연금액
• 본인 : 274,000원(20% 감액 적용), 배우자 : 274,000원(20% 감액 적용)</td></tr>
<tr><td>4) 소득역전방지감액
• 선정기준액과 소득인정액과의 차액 : 632,000원ⓐ(3,648,000원 – 3,016,000원)
부부합산연금액 : 548,000원ⓑ
ⓑ가 ⓐ보다 작기 때문에 소득역전방지감액은 없음</td></tr>
<tr><td>급여결정</td><td>부부의 기초연금 급여액은 각각 274,000원으로 결정</td></tr>
<tr><td rowspan="4">국민
연금
A급여액
등 적용
②</td><td>1) 대상 및 소득인정액
• 본 인 : 국민연금급여액 월 800,000원 수급자(A급여액 540,000원)
배우자 : 국민연금급여액 월 300,000원
• 소득인정액 : 부부가구로 3,336,000원</td></tr>
<tr><td>2) 감액 전 기초연금액
• 본인의 국민연금 급여액이 기준연금액의 200%를 초과하는 경우로
〈국민연금 A급여액 적용 산정방식〉 적용
(342,510원 – 2/3 × 540,000원) + 171,250원 = 171,250원(괄호 안의 값 ‘0’으로 처리)
• 본인연금액 : 171,250원
• 배우자의 국민연금 급여액이 기준연금액의 150% 이하로 기준연금액 적용
배우자연금액 : 342,510원</td></tr>
<tr><td>3) 부부감액 적용 후 연금액
• 본인 : 137,000원(20% 감액 적용), 배우자 : 274,000원(20% 감액 적용)</td></tr>
<tr><td>4) 소득역전방지감액
• 선정기준액과 소득인정액과의 차액 : 312,000원ⓐ(3,648,000원 – 3,336,000원)
부부합산연금액 : 411,000원ⓑ
ⓑ가 ⓐ보다 많기 때문에 차액 99,000원은 각각의 기초연금액 비율에 따라 감액</td></tr>
<tr><td>급여결정</td><td>부부의 기초연금 급여액은 본인 104,000원, 배우자 208,000원으로 결정</td></tr>
</table>

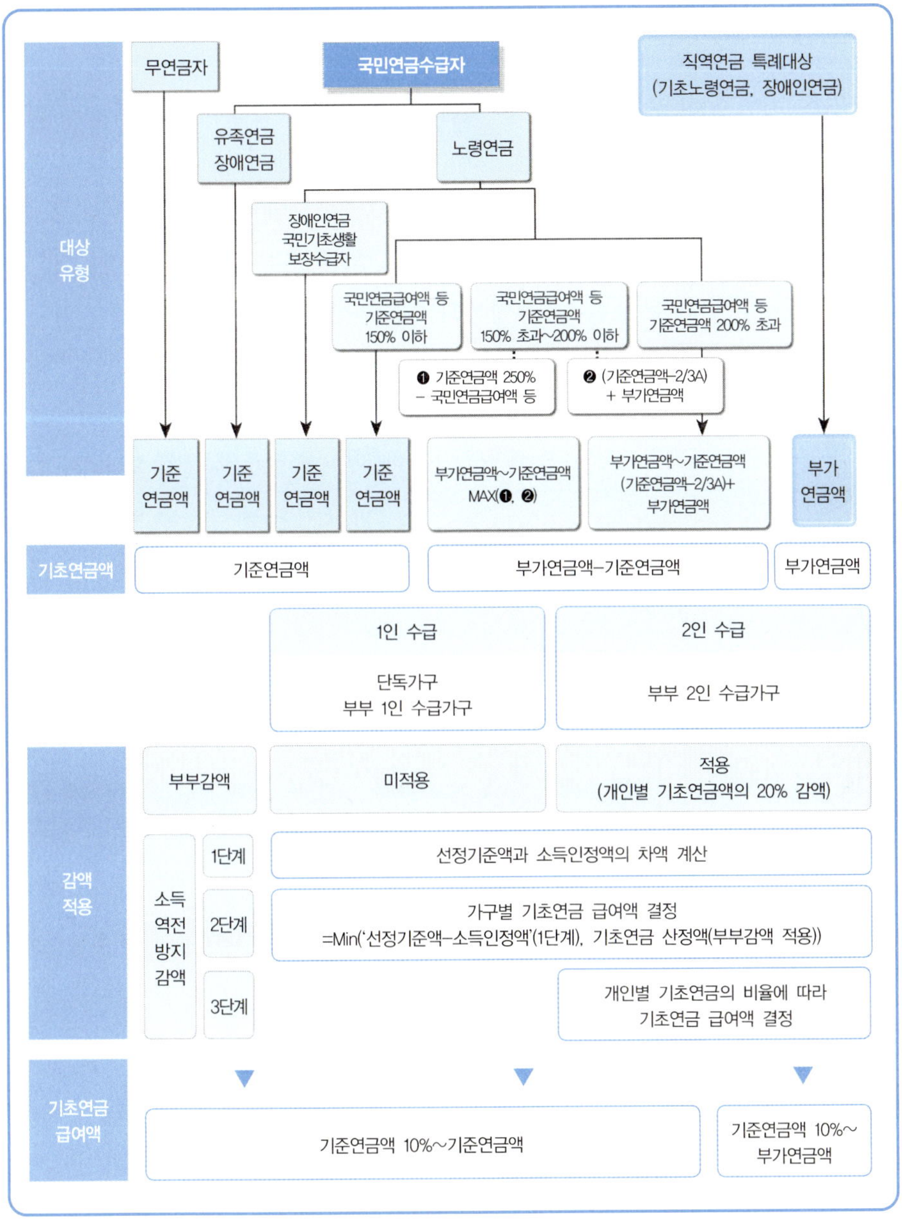

|그림 13-1| **기초연금 급여액 결정과정**

출처 : 보건복지부(2024). 2024년 기초연금사업안내, p. 8.

5) 재정(비용)

국가는 지방자치단체의 노인인구 비율 및 재정여건 등을 고려하여 기초연금의 지급에 드는 비용 중 40% 이상 90% 이하의 범위에서 대통령령으로 정하는 비율에 해당하는 비용을 부담한다. 국가가 부담하는 비용을 뺀 비용은 시 · 도와 시 · 군 · 구가 상호 분담한다. 이 경우 그 부담비율은 노인인구 비율 및 재정여건 등을 고려하여 보건복지부장관과 협의하여 시 · 도의 조례 및 시 · 군 · 구의 조례로 정한다.

〈표 13-2〉 **지방자치단체의 재정자주도 및 노인인구 비율에 따른 국가 재정지원 비율**

구 분		지방자치단체의 노인인구 비율		
		14% 미만	14% 이상 20% 미만	20% 이상
지방자치단체의 재정자주도	90% 이상	40%	50%	60%
	80% 이상~90% 미만	50%	60%	70%
	80% 미만	70%	80%	90%

출처 : 기초연금법 시행령 제23조 제1항 별표 2.

2. 장애인연금제도

1) 의의 및 목적

장애인연금제도(the Pension for the Disabled)는 중증장애인에게 근로능력의 상실 또는 현저한 감소로 인하여 줄어드는 소득과 장애로 인하여 추가로 드는 비용을 보전하기 위하여 매월 일정액의 연금을 지급하는 제도이다. 장애로 인하여 생활이 어려운 중증장애인에게 장애인연금을 지급함으로써 생활안정지원과 복지증진 및 사회통합을 도모하는 데 이바지함을 목적으로 2010년 4월 제정되어 그해 7월부터 시행되었다. 장애인 연금은 무기여 연금으로 재원은 국가의 일반재정으로 조달하며 자산조사를 실시함으로써 공공부조제도로서의 성격이 크다. 장애수당과 달리 물가상승률을 반영하여 매년 인상된 연금을 받을 수 있다.

2) 수급권자 선정기준

장애인연금의 수급권자는 만 18세 이상의 등록된 중증장애인[4] 중에서 본인과 배우자의 소득인정액이 선정기준 이하인 자이다(소득 하위 70% 이하). 다만, 직역연금 수급권자나 그 배우자는 대상에서 제외된다. 보건복지부장관은 선정기준을 정하는 경우에 18세 이상의 중증장애인 중 수급자가 70% 수준이 되도록 하고 있다. 2025년 기준 수급자 선정기준액은 단독가구 월 138만 원, 부부가구 월 220.8만 원이다. 기초연금과 마찬가지로 부양의무자 기준은 없다.

소득인정액 = 소득평가액 + 재산의 소득환산액
① 소득평가액 = {0.7 x (상시근로소득 - 92만 원)} + 기타 소득 – 근로소득 공제 : 상시근로소득에서 92만 원 공제 후 30% 추가 공제 – 기타 소득 : 사업소득, 재산소득, 공적이전소득, 무료임차소득
② 재산의 소득환산액 = [{(일반재산 – 기본재산액) + (금융재산 – 2,000만 원) – 부채}] × 재산의 소득환산율 + P – 기본재산 공제액 : 대도시 1억 3,500만 원, 중소도시 8,500만 원, 농어촌 7,250만 원 – 재산의 소득환산율 : 연 4% ÷ 12개월 – P : 고급자동차 및 회원권의 가액으로 월 100%의 재산소득환산율 적용 ※ 고급자동차 : 차량가액 4,000만 원 이상으로 차령 10년 미만

출처 : 보건복지부(2025). 2025년 장애인연금사업안내.

4) 중증장애인(종전의 1급, 2급, 3급의 중복장애인)의 '중증'이란 등록한 장애인 중 장애인연금법상의 중증장애인을 의미하고, '경증'이란 장애인연금법상 중증이 아닌 등록장애인을 의미한다.

3) 급여의 종류

장애인연금급여는 기초급여와 부가급여로 구분된다.

(1) 기초급여

기초급여는 근로능력의 상실 또는 현저한 감소로 인하여 줄어드는 소득을 보전해 주기 위하여 지급하는 급여로 소득보장 성격의 연금이다. 18~64세까지는 기초급여(기초연금법에서의 기준연금액)를 지급하고, 65세 이상이 되면 동일한 성격의 급여인 기초연금으로 전환하여 기초연금 수급자가 된다.

〈표 13-3〉 **기초급여액(2025년)**

(단위 : 원)

구 분	18~64세	65세 이상
생계 · 의료급여수급자(재가)	342,510	기초연금으로 전환
생계 · 의료급여수급자(시설)		
차상위계층[5](주거, 교육급여수급자)		
차상위 초과[6]		

출처 : 보건복지부(2025). 2025년 장애인연금사업안내.

산정된 기초급여액은 가구 유형과 소득인정액 수준에 따라 감액될 수 있다. 감액에는 부부감액과 소득역전 방지감액이 있다. 첫째, 부부감액은 단독가구와 부부가구 간의 생활비 차이를 감안하여 부부가 모두 기초급여를 받는 경우에는 각각에 대하여 산정된 기초급여액의 20%를 감액하는 것이다. 둘째, 소득역전 방지 감액이란 소득인정액과 기초급여 산정액을 합산한 금액이 선정기준액 이상인 경우 계층 간 소득역전의 최소화를 위해 선정기준액을 초과하는 금액의 범위에서 기초급여액의 일부를 감액하는 것을 말한다.

5) 주거 또는 교육급여 수급자, 기준중위소득 50% 이하 해당자

6) 기초생활수급자와 차상위계층에 해당되지 않으면서 장애인연금 선정기준액 이하에 해당하는 자

(2) 부가급여

부가급여는 장애로 인하여 추가로 드는 비용의 전부 또는 일부를 보전해 주기 위하여 지급하는 급여로 추가 지출비용 보전성격의 연금이다. 따라서 부가급여에는 부부감액과 초과분 감액을 적용하지 않는다. 또한 장애인연금 수급자가 65세 이상이 되어 기초급여가 기초연금으로 전환되어서 기초연금을 받더라도 부가급여는 계속 받을 수 있다. 그런데 기초생활수급자(재가)의 경우 65세 이상이 되어 기초급여가 기초연금으로 전환이 되면 현재는 기초연금액이 소득으로 인정되어 그만큼 생계급여에서 차감이 된다. 따라서 전체 수급액 감소분 보전을 위해 기초연금액에 해당하는 금액을 부가급여에 추가로 지급한다.

〈표 13-4〉 **부가급여액(2025년)**

(단위 : 원)

구 분	18~64세	65세 이상
생계 · 의료급여수급자(재가)	90,000	432,510(90,000+342,510)
생계 · 의료급여수급자(시설)	–	–
차상위계층(주거, 교육급여수급자)	80,000	80,000
차상위 초과	30,000	50,000

출처 : 보건복지부(2025). 2025년 장애인연금사업안내.

참고문헌

강희갑 · 이상주 · 김명근 · 신기원 · 이규태(2013). 사회보장론. 양서원.

강희갑 · 이상주 · 김상조(2010). 사회보장론. 양서원.

고용노동부(2025). 2024년 산재보험사업연보.

국민건강보험공단(2025). 2024년 건강보험통계연보.

______________(2025). 2024년 노인장기요양보험통계연보.

______________(2025). 2025년 건강보험주요통계.

______________(2025). 2025년 노인장기요양보험주요통계.

국민연금공단(2008). 국민연금 20년사.

__________(2024). 제5차 국민연금장기재정추계.

__________(2025). 2024년 국민연금통계연보.

__________(2025). 2025년 국민연금주요통계.

국민연금사편찬위원회(2015). 실록 국민의 연금. 국민연금공단 국민연금연구원.

국민연금연구원(2023). 2023년 국민연금재정계산보고서.

국토교통부(2025). 2025년 주거급여사업안내.

국회예산정책처(2019). 2019~2060년 국민연금재정전망, 2019-08.

____________(2025). 2025년 국민연금법 개정의 재정 및 정책효과 분석, 2025.06.

근로복지공단(2025). 2024년 근로복지공단 통계연보.

김기원(2009). 사회복지법제론. 나눔의집.

_____(2016). 사회보장론. 정민사.

김수완(2006). 국민연금의 출산크레딧 제도 도입 방안 연구. 사회보장연구, 22(1), 29-56.

김영세(2007). 영국 대처정부의 경제정책과 함의. 한국유럽학회, 25(3), 213-235.

김영순(2005). 영국의 경험(1945~1979)을 통해 본 생산체제-복지체제 조응 문제의 재검토. 국제정치논총, 45(2), 185-206.

김제선 · 임경선 · 최세영(2018). 사회복지개론. 어가.

김종일(2016). 표류를 통한 변환 : 19세기 영국 빈민구호정책의 제도 변화와 아이디어의 역할. 사회과학연구, 40(1), 17-44.

김태성 · 김진수(2003). 사회보장론. 청목출판사.

김환준(2011). 사회보장의 경제학. 양서원.

남기민 · 홍성로(2017). 사회복지법제론. 공동체.

노동부(2002). ILO 주요 협약집.

노병일(2011). 사회보장론. 공동체.

박병현 · 윤성호(2017). 사회보장론. 정민사.

박석돈(2017). 사회보장론. 양서원.

박승두(2005). 사회보장법 강의. 법률SOS.

박영미(2002). 기초생활보장제도의 전개와 추진방향. 한국거버넌스학회보, 9, 124-135.

박진화(2023, 2025). 사회복지법제와 실천. 공동체.

______(2024). 사회복지역사. 정민사.

보건복지부(2021). 보도자료(2021. 9. 30.), 생계급여 부양의무자 기준 폐지.

__________(2022). 2022년 보건복지백서.

__________(2025). 2024년 기초생활보장수급자 현황.

__________(2025). 2025년 기초생활보장사업안내.

__________(2025). 2025년 기초연금사업안내.

__________(2025). 2025년 의료급여사업안내.

__________(2025). 2025년 장애인연금사업안내.

__________(2025). 보도자료(2025. 7. 31.), 2026년 국민기초생활보장제도.

석재은(2015a). 기초연금 도입과 세대 간 이전의 공평성. 보건사회연구, 35(2), 64-99.

______(2015b). 기초연금 도입의 정책효과와 젠더불평등 개선. 페미니즘연구, 15(2), 205-236.

송근원 · 김태성(2007). 사회복지정책론. 나남출판.

양동휴(2000). 뉴딜정책의 공과. 경제사학회, 28, 167-204.

양재진(2008). 한국복지정책 60년 : 발전주의 복지체제의 형성과 전환의 필요성. 한국행정학보, 42, 327-349.

원석조(2014). 사회보장론. 양서원.

______(2016). 사회복지정책론. 공동체.

______(2017). 사회보장론. 양서원.

유길상 · 민동세(2008). 최저임금제도 적용실태 및 제도 개선방안에 관한 연구. 노동부.

이병희 · 정진호 · 이승렬 · 강병구 · 홍경준(2008). 저소득 노동시장 분석. 한국노동연구원.

이영범(2011). 사회복지서비스 전달체계. 노기성 편. 사회서비스정책의 현황과 과제. KDI 정책연구시리즈 2011-07, 93-132.

이인재 · 류진석 · 권문일 · 김진구(2008). **사회보장론**. 나남출판.

이준영 · 김제선 · 박양숙(2016). **사회보장론**. 학지사.

장동일(2006). **한국사회복지법의 이해**. 학문사.

전병유(2009). 최근 고용보험의 현황과 개선방향. 월간 복지동향, 32-33.

전상봉(2012). **자본주의, 미국의 역사**. 시대의 창.

지은정(2006). 베버리지 보고서의 사회보장 원칙과 가정에 대한 비판의 타당성 검토. **한국사회복지학, 58**(1), 175-207.

채구묵(2015). **사회보장론**. 정민사.

______(2017). **사회보장론**. 양서원.

통계청(2001). 장래인구추계(2000-2050).

______(2023). 2023년 고령자 통계.

______(2024). 장래인구추계.

현외성(2009). **사회복지법제론**. 양서원.

______(2018). **사회보장론**. 동문사.

Abel-Smith, B.(2009). Social Security. Encyclopaedia Britannica Online.

Beveridge, W.(1942). *Social Insurance and Allied Services*. London : Her Majesty's Stationery Office(reprinted, 1958).

Chu, K., & S. Gupta(1998). Social Safety Net. IMF.

Ditch, J.(1999). Poverty and Social Security in the European Union.

_______(Ed.). *Introduction to Social Security : Policies, Benefits and Poverty*. London : Routledge.

Englander, D.(1998). *Poverty and Poor Law Reform in 19th Century Britain, 1834-1914 : from Chadwick tp Booth*. Abingdon : Routledge.

Fraser, D.(1984). *The Evolution of the British Welfare State*(2nd ed.). London : Macmillan.

Friedland, W. A., & Apte, R, Z.(1974). *Introduction to Social Welfare*(4th ed.). Englewood Cliffis, NJ : Prentce-Hall, Inc.

Funiss, N., & Tilton, T.(1979). *The Case for the Welfare State : From Social Security to Social Equality*. Bloomington : Indiana University Press.

Gilbert, N., & Terrell, P.(2005). *Dimensions of Social Welfare Policy*(6th ed.). Boston : Pearson Education.

Heffernan, W.(1979). *Introduction to Social Welfare Policy*. Itasca, IL : F. E. Peacock Publishers.

ILO(1984). *The Introduction to Social Security*(2nd ed.). Geneva : international Labour Office.

___(1988). *The Cost of Social Security 1981-1983*. Geneva : ILO.

___(1993). *Social Insurance and Social Protection*. Geneva : international Labour Office.

___(2000). *World Labor Report 2000*. Geneva : international Labour Office.

International Social Security Association(2008a). About Social Security. https://www.issa.int/aiss/Topics/Abort-social-security

________________________________(2018). Social Security Programs Throughout the World. https://www.issa.int/en_GB/ssptw

Kinney, A.(1990). *Rogues, Vagabonds, and Study Beggars*. Amherst : University of massachusetts Press.

Marjie B.(1999). *The Speenhamland System 1795*. DSpace.

NASW(1977). *Encyclopedia of Social Work*(18th ed.).

Normand, C., & Weber, A.(1994). *Social Health Insurance : A Guidebook for Geneva.* WHO and ILO.

OECD(1998). Making the Most of the Minimum : Statutory Minimum Wage. Employment and Poverty. *Employment Outlook*. OECD, pp. 31-79.

Polanyi, K.(1944). *The Great Transformation : The Political and Economic Origins of Our Time.* Boston : Beacon.

Rejda, G. E.(1994). *Social Insurance and Economic Security*(5th ed.). NJ : Prentice-Hall, Inc.

__________(1999). *Social Insurance and Economic Security*(6th ed.). NJ : Prentice-Hall, Inc.

Social Security Administration(2006a). *Social Security Handbook*. Claitor's Publishing Division.

Webb, A, L., & J. E. B. Sieve(1971). *Income Redistribution and the Welfare State*. London : Bell & Sons.

Whiteman, V. L.(2001). *Social Security : What Every Human Services Professional Should Know*. Boston : Allyn & Bacon.

Wilensky, H., & Lebeaux, C. N.(1965). *Industrial Society and Social and social Welfare*. New York : The Free Press.

[법령]

고용보험법, 시행령, 시행규칙.

국민건강보험법, 시행령, 시행규칙.

국민기초생활보장법, 시행령, 시행규칙.

국민연금법, 시행령, 시행규칙.

기초연금법, 시행령, 시행규칙.
노인장기요양보험법, 시행령, 시행규칙.
산업재해보상보험법, 시행령, 시행규칙.
장애인연금법, 시행령, 시행규칙.

[홈페이지]
고용노동부(www.moel.go.kr).
고용보험(www.ei.go.kr).
국민건강보험공단(www.nhis.or.kr).
국민연금공단(www.nps.or.kr).
근로복지공단(www.kcomwel.or.kr).
두루누리사회보험(insurancesupport.or.kr).
법제처(www.moleg.go.kr).
보건복지부(www.mohw.go.kr). 한눈에 보는 복지정보.
보건복지부 장애인연금(www.bokjiro.go.kr/pension/p03.jsp).
사회서비스 전자바우처(www.socialservice.or.kr)
한국조세연구원(www.kipf.re.kr)
OECD. Stat(stats.oecd.org)

찾아보기

인명

내용

저/자/약/력

■ **박진화(朴眞和)**

대구대학교 사회복지학과 졸업(사회복지학사)
대구대학교 대학원 사회복지학과 졸업(사회복지학석사/철학박사)
전) 위덕대학교 사회복지학과 교수
대구대학교 대학원 사회복지학과 전임연구교수
대구대학교 사회복지학과 초빙교수
대구외국어대학교, 성덕대학교 시간강사
한국군사회복지학과 편집분과 부위원장

〈주요 저서 및 논문〉
한국 · 일본 · 스웨덴의 돌봄정책(공저, 양서원, 2015)
사회복지법제와 실천(지식공동체, 2019, 2020, 공동체, 2023, 2025)
사회복지역사(정민사, 2020, 2022, 2024)
사회보장제도 및 사회복지정책 분야 논문 다수

【제5판】

사회보장론

|저자| 박진화

|1판 1쇄| 발행 2018년 7월 3일
|2판 1쇄| 발행 2020년 9월 10일
|3판 1쇄| 발행 2022년 1월 31일
|3판 2쇄| 발행 2022년 8월 30일
|3판 3쇄| 발행 2023년 8월 10일
|4판 1쇄| 발행 2024년 8월 30일
|5판 1쇄| 발행 2026년 1월 20일

|발행인| 김 동 훈
|발행처| 공 동 체

|주소| 경기도 고양시 일산동구 호수로 358-39, 동문타워 I 905호(백석동)
|전화| 031) 814-3000(대표)
|팩스| 031) 814-3100
|홈페이지| http://www.compub.co.kr
|전자우편| compub@naver.com
|출판등록| 2005년 10월 6일
|등록번호| 제396-2005-36호

|ISBN| 979-11-7554-005-7
정가 21,000원